作者简介

邓心安 （曾用名：邓新安） 中国农业大学生物经济发展研究中心执行主任，曾工作于中国科学院综合计划局、中国科学院自然资源综合考察委员会等；曾应邀访问英国、德国、法国、意大利、瑞士、荷兰、奥地利等研究与科技管理机构，美国康涅狄格大学（UCONN）自然资源与环境系、农业经济系高访学者。

邓心安 ◎ 著

生物经济与农业绿色转型

人民日报学术文库

人民日报出版社

图书在版编目（CIP）数据

生物经济与农业绿色转型／邓心安著.—北京：
人民日报出版社，2018.3
ISBN 978 - 7 - 5115 - 5374 - 4

Ⅰ.①生… Ⅱ.①邓… Ⅲ.①绿色农业—农业发展—
研究 Ⅳ.①F303.4

中国版本图书馆 CIP 数据核字（2018）第 054304 号

书　　　名：生物经济与农业绿色转型
作　　　者：邓心安

出 版 人：董　伟
责任编辑：马苏娜
封面设计：中联学林

出版发行：人民日报出版社
社　　　址：北京金台西路 2 号
邮政编码：100733
发行热线：（010）65369509　65369846　65363528　65369512
邮购热线：（010）65369530　65363527
编辑热线：（010）65369844
网　　　址：www. peopledailypress. com
经　　　销：新华书店
印　　　刷：三河市华东印刷有限公司

开　　　本：710mm×1000mm　1/16
字　　　数：237 千字
印　　　张：15
印　　　次：2018 年 7 月第 1 版　　2018 年 7 月第 1 次印刷

书　　　号：ISBN 978 - 7 - 5115 - 5374 - 4
定　　　价：68.00 元

前　言

一

自《生物经济与农业未来》出版至今已有十余年了,期间中国经济社会发生了巨大的变化,经济步入新常态,农业迫切需要绿色转型,发展质量与环境可持续越来越受到重视;国际生物经济发展如火如荼,生物基(biobased)产品的"绿色、健康、可持续"理念发源于美国,盛行于欧洲,广布于全球——特别是创新能力相对发达、绿色发展需求相对旺盛或生物资源相对丰富的国家和地区。生物经济已由20—21世纪之交时的概念、21世纪初的绿色理念,发展成为当今许多国家和地区或国际组织的可持续发展战略与行动,俨然成为继农业经济、工业经济、信息经济之后的人类经济社会发展的"第四次浪潮"。

生物经济发展的时代背景和农业面临绿色转型的问题导向,让我产生了递进和深入研究的念想。

实体经济在很大程度上仍是以有限资源尤其是化石资源的不断消耗为动力,而这些不可再生资源正在不断减少,有的濒临枯竭,为此人类不得不寻求可持续的资源作为能源及原材料的替代品,而可再生的生物质(biomass)最有可能成为这样的替代品。如何替代并实现综合经济形态的转换?生物经济应时而生。

生物经济是以生命科学与生物技术的研究开发与应用为基础的、建立在生物技术产品和产业之上的经济,是一个与农业经济、工业经济、信息经济相对应的新的经济形态(邓心安,2002);是利用可再生生物资源、高效生物过程(bioprocess)

以及生态产业集群来生产可持续生物基产品、创造就业和收入的一种经济形态（OECD,2004）；是通过生物质的可持续生产和转换来获得食品、健康、纤维和工业产品及能源等一系列产品的经济形态（EU,2011）；是通过可持续的方式利用可再生自然资源，生产食品、能源、生物技术产品和服务的经济活动（Finland,2014）。

不同视角和不同阶段的代表性定义表明：新兴生物经济的概念与领域是发展进化的。进化之中不变的特质与领域的共性特征渐趋明朗。不变的特质：绿色、健康、可持续；领域的共性特征：可再生生物资源、研发创新、生物基产品。

经过十余年的概念进化、战略推进与行动实践，生物经济已涵盖农业及生物质相关众多领域，包括食品与营养、生物制药与健康、生物炼制、生物能源、生物酶、生物化学品、生物材料、环保与生态服务，具有以生物质为基础、可再生与可持续、低碳环保、绿色转型与绿色增长、产业融合、研发创新、人本化、生态文明等特征。生物经济不仅与农业、环境可持续密切相关，而且关系到生物质相关产业乃至整个经济社会的可持续发展。

生物经济是继信息经济后的一种综合经济形态，意味着一个崭新时代的来临。生物经济时代是生物经济（形态）发展到成熟阶段后、以这种经济形态为主导形成的人类经济社会发展的特定历史时期。以1953年DNA双螺旋结构的发现为标志，生物经济发展进入孕育阶段；2000年人类基因组草图的破译完成，标志着生物经济进入成长阶段。预计到21世纪30年代初期，生物基及生物科技产品得以廉价且普遍使用，标志着生物经济发展进入其成熟阶段，届时方可称人类经济社会进入真正的生物经济时代。

生物经济与农业存在着天然纽带与共同的生物学基础，以及同源的公共产品属性。概言之，农业是生物经济的"双基础"，即农业是可再生生物质的基础，生物质是可持续生物经济的基础。生物经济的兴起与生物经济时代的来临，为农业变革与绿色转型带来新的时代机遇。

随着人口的增加、不可再生资源的绝对或相对减少，以及人们对物质与精神需求的增加，特别是对生活品质要求的提高，经济社会正面临紧迫的与食品、营养、健康、资源、环境等相关的全球性问题或"危机"，这些重大问题与众多生物质相关产业及其基础——农业直接相关，使现代农业同样面临着绿色转型的重大挑战。

近现代农业发展史表明：农业重大革命必须具备三项条件：重大问题或危机

出现;科技取得群体性重大进展;国际社会的共同协调与政策支持。据此,由植物基因革命等"亚革命"组成的第二次绿色革命(second green revolution)正在酝酿,条件基本具备。

由实证归纳出的新型农业体系是在常规农业系统的基础上发展而来的未来农业的综合形态,是对当代农业领域和功能的拓展。新型农业体系的构建,不仅能够回答"农业增长方式不可持续"和"未来农业走向何处"两大问题,而且意味着未来农业的重新定义、范式转换以及理论创新,因而称新型农业体系为"革命性未来农业"。

理论创新是政策创新与体制创新的先导和基础。建设新型农业体系,首先需要农业发展观的转变与理论创新。农业易相发展理论及其"五轮模型"就是运用观察与考察科学归纳推理法而得出的农业可持续发展的理论创新。

于是,一个应对全球性重大问题并促进农业绿色转型的系统思想浮现在我的脑海中。这就是:生物经济(平台—下位)、生物经济时代(背景—后位)、新型农业体系(目标—前位)、第二次绿色革命(手段—中位)、农业易相发展理论(头脑—上位)共同构成的相对独立、完整与开放的"五位一体"思想体系。

"五位一体"中的每一位不能孤立存在,而是相互联系、共同作用,从而发挥出农业绿色转型框架"体系"的整合与协同作用。其中,生物经济为农业拓展与绿色转型提供了可持续的综合平台,并创造了新的时代机遇;生物经济时代是农业拓展与绿色转型乃至第二次绿色革命的时代背景;新型农业体系是面向生物经济时代的农业拓展与绿色转型的目标愿景;第二次绿色革命或其系列"亚革命"是实现目标愿景的综合技术手段;农业易相发展理论是关于农业变化和绿色转型的系统概括和指导思想。

二

经过十余年的酝酿和半年多的集中写作,《生物经济与农业绿色转型》书稿终于可以付梓了。本书属于农业经济、生物经济、科技政策与农业哲学等的交叉领域。最大的创新点在于:通过对国内外生物质涉农企业经营领域的综合观察与实证归纳,推断并证实"新型农业体系"的假说,进一步明确基于生物经济的新型农业体系能够作为农业绿色转型的目标模式,证明新型农业体系将成为"革命性未来农业";提出了农业易相发展理论及其作为农业绿色化分析工具的"五轮模型"。除具有较强的创新性之外,思想性和前瞻性是本书的两大特色。

十年磨一剑,求索万里程。"山重水复疑无路,柳暗花明又一村。"不是有什么就写什么、凑够分量完成任务了事,而是"风雨之后见彩虹",是"心收于静求真乐,眼放长远寻大观"。往大了讲就是:非为功利,使命使然;此话倒过来讲就是:如果为了功利,我也许写不出此书。

至此,我仍诚惶诚恐,怀着对生物经济时代恭敬的心情,轻微而谦卑地问自己:是否可以推断本书是高度综合的、具有划时代和革命性意义的集大成之作,展现出革命性未来农业的深刻内涵与深远意义,为农业绿色转型提供了新的"生物范式"和试图开启一扇眺望农业的未来之窗? 答案如何,应当交由读者去判断。

在提出农业易相发展理论时,我曾怀疑过,中国特有的"三农"环境启发和激励了我。于是有了《喻竹》感言:

> 农业易相发展论,
>
> 非农与农相促进。
>
> 根生天时与地利,
>
> 创新其思简约形。

竹,最能体现中华文化精神的标志植物,绿意、根深、高风亮节、向上出新、十年成林,代表着农业易相发展理论的特色及研究十年后正式推出。"天时"寓意生物经济时代的发展潮流;"地利"指中国的"三农"环境与以"易经"为代表的中国古典哲学思想文化。

在写作本书之初,我曾退缩过,倡导发展可持续的生物经济的"使命"召唤了我。一次调研期间登泰山的经历印证了生物经济研究探索的艰难过程,于是有了《登岳·生物经济》:

> 青山不改志,
>
> 碧水长流东。
>
> 登高目自远,
>
> 大气吞云胸。

"青山不改志,碧水长流东"化用"青山遮不住,毕竟东流去"(辛弃疾句),寓意生物经济发展大势以及探索者的信心与志向。

在写就本书初稿时,我曾思考过,生物经济与农业之间究竟是否存在着天然纽带与共同的生物学基础以及同源的公共产品属性,从而"引诱"你去写一本关于生物经济与农业发展相结合的"划时代"专著,是"五位一体"思想体系激励着我,于是有了《易相·绿色转型》:

道出生物经济外,

理入农业变化中。

易相理论堪应用,

绿色革命可成功。

"易"指"变易"(change)即"变化",谐音"e",同时寓意"economy";"相"系"位相、状态"(phase)之意。"易相"(changing-phase)就是根据事物对立统一相互依存不断发展的规律而改变状态,也就是利用问题的对立面,促其转化或终结。"易相"是一个系统概念,蕴含中国传统哲学中的"变化"与"整体"之道,应用于农业发展上就是指农与"非农"相互依存与转化、共生共荣的状态;谐音"e 相",隐喻经济转型(economy transformation)。"绿色革命"此指第二次绿色革命(second green revolution)。

"话须通俗方传远,语必关风始动人",严谨、简明而又不失灵动的行文风格是本书的另一个特色。略举两例:

原先对农业易相发展理论的英译采用了两种并列的方式:Yi-theory of Agricultural Development;Theory of Changing-phase Development of Agriculture。不仅重复且哆嗦,也使得读者难以判断究竟哪一个准确。后来,首选简洁的"Yi-theory of Agricultural Development",此为意译,与中国传统文化中"易"的思想关联,特指"农业易相发展理论";而未选用由"易相"直译而来的"Theory of Changing-phase Development of Agriculture"较复杂形式。

从哲学意义上讲,世界万物是变化的,"唯一不变的是变的本身"(赫拉克利特、斯宾塞等)。通过"变易"一词,将农业的过去与未来按照"常规—改变状态—拓展—转变—革命—绿色转型—新型业态"逻辑线路串起来,从而展现出一幅"活着的农业"(living agriculture)的生动画卷与美好图景。

在本书的调研及写作过程中,得到了中国农业大学叶敬忠教授、张法瑞教授、齐顾波教授,美国康涅狄格大学杨秀生教授,中国农业科学院张应禄研究员的指导与支持;得到中国科学院地理与资源研究所张义丰教授,科技战略咨询研究院杨多贵教授，上海生命科学研究院王世杰研究员、倪福弟研究员的指导建议与帮助。胡燕琴、洪伟、孙倩、曾海燕、楚宗岭、刘江、朱亚强等，参与了部分调研、讨论及有关资料的搜集与整理工作。该书的问世，首先得益于人民日报学术文库计划的支持和马苏娜编辑的悉心指导与帮助以及个性化编排设计；也受益于中国农业大学其他老师和研究生同学的研讨与交流；同时离不开亲友的理解与支持。特此致以衷心的感谢和美好的祝愿！正是因为你们，本书才得以顺利出版，并可望成为"明天的经典"。

　　本书的前期调研工作，得到了农业部软科学研究、上海市科委科技攻关培育计划、中国科学院有关研究所合作委托研究等课题的资助。中国自然辩证法研究会农业哲学委员会对本项研究给予了多方支持，提供了宽松的学术交流平台。谨此向上述资助方与合作机构表示诚挚的谢意！

邓心安

2018 年 1 月

目　录
CONTENTS

第一章

导　论

　　什么是生物经济(bioeconomy),生物经济与其他经济形态是什么关系,生物经济时代(bioeconomy era)何时到来? 生物经济对可持续发展来说意味着什么,对农业及其他生物质产业乃至整个经济社会将产生怎样的影响? 世界各国与国际组织如何针对生物经济制定相应的战略与政策? 中国农业现有的发展模式能否持续? 生物经济如何促进产业绿色转型,农业绿色转型在产业绿色转型中的地位和作用是什么? 在农业拓展变化与转型过程中,将伴随产生并需要怎样的理论;农业的重新定义、范式转换以及理论创新的依据是什么? 第二次绿色革命与"革命性未来农业"的目标图景怎么样? 这些都是在此及此后各章将要提出、回答或深入探讨的基本问题。

第一节　可持续发展的问题导向

一、五大全球性问题:与生物经济直接相关

　　当代经济在很大程度上仍是以有限资源尤其是化石资源的不断消耗为动力,而不可再生资源正不断减少,有的濒临枯竭,或开采成本日益上升,且由其造成的污染与人类生活质量相违背。为此,人类不得不寻求可持续的资源作为能源及原材料的替代品,而可再生的生物资源最有可能并正在成为这样的替代品。当代经济社会面临五个方面的全球性问题:

　　(1)食品及营养:食品短缺及其安全问题;部分地区的营养匮乏。

（2）健康医疗：重大疾病防治问题；健康医疗资源不足。

（3）环境及气候变化：环境污染与全球气候变暖。水土及大气污染，严重影响人们的生产与生活；气候变化，与环境、生态、能源消耗、农业生物、人体健康等密切相关，并对后者产生负面影响。

（4）资源：资源过度消耗，特别是淡水资源与清洁能源不足。

（5）生态：生态破坏严重，生物多样性下降。

这些重大问题，与生物基产业——农业及其他生物质产业——直接相关。如果不能从长计议并有效应对，全球性问题将可能演变成经济社会发展的全球性"危机"。

基于高能耗、资源浪费、环境严重污染、生态破坏的"增长模式"是不可持续的。这便是可持续发展问题的由来。

可持续发展（sustainable development）是指"既满足当代人需要，又不对后代人满足其需要的能力构成危害"的发展（development which satisfies the current needs of society without compromising the needs of future generations）[1]。2015 年巴黎气候变化大会通过了全球气候变化新协定，将世界各国家纳入保护地球生态、确保人类发展的命运共同体当中；推动各方积极向绿色可持续的增长方式转型，以避免过去严重依赖石化产品的增长模式继续对自然生态系统构成威胁。以1992 年联合国环境与发展大会《21 世纪议程》为标志，经过 20 余年国际社会的共同实践，可持续发展理念与策略已深入人心，未来的关键就在于各国或地区依据各自发展状况与战略目标所做出的绿色行动，亦即经济社会如何实现绿色转型。

正在兴起的生物经济，为经济社会发展带来可持续的综合平台与解决方案，为生物基产业，特别是作为其基础的农业的绿色转型带来新的时代机遇。

二、中国农业发展指标折射出的深层次问题

多年统计数据表明，中国农业特别是其中的粮食增长是建立在化肥、农药等化学品以及人工的高投入（图 5 - 1），水体及土壤大面积污染的基础上的。即便以粮食为代表的农业增长是"持续"的，但由于环境污染严重、农产品成本与价格普遍高于国际市场、供需结构性矛盾突出，因而从总体上讲，目前农业相对粗放的

---

① UN. Our Common Future, 1987.

增长方式不可持续。

从国际横向比较,中国的农业产值占国民生产总值(GDP)比重、城镇化率、农业劳动力占总劳动力比重等"三农"指标相对滞后(表 5 - 1)。这些表明:中国有数量众多、比重过大的农民被束缚在有限的耕地上,劳动生产率和土地生产率均较低;农民的传统农业收入增长空间极为有限;城镇化任务相当艰巨。

从国内纵向比较,中国的农业产值占 GDP 比重、农业劳动力占总劳动力比重一直偏大,所对应的两条时间序列曲线,都随着时间的推移而向下延伸并趋近于时间横坐标(图 5 - 2)。"三农"相关指标普遍性"双下降"背后折射出的深层次问题是:未来农业走向何处? 如何规避农业和农民的占比不断趋近于横坐标的"可怕"后果,这既涉及对未来农业和农民的重新定义,也涉及全球而不仅仅是中国的农业发展观及认识论相关问题。

三、农业发展战略问题的层面

从战略上讲,农业发展问题可以归纳为三个层面(图 1 - 1):

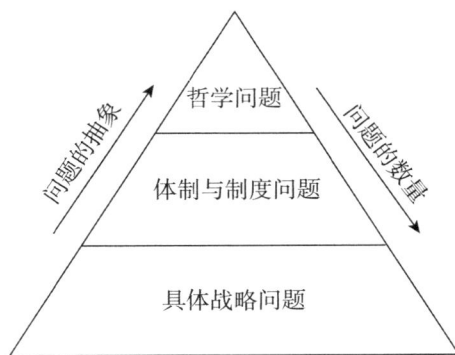

图 1 - 1 农业发展战略问题的层面

(1)具体战略问题。包括:农产品产量与品质的共同提高问题;食品相关的营养、安全与健康问题;农业可持续发展的资源尤其是水土资源和能源短缺问题;农业功能多样化以满足日益扩大的物质与精神需求的问题;农业可持续发展的环境问题。

(2)体制与制度问题。从"三农"关系上来衡量就是:农业与"非农"产业的协调发展问题;农村与城镇协调发展即城乡均等化与一体化融合发展问题;农业劳动力转型、以"小农"为特征的传统农民如何成为"新型农民"的问题。

（3）哲学上的思考——农业发展哲学意义上的问题：未来农业会不会"消失"，还是成为某种"超"农业？农业绿色转型、新业态以至综合形态如何实现或形成，这些问题涉及农业发展观和方法论以及认识论层面。

第二节　未来农业：生物经济的"双基础"

农业在经济发展中具有重要的基础地位，在可持续发展中承担着基础作用。以1972年联合国《人类环境宣言》为标志，人与自然协调、保持环境清洁和生态平衡思想得到重视，世界农业发展开始战略转型。1987年美国农业部可持续农业研究与教育计划正式提出农业可持续发展模式。1991年联合国粮农组织（FAO）召开国际农业与环境问题大会，提出《关于可持续农业和农村发展的登博斯宣言和行动纲领》，对于可持续农业观念的形成与发展及其实践具有重大作用。1992年联合国环境与发展大会通过的《21世纪议程》把农业和农村的可持续发展作为可持续发展的优先领域，体现了农业可持续发展思想的全球共识和政治承诺，把农业可持续发展研究推向新的阶段。1997年在德国召开的国际可持续农业会议，从理论上探讨了气候变化对农业生态系统可持续性的影响，从实践角度论及可持续农业中的植物育种、基因工程、生物学、生态学和有机农业系统在不同环境及投入情况下土地、水和作物资源的管理，以及生物多样性和自然资源保护，是对可持续农业理论与实践的系统总结与发展。21世纪初以来，学术界对以无机化学品高投入为特征的现代农业模式进行了深刻反思，由此提出以可持续发展、可循环、生态为其主要特征的"后现代农业"。2015年中国农业部颁布了"到2020年化肥和农药使用量两个零增长"行动方案，标志着对不可持续农业发展模式的政策调整。对发达国家农业增长的实证研究表明，技术进步是农业可持续增长的关键因素，目的在于用更少的资源来获取更多、更高质量的产出。

不仅如此，在未来的生物经济时代，农业在可持续发展中将继续承担着基础作用，并且还将进一步拓展，增加新的与生物质相关产业联系的桥梁与纽带作用。作为生物质的第一载体，植物（含藻类、部分细菌）的光合作用包含一系列精密高效的化学反应，是将太阳能转化为化学能最高效的实现方式。多方证据表明：未来农业是生物经济的"双基础"——农业是生物质生产的基础,而生物质又是生物经济发展的基础(underpinning resource)。

再进一层,农业是可再生的生物质的基础,生物质是可持续的生物经济的基础,因而生物经济赋予农业"双基础"地位,进而赋予农业可持续发展以革命性的新含义。新含义意味着,农业可持续发展不但包括传统意义上的资源节约与循环利用,保护农业资源,减少农药、化肥、农膜等化学品投入及由此造成的环境污染,而且更深刻地表现在:①突破传统的农业范畴,拓展新的领域与功能;变革传统的"化学过程"为可持续的"生物过程",从而变革传统的农业及其相关生物质产业的制造模式。②运用农与"非农"系统观,促进农业与其他生物质产业融合发展与资源循环利用,推进城乡一体化污染治理与生态保育。

第三节　生物经济:新兴经济形态已立潮头

从来自中国、经济合作与发展组织(OECD)、欧盟(EU)、美国等具有代表性的生物经济定义中可以发现:生物经济首先是一种新兴的经济形态。

(1)2002 年中国有学者研究认为,生命科学与生物技术(life science and biotechnology)的研发创新推动了生物经济的发展;并率先提出了较为规范的生物经济定义:生物经济是以生命科学与生物技术的研究开发与应用为基础的、建立在生物技术产品和产业之上的经济,是一个与农业经济、工业经济、信息经济相对应的新的经济形态①。

(2)2004 年 OECD 发布《可持续增长与发展的生物技术》(Biotechnology for Sustainable Growth and Development)报告认为:生物经济是利用可再生生物资源、高效生物过程以及生态产业集群来生产可持续生物基产品、创造就业和收入的一种经济形态②。

(3)2011 年 EU 认为:生物经济是通过生物质的可持续生产和转换来获得食

---

① 邓心安. 生物经济时代与新型农业体系. 中国科技论坛,2002(2):16 – 20.
② OECD. Biotechnology for Sustainable Growth and Development,2004 – 01 – 29 ~ 30.

品、健康、纤维和工业产品及能源等一系列产品的经济形态①。

(4)2012 年美国在《国家生物经济蓝图》(National Bioeconomy Blueprint)中将生物经济定义为:生物经济是以生物科学研究与创新的应用为基础,用以创造经济活动与公共福利效益的经济形态②。

国际生物经济研究同时进一步表明:

·生物经济是一种可持续的经济形态或解决方案,是一种改变经济与社会模式以应对诸如气候变化、农村地区发展等问题与挑战的战略。

·生物经济既是全球性的也是地区性的可持续解决方案。接近原材料和消费者的食品和能源往往是地区性的,以利于运输和高效循环利用;清净技术方案与服务更多的是面向全球市场。

·生物经济是一项从根本上减少对化石资源依赖(dramatically reduce our dependence on fossil sources of carbon and energy)的革命,意味着产品的系统转变,包括所有利用可再生自然资源和将不可再生资源转变为可再生资源两个方面。

作为迈向可持续未来的综合平台(platform to a sustainable future),生物经济以新颖价值链方式将农业与众多传统的工业部门联系起来,将全方位促进农业、健康医疗、生物制造及生物能源、环保及生态服务等众多领域的绿色转型。十余年来,生物经济的范畴与内涵是动态发展的,但其中所蕴含的特质(typical features),如自然(natural)——取于自然又回归自然、绿色、健康、可再生、环境友好、易降解、可持续,则是不变的。

"绿色、健康、可持续"(green,healthy and sustainable)是生物经济的基本特质,与其应对并可望化解的五大全球性问题相契合,是否升华为生物经济促进农业以及经济社会绿色转型的"宗旨",将在本章之后加以论证。

第四节　生物经济时代:一个崭新经济时代正在开启

经济时代是指一种综合经济形态发展到成熟阶段后、以这种经济形态为主导

---

① ETPs. The European Bioeconomy in 2030：Delivering Sustainable Growth by addressing the Grand Societal Challenges,2011.

② The White House. National Bioeconomy Blueprint,2012：7.

形成的人类经济社会发展的特定历史时期。每一个综合经济形态,如农业经济、工业经济、信息经济等,都可以划分为孕育(gestation)、成长(growth)、成熟(maturity)、衰退(decline)四个阶段。

生物经济预示着一个崭新时代的来临。回溯历史,人类经济社会经历了狩猎与采集经济(以下简称"狩采经济")时代、农业经济时代、工业经济时代。目前正处在信息经济时代成熟阶段的鼎盛时期。

如同任何有机体的"S"型曲线生长一样,生物经济的发展可分为四个阶段:孕育、成长、成熟、衰退。分别以1953年DNA双螺旋结构的发现和2000年人类基因组草图破译完成为标志,经济社会进入了生物经济的孕育和成长阶段。

正如只有当信息经济发展到成熟阶段,才可以称经济社会(主流)已经进入了信息经济时代一样;预计在21世纪30年代初期,生物经济步入其发展的成熟阶段,那时才可称经济社会进入了生物经济时代——以生物基产品的廉价而普遍应用(widespread use of biobased products)为标志。换句话说,经济社会尚未进入但正在迈向生物经济时代。

如果说,后一综合经济形态取代前一综合经济形态的过程,可以形象地称为经济社会浪潮,那么,生物经济就是经济社会发展的"第四次浪潮"。美国未来学家阿尔温·托夫勒认为,人类社会经历了"三次浪潮":第一次浪潮是农业革命,人类从原始的采集渔猎时代进入以农业为基础的社会;第二次浪潮是工业革命,人类从工业文明的崛起到工业化社会;第三次浪潮是信息革命,人类将进入信息社会①。一个崭新时代浪潮的来临,人类经济社会的生产与生活方式正在发生重大变革,我们中每一员都将或多或少地被裹入其中;就像当今的我们或多或少地被信息产品包围、信息经济已深刻影响着人类生产生活一样。

第五节 新型农业体系:革命性未来农业的愿景

不妨先打一个发生在身边的比喻——

在当今信息经济时代,中国第四大互联网企业京东的刘强东"回归"企业,促

---

① 阿尔温·托夫勒.第三次浪潮.生活·读书·新知三联书店,1983:51-57.

使成功上市的秘密在于："不革自己的命,那就等别人来弄死";在未来生物经济时代,迫在眉睫的危机需要化解,又兼有新的时代机遇,如果农业"不革自己的命,那就相当于自己弄死自己"。

面对重大危机——经济社会面临五大全球性问题,中国"高投入、高能耗、高污染"相对粗放型的发展模式,以及千载难逢的生物经济时代机遇,现代农业同样面临着绿色转型的重大挑战;而且作为国民经济的基础与生物经济的"双基础"产业,农业必须率先实现绿色转型。

如何拓展变化并实现绿色转型?

农业形态是随着科技进步与经济社会需求而逐渐演变形成的,具有某种技术特征的农业表现形式,有的称之为农业类型、农业模式或农业业态。在每一个经济时代,农业发展表现出的形态既有所不同,又相互传承与交叉,从而形成异彩纷呈的农业形态组合(群)。

通过对中外众多现代农业企业特别是生物质涉农企业的综合考察与实证归纳,我们提出"新型农业体系"的理论预言或假说——即"五轮模型"(图1-2)。简言之,新型农业体系是基于生物经济的农业拓展变化与绿色转型的综合形态。

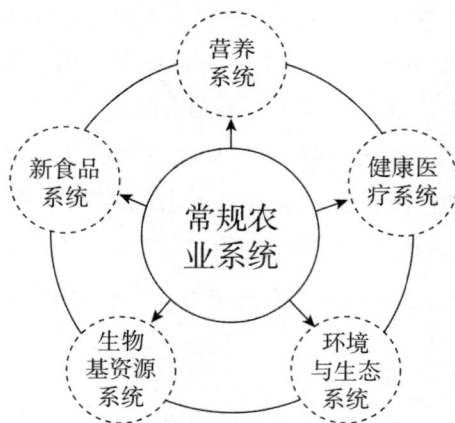

图1-2 农业拓展的"五轮模型"

它建立在农业"第三次拓展"的基础之上——

回溯历史,自农业经济时代以来,农业领域及功能经历过两次规模化整体性拓展。第一次拓展:主要发生(即"成为现实")在农业经济时代,是指由狭义的农业即种养业(俗称"小农业"),拓展到包括种植业、林业、畜牧业、渔业以及与农民生产生活直接相关的副业(统称"大农业")的过程。第二次拓展:发生在工业经济时代和当今信息经济时代,是指由"大农业"拓展到除包括种植业、林业、畜牧业、渔业外,还包括为农业提供生产资料的农业前部门和由农业主副产品加工、储运、物流、销售及有关服务所构成的农业后部门。

展望未来,基于生物经济的农业第三次拓展,是指由大农业、农业前部门、农业后部门构成的"常规农业系统",拓展到包含常规农业系统在内,并包括新食品(novel food)、营养、健康医疗、生物基资源、环境与生态等生物质相关的五大子系统在内的新型农业体系的过程。

科学发展史表明:重要的发现,源于准确和及时地提出关键问题。新型农业体系"假说"或目标模式的发现,同样源于从国内外纵横比较角度以及从哲学层面对农业发展问题的认识。

新型农业体系的"1+5"领域与五大全球性问题高度契合,能否成为农业拓展与绿色转型的愿景和"革命性未来农业"的目标图景——即生物经济时代"现代农业"的战略愿景,将从科学发现逻辑上得以证明。

第六节 第二次绿色革命:农业绿色转型的综合技术手段

农业革命是什么?可以通俗理解为:在一定时期内农业上的完全变化(a complete change in agriculture)。

纵观农业发展的历史,近代以来,农业曾发生过四次重大科技革命,分别是:

19 世纪 90 年代农业"机械革命";

20 世纪初的农业"化学革命";

20 世纪前半叶"杂交育种革命";

20 世纪下半叶出现的绿色革命(green revolution,为区分第二次绿色革命(second green revolution)起见,有时称之为"第一次绿色革命",以下同)。

再向前回溯,从狩采经济向传统农业过渡时期的原始种植业和原始养殖业,使人类首次由"攫取"过渡转化到"生产",是农业历史上的革命性重大变化,虽然可以找到如铁器普遍使用(widespread use)等标志性重大技术突破,但由于其转化是渐变的,转变的时间很长,且难以精确定位于某一段时期,因而通常不称其为农业科技革命。

从当前信息经济时代来看,农业正在发生信息化革命——将计算机网络技术廉价而普遍地应用于农业,目前这场革命尚未完成,但已出现精准农业、"互联网＋"农业等"亚革命"(sub-revolution),预计它们有可能促使智慧农业革命的最终形成。

展望未来,以分子生物学与基因工程(包含新兴的基因编辑技术)为核心的现代生物科技,正在从根本上深刻改变农业,推动农业发生第二次绿色革命。第二次绿色革命具有层次性,由许多跨领域的亚革命组成,如植物基因革命、合成生物学革命、生物能源革命等,其中的"基因革命"不仅与农业密切相关,也涉及到健康医疗、生物制造、生物能源、生物环保等,被认为是第二次绿色革命的核心。

第二次绿色革命是指通过国际社会共同努力,运用以基因工程为核心的现代生物技术,培育既高产又富含营养的动植物新品种以及功能菌种,促使农业生产方式发生革命性变化,在促进农业生产及食品增长的同时,确保环境可持续发展。发生于20世纪50—70年代的第一次绿色革命给世界农业发展带来巨大变化,解决了困扰当时社会的全球性粮食危机,但同时也在农业污染、生物多样性等可持续发展方面产生了负面作用。

发生革命的前提条件是什么?

农业发生重大革命的前提,首先是农业发展出现重大问题或危机,否则就没有必要进行农业重大变革。另一必要条件,就是科技取得重大突破与群体性进展。这一突破性群体进展目前主要集中在信息科技和生物科技领域。例如,20世纪70年代初以后限制性内切酶、连接酶等技术的突破,导致80年代植物转基因革命。生物科技新的发现与应用,将导致农业、食品、营养、医药、健康、能源、环保等产业发生重组和融合,进而导致世界经济发生深刻变化。如今,人类经济社会发展正面临五大全球性问题,危机迫在眉睫;以生物信息学、合成生物学、基因编辑等为核心的标志性科技正在"会聚"(converging)发展,一个以生物科技加之信息技术推动农业拓展变化的时代大幕正在徐徐拉开。

由于生命科学与生物技术的日新月异与突破众多,由植物基因革命等一系列亚革命交叉构成的第二次绿色革命对农业绿色转型的影响也是深远或潜移默化的。无论是什么性质的革命,一般不会为常规势力所轻易接受。第二次绿色革命,除了需要以上两个必要条件之外,还需要如第一次绿色革命所需的国际社会的共同协调与政策支持,特别是科技界普遍性共识及其与产业界行动的协同跟进。

第七节 农业易相发展理论:理论创新与范式转变

一、农业易相发展理论产生的动力机制

纵观农业发展史,随着生产工具的革新和科学技术的进步,农业的领域、范畴以及功能在不断拓展变化。近代以来,农业发生过多次重大科技革命,包括农业机械革命、农业化学革命、杂交育种革命、绿色革命、植物基因革命。每次重大革命,都伴随着农业发展理论或学说的产生与指导,如农业经济时代的农业区位论;工业经济时代的改造传统农业理论、农业企业化理论、农业生态理论;信息经济时代的循环农业发展理论、智慧农业理论。农业第二次绿色革命或其系列亚革命,也正伴随着农业发展的理论创新。

农业易相发展理论(Yi-theory of Agricultural Development)是基于生物经济和农业拓展变化的理论,是指将传统的农业范畴拓展到"非农"范畴,反过来通过"非农"来促进农业的发展,以致达到农与"非农"共生共荣、整体和谐发展状态的系统知识。该理论是在生物经济成长、生物经济时代来临的背景下,伴随着酝酿中的第二次绿色革命与农业发展范式转变而诞生的新理论。

生命本质的高度一致性,构成了农业拓展、新型农业体系构建以及农业易相发展理论创立的学科基础与逻辑关键点。沿着"分子生物学与基因工程—生命本质的高度一致性—农与非农产业融合边界淡化—农业可拓展"的内在逻辑关系,便能够理解生命本质的高度一致性作用于农业拓展的革命性意义,进而深入理解农业拓展转型与农业易相发展理论产生的动力机制(图1-3)。

谈到生命本质,有必要稍作展开,以利于加深对生命本质的高度一致性的理解。生命本质,从字面上理解就是生命本身固有的、决定其性质的根本属性;从专业上讲,生命的本质是复杂的化学作用。

什么是生命? 首先可以用其本质特征来描述,自我复制,新陈代谢,生命是一

个过程,生命是连续谱,地球上所有生命都由相同的碳、氢、氧、氮等基本成分构成,以致俗语"生命是活着的东西"、"能动的东西是生命",等等,都与生命本质相关。其次,从生物与物质、信息的关系上讲,生命是数据的(life is digital),生命是序列的(life is of sequence),生命是生物、物质、信息的融合,这些是从信息或 DNA 代码的角度去描述生命的本质。最后从本质上讲,生命就是化学过程,是原子、分子之间的复杂反应,由此可以用"DNA 之父"詹姆斯·沃森(James D. Watson)的话总括为,"生命的本质就是复杂的化学作用,别无其他"、"生命不过就是物理与化学——尽管是极为精密复杂的物理与化学"①。

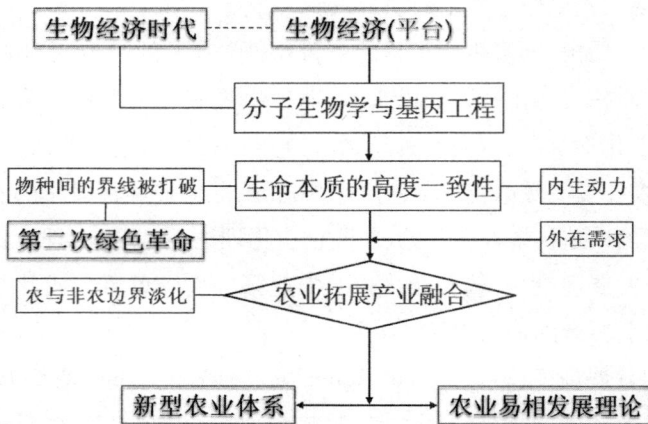

图1-3 农业易相发展理论的动力机制及其逻辑关系

生命本质的高度一致性的进一步被揭示与系统化应用,能够从根本上促进农业与其他生物质产业(如能源、医药、化工)相互融合,促使它们之间边界淡化,进而促进农业领域拓展及功能多元化,正在并将进一步通过生物过程深刻影响到常规农业、新型食品与营养、健康医疗、生物炼制(biorefinery)及工业制造、能源、环保,以及农业旅游与休闲、生态服务等第三产业。生物过程(bioprocess),有的被译作"生物工艺"或称生物过程技术,能够提高生产效率、降低能耗并减少有害废弃物产生,因而具有良好的经济和环境效益。

---

① 詹姆斯·沃森,安德鲁·贝瑞. DNA:生命的秘密. 上海世纪出版集团,2011:51,165-169.

二、生物经济正在开启新的生物范式

随着生物经济的成长,以农业及生物质为基础的生物农业、生物医药、生物材料、生物能源、生物炼制、生物环保、生物信息及生态服务等众多生物质相关产业,正在重塑新的产业格局。在此产业融合发展的进程中,新的"生物范式"(bio-paradigm)将取代工业经济与信息经济时代"机械范式"(mechanical paradigm)的主导地位。相对于机械范式强调建立一种物理秩序,生物范式强调认同和顺应自然秩序。与机械范式追求完美性(perfectibility)相比,生物范式更注重功能性(functionality)和适应性(adaptability),强调经济绿色、生态协调与社会和谐。可见,生物范式与中国正在倡导的"创新、协调、绿色、开放、共享"发展理念契合。

生物经济颠覆了"使用矿物燃料生产各种工业产品"的观念,正在开启新的生物范式。生物范式的革命性影响主要体现在生产领域,也会改变人们的世界观和由此带来的行为方式。在生物经济时代,以物理和化学定律为主的产业模式可望被基于生物过程的模式逐步取代,后者通过生物技术将来自生物的可再生原材料转化为生物基各类产品,即从生物质中提取可再生碳取代来自恐龙时代的不可再生的化石碳,并变革传统的"用化学问题处理环保问题"的方式——解决一个问题而带来一个更大的问题。由此从主流上看,生物资源替代化石资源;生物工艺替代传统的化学合成工艺;生物炼制、生物制造部分取代石化炼制、化工制造。

为加强对生物范式的理解,不妨随文献阅读分类列举出生物科技及其产业相关的词汇,它们构成了"bio + X"("生物 + X")系列。"bio"源自希腊语"bios",指与生命有关的一切事物('bio' come from Greek word 'bios', means everything to do with life)。

(1)经济社会类:bioeconomy, bioindustry, biosociety, biocommunity(bioregion)(生物经济、生物产业、生物社会、生物社区)。

(2)价值观念类:bio-concepts, bioprospecting, biobased, biovalue, biofuture, bio-preferred, biosecurity(生物概念、生物视角、生物基、生物价值、生物未来、生物优先、生物安全)。

(3)科学类:biology, bioecology, bioscience, bioeconomics, bioinformatics(bioinformation science), biomedicine, biochemistry, bionanotechnology, biomimetics, bionics(生物学、生物生态学、生物科学、生物经济学、生物信息学、生物医学、生物化学、

纳米生物学、生物拟态学、仿生学)。

（4）技术类：biotechnology，bioengineering，bioprocess，biorefinery，biomanufacturing，biosynthesis，bioreactor，biochip，biocatalysis，biodegradation，biomining，bioleaching，bioremediation，biosensor，bioinvention，biomaker，bioconvertion，biotransformation（生物技术、生物工程、生物过程、生物炼制、生物制造、生物合成、生物反应器、生物芯片、生物催化、生物降解、生物冶金、生物过滤、生物治理、生物传感器、生物创造发明、生物制造者、生物转换、生物转型)。

（5）资源类：bioresources，biomass，biowaste，biodiversity，biocapital，biobank，biopark（生物资源、生物质、有机废弃物、生物多样性、生物资本、生物银行、生物科技园)。

（6）产品类：bioproducts（biobased products），biopharmaceutical，biosimilar，bioenergy，bio-oil，biogas，biofuels，bioethanol，biodiesel，biomaterials，bioplastics，biochemicals，biopolymer，biopesticide，biofertilizer，bio-robot（生物基产品、生物制药、生物仿制药、生物能源、生物原油、生物气（沼气等）、生物燃料、生物乙醇、生物柴油、生物材料、生物塑料、生物化学品、生物聚合物、生物农药、生物肥料、生物机器人)。

其中许多词属于21世纪才"约定俗成"的新词，部分甚至难以找到精确的中文匹配词，如"生物安全"、"生物农业"、"生物基经济"、"生物社会"。

从理念到产品、从微观到宏观不同层次的代表性词汇则是：bio-concepts，bio-value，biocapital，bioscience，biotechnology，bioproducts，bioeconomy，biosociety。

可以透视发现它们的共性特征：绿色健康、可再生，循环利用、可持续。

列举不是目的，那么，问题来了：迄今能否找出有其他哪门学科能产生如"bio"前缀之多与广？当下还有其他哪门学科如"bio"一样，成果人才双辈出？答案应该是否定的。以此可以印证：也只有生物科技涉及从生产到生活再到生态；从农业到健康医疗，到资源、环境、能源、材料、化学与化工、信息与物质科学等的几乎所有领域。

列举背后，可以佐证进而表明：在生物经济的成长阶段、生物经济时代来临之际，生物范式正在兴起。

由此引发思考：未来呢——生物经济时代 + 生物范式？能否推断："生物农业 + 生物医药 + 生物材料 + 生物能源 + 生物炼制或生物制造 + 生物环保 + 生物信息及生态服务 + 生物基产品与服务体系中的其他" = "生物经济与生态社会"，且让我们从第二章开始具体阐述。

第八节 "五位一体"思想体系:农业绿色转型的系统框架

国防科技与军事发展到今天,有军事专家称,未来的作战方式是"体系作战",即不是单一兵种的行动,而是包括陆、海、空、天、磁等"五位一体"的综合作战。商界也有"体系为王"之说。与彼相似,以此类推:人类经济社会发展到生物经济时代,我们多年的研究认为,发展生物经济,实现农业绿色转型,同样不会是科技、生产或消费、生活、生态等单一方面的行动,而是涉及生产方式、生活品质、消费习惯、环境美化、生态发展理念等多位一体的综合体系。

农业绿色转型及其与其他生物质产业融合发展,正是基于以下绿色发展的框架体系:生物经济、生物经济时代、新型农业体系、第二次绿色革命、农业易相发展理论共同构成的相对独立、完整与开放的"五位一体"思想体系(图1-4)。具体来说,生物经济:迈向可持续未来的综合平台(下位);生物经济时代:农业绿色转型的时代背景(后位);新型农业体系:革命性未来农业的目标愿景(前位);第二次绿色革命:实现目标愿景的综合技术手段(中位);农业易相发展理论:农业拓展与绿色转型的指导思想(上位)。

图1-4 "五位一体"思想体系示意图

生物经济正在走向成熟阶段,生物经济时代正在来临,如何应对与迎接? 我们的战略与政策研究,不应只做战略实践"事前"知识的传播与政策行动"事后"经验的总结,更要有"预则立"的前瞻思维,不失时机地筹划未来。

当中国经济迈入新常态、发展追求高质量并跨入"十三五"的时候,我们是否认识到国际生物经济已走过"概念"阶段、正从战略发展到如今的全球化绿色浪潮。

在产业与经济层面,中国属于发展中国家,客观要求经济发展具有一定的增长速度,但水、土地、能源等资源匮乏,以传统的方式难以维系工农业快速发展需求,因而迫切需要以可再生的生物资源替代不可再生的化石资源,以实现产业绿色升级和绿色转型。无论是从资源总量、人均资源量还是从节能减排上来衡量,中国对发展生物经济都有迫切的战略需求。

在国家安全与军事层面,中国应掌握生物科技的"达摩克利斯之剑",从而建立起强大的应对生物武器攻击的防范力量。同时,在生物经济时代,中国还将面临难以回避的生物安全问题,以及由基因编辑、"克隆人"、"干细胞"等技术带来的相关伦理问题。

在社会与民生层面,食品安全与营养水平的提高,生物医疗的研发与廉价且有效供给,以及日益广泛的生物科技服务业的发展,意味着生物经济时代将"重新定义可持续发展的生活方式"——健康可持续的生活方式(Lifestyle Of Health And Sustainability,简称为"LOHAS",即"乐活")。

总之,在农业经济时代,中国曾长期领先于世界;在工业经济时代,中国远远落伍了;在信息经济时代,我们正奋力追赶并可望局部超越。面对将要来临的生物经济时代,中国与世界发达国家基本处在同一起跑线上。为了实现农业及其他生物质产业的绿色转型与升级,我们应当积极谋划,不失时机地制定并实施生物经济相关战略与行动计划,构建与生物经济时代相适应的绿色产业体系。这是生物经济的时代意义与对中国经济社会绿色发展总的启示。

第二章

生物经济:可持续发展综合平台

　　生物经济、生物经济时代、新型农业体系、第二次绿色革命、农业易相发展理论共同构成相对独立、完整与开放的"五位一体"思想体系。其中,生物经济是迈向可持续未来的综合平台。该综合平台包括技术平台(Technology Platform,TP)、政策平台、基础设施共享平台、融资平台及服务平台。技术平台是发展生物经济的硬实力和核心;政策平台是发展生物经济的"软实力"和制度保障。若要理解"五位一体"思想体系及生物经济综合平台的可持续意义,必先了解生物经济概念的缘起、生物经济战略,以及生物经济领域和特点。

第一节　生物经济概念

一、生物经济概念的缘起

　　生命科学与生物技术的发展推动了"生物经济"概念的形成与发展。

　　生物经济的概念缘起于 2000 年前后的世纪之交。1998 年,美国未来学家、Biotechonomy LLC 公司董事长胡安·恩里克斯(Juan Enriquez)发表文章指出:基因组学等新的发现与应用,将导致分子—基因革命,使医药、健康、农业、食品、营养、能源、环境等产业发生重组和融合,进而导致世界经济发生深刻变化[①]。以克林顿签发的第 13134 号总统令(President Clinton's Executive Order on Bio-based

---

　　① Juan Enriquez. Genomics and the World's Economy. Science,1998,281(5379):925-926.

Products and Bioenergy)——《开发和推进生物基产品和生物能源》(Developing and promoting bio-based products and bioenergy)为标志,1999 年美国政府提出"以生物为基础的经济"(bio-based economy)概念和计划。同年,美国国家农业生物技术委员会(National Agricultural Biotechnology Council,NABC)主席 Ralph Hardie 预测① 认为,通过利用植物等可再生资源,美国将能够在改善环境质量的同时实现能源、化工和材料的自给;随着遗传学知识的增长,构建这种经济的基本手段可以取得;他还指出,以生物为基础的经济将能够促进农村地区发展,随着农业产品的生产转换,利用植物生产生物燃料等产品将在作物种植中占有一定的地位。

　　2000 年,上海《经济展望》杂志 4 月号发表"生物经济:倾盆金币落谁家"专栏文章,提到"生物经济"新名词。几乎同时,5 月美国《时代》发表"什么将取代技术经济"的文章,提出了生物经济(bioeconomy,BE)的正式概念②。

　　2001 年 11 月在日内瓦联合国贸易与发展会议(United Nations Conference on Trade and Development)上,哈佛大学肯尼迪政府学院科学与国际事务中心研究人员 C. Juma 和 V. Konde 提交"新生物经济"报告,也是最早专门涉及生物经济的论文,该文指出,新生物经济(the new bioeconomy)是指现代生物技术的影响以及其所占据的市场,但并未给出规范的定义③。

　　孤证不引,正本清源。有学者如德国波恩大学教授乔基姆·冯·布朗(Joachim von Braun)在中文期刊发文认为④:生物经济理论是由尼古拉斯·乔治斯库–罗根(Nicholas Georgescu-Roegen)1971 年创立⑤;而胡安·恩里克斯和罗德里格·马丁内兹(Rodrigo Martinez)于 1998 年首次对生物经济这一术语给出了定义。经仔细考证并查阅英文版原文后认为,这两个观点所指并非规范和严格意义上的生物经济(bioeconomy)定义,或者说并非现代生物经济的概念,而是意指"现代生命科学突破所推动的经济",因为那时尚未出现"bioeconomy"、"bio-economy"

①　AgBiotech Reporter. 'Bio-Based' Economy Predicted. AgBiotech Reporter,1999,16(2):2.

②　Stan Davis,Christopher Meyer. What will replace the Tech Economy. Time,2000,155(21):76 – 77.

③　C. Juma,V. Konde. The New Bioeconomy:Industrial and Environmental Biotechnology in Developing Countries. [2002/2017 – 7 – 30]. http://unctad. org/en/Docs/poditctedd12. en. pdf.

④　乔基姆·冯·布朗. 生物经济中的生物准则城市. 世界建筑,2017(4):10 – 17.

⑤　其依据出自:Nicholas Georgescu-Roege. The Entropy Law and the Economic Process. Harvard University Press,Cambridge,Massachusetts,1971.

或"biobased economy"一词。事实上,在胡安·恩里克斯 1998 年发表的被乔基姆·冯·布朗引以为"生物经济定义"之据的"遗传学与世界经济"(Genomics and the World's Economy)的原文①中,通篇未发现"bio-economy"或"biobased economy"或"bioeconomy"一词,但可以找到"biotechnology"或"biotech"、"economy",因而可认为是对现代生物经济概念的较早理解或诠释者之一。而且无独有偶,1998 年的该文作者只有胡安·恩里克斯,并没有罗德里格·马丁内兹;而胡安·恩里克斯和罗德里格·马丁内兹联名发表的被乔基姆·冯·布朗在《世界建筑》刊文引以为据的有关所谓"生物经济",其实是有关"生物技术学"(Biotechonomy)或有关"生物技术"(biotech)的 2 篇论文均是在 2002 年 8 月之后②。

二、生物经济代表性定义及其共性特征

生物经济的规范定义自 2002 年开始出现,并在 2004 年 OECD 提出定义之后有"雨后春笋"之势,其中具有代表性的定义如下:

2002 年,有学者研究并刊文提出:生物经济是以生命科学与生物技术的研发和应用为基础的、建立在生物技术产品和产业之上的经济,是一个与农业经济、工业经济、信息经济相对应的新的经济形态③。该定义包含主体内涵和拓展解释两部分,是迄今发现最早发表的生物经济的规范定义。

2003 年,中国科技部生物科技管理人士在报纸上发文提出:生物经济是建立在生物资源、生物技术基础之上,以生物技术产品的生产、分配、使用为基础的经济④。

2004 年 OECD 发布《可持续增长与发展的生物技术》报告,将生物经济定义为:利用可再生生物资源、高效生物过程以及生态产业集群来生产可持续生物基产品、创造就业和收入的一种经济形态(A biobased economy is defined as an economy that uses renewable bioresources, efficient bioprocesses and eco-industrial clusters to

---

① Juan Enriquez. Genomics and the World's Economy. Science,1998,281(5379):925 – 926.
② 这两篇合作论文为:Juan Enriquez,Rodrigo Martinez. Biotechonomy 1.0:A Rough Map of Bio-data Flow,Harvard Business School working paper,August 2002;Rodrigo Martinez,Juan Enriquez,Jonathan West. The Geography of the Genome. Wired,2003(6):160.
③ 邓心安. 生物经济时代与新型农业体系. 中国科技论坛,2002(2):16 – 20.
④ 王宏广. 试论"生物经济". 科技日报,2003 – 11 – 3(4).

produce sustainable bioproducts, jobs and income)①。2006 年 OECD 在《迈向 2030年的生物经济:设计政策议程》(The Bioeconomy to 2030: Designing a Policy Agenda)的战略报告中将生物经济解释为:生物经济是经济运行的聚合体,用以描述在这样一个社会,通过生物产品和生物制造的潜在价值使命来为公民和国家赢得新的增长和福利效益(the bioeconomy to be the aggregate set of economic operations in a society that use the latent value incumbent in biological products and processes to capture new growth and welfare benefits for citizens and nations)。OCED 在其后来(如 2011 年)的官方文件中将生物经济的定义调整为:生物经济是建立在利用生物技术和可再生能源资源生产生态绿色产品和服务(ecological sensitive products and services)基础上的经济②。

2005 年欧盟将生物经济概括为"以知识为基础的生物经济"(the knowledge-based bio-economy, KBBE),具体定义为:生物经济是一个浓缩性的术语,它将生命科学知识转化为新的、可持续、生态高效并具竞争力的产品,能够描述在能源和工业原料方面不再完全依赖于化石能源的未来社会(The bio-based economy is a term defined as "transforming life sciences knowledge into new, sustainable, eco-efficient and competitive products", which encapsulates our vision of a future society no longer wholly dependent on fossil fuels for energy and industrial raw materials)③。"在欧洲,一群来自学术界和产业界的专家于 2005 年在政治层面引入了知识型生物经济这一概念"④便意指此。

在此后出台的一系列战略报告、计划或文件中,欧盟对生物经济的概念及其定义进行了调整。如在 2011 年发表的政策白皮书《2030 年的欧洲生物经济:应对巨大社会挑战实现可持续增长》(The European Bioeconomy in 2030: Delivering Sustainable Growth by addressing the Grand Societal Chellenges)中将生物经济定义为:生物经济是通过生物质的可持续生产和转换来获得食品、健康、纤维和工业产品及能源等一系列产品的经济形态(The bioeconomy refers to the sustainable produc-

---

① OECD. Biotechnology for Sustainable Growth and Development, 2004 - 01 - 29 ~ 30.

② OECD. Draft OECD Recommendation on Assessing the Sustainability of Bio-based Products. [2011 - 06/2017 - 12 - 02]. http://www. oecd. org/sti/scienceandtechnologypolicy/48222459. pdf.

③ European Commission. New perspectives on the knowledge-based bio-economy. 2005.

④ 乔基姆·冯·布朗. 生物经济中的生物准则城市. 世界建筑, 2017(4): 10 - 17.

tion and conversion of biomass into a range of food,health(pharmaceuticals),fiber,industrial products and energy)。在 2012 年 2 月发布《为可持续增长创新:欧洲生物经济》(Innovating for Sustainable Growth:a Bioeconomy for Europe)战略的同时,在其官方报道中将生物经济定义为:生物经济是指利用来自陆地和海洋的生物资源以及废弃物,作为工业和能源生产投入的经济,涵盖从生物基过程的利用到绿色工业领域(covers the use of bio-based processes to green industries)①。

2011 年芬兰创新基金会(Sitra,the Finnish Innovation Fund)研究认为,生物经济超出了生物基产品与生物技术范畴,进而归纳出对生物经济的三个层次的理解:生物经济是与可持续资源利用相关的新兴商业领域(business area);生物经济是应对气候变化、资源紧缺等诸多问题的社会战略(societal strategy);生物经济是改变人们思维和提供可持续生活方式的新的经济社会系统(economic and social system)②。

2014 年,受欧盟生物经济政策引导和影响的成员国之一芬兰在《芬兰生物经济战略》(The Finnish Bioeconomy Strategy)中对生物经济概括定义为:生物经济是指利用可再生自然资源,生产食品、能源、生物技术产品和服务的经济活动(Bioeconomy refers to an economy that relies on renewable natural resources to produce food,energy,products and services)③。

2016 年,德国生物经济理事会(The German Bioeconomy Council)提出带官方特色的定义,除具有很强的代表性外,还具有简明性和概括性:生物经济是可再生资源的可持续与创新利用,以提供食品、原料和具有增强性能的工业产品(Bioeconomy is the sustainable and innovative use of renewable resources to provide food,feed and industrial products with enhanced properties)④。该定义除突出一般定义所

---

①　European Commission. Commission adopts a strategy for a sustainable bioeconomy in Europe. [2012/2012 – 11 – 24]. http://ec. europa. eu/research/bioeconomy/press/newsletter/2012/02/sustainable_economy/index_en. htm.

②　Päivi Luoma, Juha Vanhanen and Paula Tommila. Distributed Bio-Based Economy – Driving Sustainable Growth. Helsinki:Sitra,2011 – 09.

③　Ministry of Employment and the Economy of Finland. The Finnish Bioeconomy Strategy. Edita Prima Ltd,2014 – 05.

④　The German Bioeconomy Council. What is Bioeconomy. [2017 – 12 – 5]. http://biooekonomier-at. de/home – en/bioeconomy. html.

普遍具有的可持续特质外,特别强调了创新的作用。

生物经济的定义是进化的。特别是自 2008 年以后,国际上出现众多从不同角度来进一步理解、侧重点有所不同的定义。上述之外其他具有代表性的定义例如:

2008 年,澳大利亚联邦科工组织(CSIRO)将生物经济正式定义为,生物经济是一个正在兴起的术语,用以实现食品、健康、纤维与其他工业产品以及能源等一系列可持续生产和生物质转化[①]。

2011 年,加拿大不列颠—哥伦比亚特区生物经济委员会(BC Committee on Bio-Economy)在其战略报告《不列颠—哥伦比亚特区生物经济》(BC BIO-ECONO-MY)中,所理解并采用的生物经济定义为:生物经济是指利用生物系统去实现可持续经济目标(Bio-economy refers to the utilization of biological systems to achieve sustainable economic objectives)。

2012 年,美国在《国家生物经济蓝图》中将生物经济定义为,生物经济是以生物科学研究与创新的应用为基础,用以创造经济活动与公共利益的经济形态(A bioeconomy is one based on the use of research and innovation in the biological sciences to create economic activity and public benefit)。该定义突出了研发与创新的作用。

2013 年,马来西亚政府在其经济转型计划之一的《生物经济转型计划》(BIO-ECONOMY TRANSFORMATION PROGRAMME,BTP)年度报告中对生物经济的定义为:生物经济是指可再生生物资源的可持续生产,并通过创新和技术将资源高效转化为食物、饲料、化学品、能源、健康医疗与福利产品的综合形态(Broadly speaking,a bioeconomy is the sustainable production of renewable biological resources and their conversion into food, feed, chemicals, energy, and healthcare and wellness products via innovative and efficient technologies)。该定义同样突出了创新的作用,并界定了生物经济的主要领域,具有概括性和代表性。

2014 年,南非政府发布《生物经济战略》(The Bio-economy Strategy),将生物经济定义为:生物经济是建立在生物资源、材料和工艺过程基础上的,促进经济、

---

① CSIRO. The Emerging Bioeconomy — A platform to a sustainable future [2008 – 10 – 24/2011 – 12 – 20]. http://www.csiro.au/en/Organisation – Structure/Divisions/Ecosystem – Sciences/EmergingBioeconomy.aspx.

社会及环境可持续发展的一系列利用生物创新的活动("Bio-economy" refers to activities that make use of bio-innovations, based on biological sources, materials and processes to generate sustainable economic, social and environmental development)。出现在其他文件的定义与此本质相同、表述略异:生物经济是建立在生物资源、材料与工艺过程基础上,以经济、社会及环境可持续发展为目标的从研发到商业化的全创新链(The bio-economy refers to an entire innovation chain from research and development to commercialisation based on biological sources, materials and processes, and aimed at sustainable economic, social and environmental development)。

概言之,生物经济(BE)包括生物基经济(biobased economy, BBE)以及食品、饲料的开发利用和生产(production and use of food and feed)等。以上定义虽然理解的角度不同、内容各有侧重或稍有不同,但其实质内容基本相同,大部分定义直接或间接含有以下共性特征:①生物经济由生命科学与生物技术的研发缘起,研发与创新推动了生物经济的发展。②通过生物工艺过程生产可再生与可持续的生物基产品;生物质或称可再生生物资源是生物经济发展的重要基础。③生物经济与节能减排、绿色可再生、健康福利、产品绿色转换、经济绿色转型等密切相关。④生物经济正在兴起,尚处于成长阶段。

作为世纪之交孕育诞生的尚属比较新的概念,生物经济概念及其定义是进化发展的。明晰生物经济概念的缘起与发展脉络,有助于理解生物经济的研发创新、生物质基础、绿色转型与绿色增长、健康及可持续等共性本质特征。

第二节　生物经济战略

"战略"源于战争,原本是一个军事概念,意指导战争全局的计划和策略。现应用范围超出军事,延伸到科技、经济等各行各业,是指重大的、带全局性的或决定全局的谋划,比喻决定全局的策略。

生物经济战略,根据我们多年研究的理解,属于科技与产业相结合的综合战略。但在科技经济一体化的当代,在生物经济发展前期阶段与研究方法上,可以将其作为科技战略对待。科技战略(Science and Technology Strategy)就是指科技领域重大的、带全局性或决定全局的谋划。

生物经济已从 21 世纪初的绿色、可持续发展概念与理念,发展成为当今许多国家和地区或国际组织的可持续发展战略与绿色行动。

一、生物经济国家与地区战略

针对食品及营养、健康医疗、能源与水资源、环境与气候变化、生态等五大全球性问题或"危机",以及各自国家经济社会与能源的战略转型机遇,一些国际组织、经济社会发达与创新能力强的国家或生物资源较为丰富的国家,包括欧盟、OECD,德国、北欧多国、美国、加拿大、马来西亚、南非、俄罗斯、日本、印度、巴西,以及中国的天津、吉林、云南、台湾等地区,都在积极倡导发展生物经济,有的称之为生物基经济或生物质经济。

欧盟及其成员国德国、芬兰、荷兰、丹麦、爱尔兰、瑞典、奥地利,以及挪威、美国、马来西亚、南非等纷纷出台了国家生物经济战略。其他国家或地区,如加拿大、澳大利亚、新西兰、俄罗斯、英国、印度、日本、韩国、墨西哥和非洲部分国家等,也提出了各具特色或不同层次的生物经济战略,包括:①领域部门生物经济战略,如 2007 年巴西生物技术战略、2009 年日本生物质战略(Biomass Strategy)、2011 年俄罗斯生物技术战略(BioTech2030);②地区生物经济战略,如加拿大不列颠—哥伦比亚(BC)特区生物经济战略、中国吉林省生物质经济战略。

1. 欧盟及其部分成员国生物经济战略

欧盟是较早提出生物经济战略并且战略最为系统的国际组织。

2005 年欧盟发表《基于知识的生物经济新视角》(New perspectives on the knowledge-based bio-economy)报告。2006 年公布《生物燃料战略》。

2010 年发布《基于知识的欧洲生物经济:成就与挑战》(The Knowledge Based Bio-Economy in Europe:Achievements and Challenges)战略报告。同年,欧洲生物工业协会(EuropaBio)提出《构建欧洲生物经济 2020》(Building a Bio-based Economy for Europe in 2020)政策报告。《欧洲 2020 战略》(Europe 2020 – A Strategy for Smart,Sustainable and Inclusive Growth)于 2010—2011 年推出的"创新型联盟"和"自然资源有效利用"旗舰计划,分别制定出发展生物经济的具体目标,积极推动欧盟经济绿色转型。

2012 年发布《为可持续增长的创新:欧洲生物经济》战略,将生物经济作为实施欧洲 2020 战略、实现智慧发展和绿色发展的关键,旨在促使欧盟经济向更多使用可持续的可再生资源的经济形态转变。

德国是欧盟生物经济发展的主力军。2010 年联邦政府通过了《国家生物经济研究战略 2030——通向生物经济之路》(National Research Strategy Bio-economy 2030—Our Route towards a biobased economy),旨在发展可持续生物经济,以遵循自然物质循环、确保丰富多样的饮食以及通过高价值的可再生产品提高国家竞争力。2012 年德国联邦教研部等联合发布《生物炼制路线图》(German Roadmap on Biorefineries);作为其实质性支持措施,联邦教研部在《国家生物经济研究战略 2030》框架下,设立了创新型工业生物技术专项,以支持经济界联合牵头发起成立的战略性产业研发联盟。2013 年发布的《国家生物经济政策战略》(Nationale Politikstrategie Bioökonomie;National Policy Strategy on Bioeconomy)指出:人类在 21 世纪面临食品安全、气候变化、土壤退化、生物多样性等多重挑战,生物经济刚好提供了应对这些挑战的机会;通过发展生物经济,可以摆脱对化石能源的依赖,实现经济社会转型与可持续发展,增加就业机会,提高德国在经济和科研领域的全球竞争力。

芬兰是欧盟成员国及中小型国家发展特色生物经济的典型代表。2011 年发布《可持续生物经济:芬兰的潜力、挑战和机遇》(Sustainable Bio-economy:Potential,Challenges and Opportunities in Finland)战略报告;2014 年发布《芬兰生物经济战略》(The Finnish Bioeconomy Strategy)。

2. 美国生物经济战略

美国生物经济起源于生物基产品及生物能源的研发,而生物质是生物基产品及生物能源的基础。联邦政府重视以创新方式发展生物基产品和生物能源,为此出台了一系列战略计划,例如:1999 年克林顿总统发布《开发和推进生物基产品和生物能源》执行令;2000 年联邦政府提出《促进生物经济革命:基于生物的产品和生物能源》报告;2002 年发布《生物质技术路线图》(Roadmap for Biomass Technologies in the United States),旨在研发生物基产品及生物能源以取代部分石化原料制品,同时减少碳排放;2011 年发布《能源安全未来蓝图》,提出了确保美国未来能源供应和安全的战略,要求以创新方式实现清洁能源未来,减少对石油的依赖。

2007 年美国生物经济研究会发表《基因组合成和设计之未来,对美国经济的影响》战略报告。2009 年美国国家研究理事会(NRC)发布《为了 21 世纪的新生物学：保证美国在正在到来的生物学革命中领先》(A New Biology for the 21st Century：Ensuring the United States Leads the Coming Biology Revolution)的战略报告。

2012 年联邦政府发布《国家生物经济蓝图》(National Bioeconomy Blueprint)，重点描绘了联邦生物经济五大战略目标。该报告是美国生物经济战略的集大成，对国际生物经济发展具有里程碑意义，为许多国家发展生物经济提供了借鉴，并为众多学者、政策研究人员所引用。

3. 中国及亚洲其他国家生物经济战略

中国 2005 年与欧盟同步率先召开国际生物经济大会并研讨相关战略，参与组织的机构包括国家科技部、中国农科院。2007 年科技部提出生物经济"三步走"战略。此后，一些生物资源相对丰富的省市如吉林省出台了生物经济或生物质经济战略，但没有制定生物经济国家战略。2017 年 1 月国家发展改革委发布《"十三五"生物产业发展规划》，相当于中国的国家版"生物经济发展战略"，但二者在战略目标与战略内容、经济时代的前瞻性和意义等方面有所区别。

马来西亚政府非常重视发展生物经济，近年来密集制定了生物经济战略，如 2011 年发布"生物质创造财富"的国家生物质战略(National Biomass Strategy 2020)，并于 2013 年发布该战略第二版(National Biomass Strategy – 2nd version)；2013 年出台《生物经济转型计划》。

日本资源相对缺乏，对生命科学与生物技术研究以及生物质的开发利用给予了高度重视。2009 年制定了生物质战略(Biomass Strategy)；2011 年发布第四期科学与技术基本计划，将绿色技术和生命科学的创新作为国家重点战略；2012 年发布生物质产业化战略(Biomass Industrialization Strategy)。

印度在继重视信息技术并取得令世界瞩目的成效之后，对生命科学与生物技术又非常重视。2007 年颁布《国家生物技术战略》，提出了未来十年印度生物技术及产业发展的国家目标和政策措施；2012 年发布《生物能源路线图》(Bioenergy Roadmap)；2014 年发布《国家生物技术战略 2014—2020》(Biotechnology Strategy II)。

韩国 2006 年制定了《2016 生物愿景》(Bio-Vision 2016)；2010 年制定了面向 2016 年的"生物经济基本战略"；2012 年发布《工业生物技术促进战略》(Strategy for promotion of industrial biotechnology)。

二、生物经济成长(GREW)战略

除包括上述国家或国际组织生物经济战略、部门生物经济战略及国家内部地区生物经济战略外,生物经济战略还包括更具有前瞻性的学科发展战略。2010年生物经济发展研究中心提出的"生物经济成长(GREW)战略"就属于这一战略类型。该战略由不同类型的生物技术侧重作用于相关产业的子战略构成(图2-1),包括:

基于绿色生物技术(Green biotechnology)的新型农业战略;

基于红色生物技术(Red biotechnology)的健康医疗战略;

基于环境生物技术(Grey or Environmental biotechnology)的绿色环保战略;

基于白色生物技术(White biotechnology)的绿色制造业战略——其中包含生物能源战略。

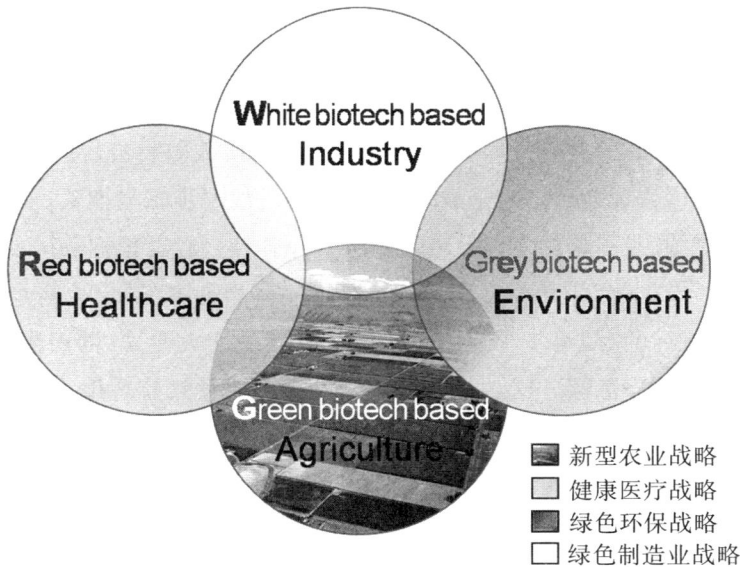

图 2-1　生物经济成长(GREW)战略示意图

其中的第一项子战略已由生物经济发展研究中心独立完成;其余则不同程度地体现在国家或部门"十三五"规划等多种形式的战略与计划当中。

从对经济发展的作用、产业化程度及未来发展潜力上来衡量,在各类生物技

术对生物经济产业的影响中,农业生物技术产业是未来生物经济的基础;医药生物技术产业是未来生物经济的先导;工业生物技术产业是未来生物经济的支柱;环保生物技术产业是经济社会发展和人们生活质量提高的民生要求和保障。如果说绿色生物技术、红色生物技术、白色生物技术分别重在构建生物经济的基础(农业)、先导(医药)、主导(工业)地位的话,那么,灰色生物技术将重在担当生物经济的"美化"角色。由此,未来生物经济发展的战略框架,应由与"基础—先导—主导—美化"相对应的"农业—医药—工业—环保"四大子战略构成。四个子战略之间相互交叉、相互影响,共同体现出生物经济的绿色、可持续以及注重生活质量等总体目标。

国内外生物经济发展动态表明,多层次的科技界和产业界互动的有关生物农业、生物医药、生物能源、生物炼制等领域的发展战略与政策研究,正在形成研究热潮。在生物经济成长阶段,GREW 战略框架对于生物产业发展规划及政策制定具有前瞻性意义和学术价值。

三、生物经济战略案例

一项相对标准的科技战略,通常包括五大要素:战略目标;战略环境,包括背景、资源等因素;战略内容,是战略的主体部分;战略步骤与期限,通常简化或略之;战略措施,是战略的实施保障。显然,在不同的领域,根据不同的需求,会出现并不包含以上全部五大要素的科技战略。例如美国《国家生物经济蓝图》就没有包含专门的"战略步骤与期限",但具有其他四大要素,因而仍不失为一个成功的科技战略范例。反之,包含上述五大要素,虽然其名称上并无"战略"二字,如中国《吉林省发展生物质经济实施方案》,但仍然不失为标准的科技与产业战略。

分别以《吉林省发展生物质经济实施方案》、《芬兰生物经济战略》为例,从战略要素上来解析生物经济战略。

1. 国家生物经济战略案例——芬兰生物经济战略

在全球生物经济战略与政策研究及其实施行动上,芬兰与德国、美国等一起共同领先于全球。芬兰生物经济战略具有先进性与代表性。

为应对食物、能源与全球环境等可持续发展面临的挑战,推动芬兰经济在生物与清洁技术重要领域的进步,引领芬兰走向可持续、低碳和资源高效(resource-efficient)的社会,促进芬兰经济绿色增长,在欧盟生物经济战略与政策的引导和影响下,芬兰于2014年制定了《芬兰生物经济战略》(以下简称《战略》)①。

(1)战略目标:在保证自然生态系统运行条件下从增加生物经济商业和高附加值产业与服务中创造新的经济增长和就业。总体指标是:将芬兰生物经济产值从目前的600亿欧元提升到2025年的1000亿欧元,并创造10万个新的就业岗位。

(2)战略环境与战略背景:芬兰拥有发达的基础设施、先进的教育水平、高素质的劳动力,以及利于创新和投资并具竞争力的商业环境,为生物经济发展提供了良好的基础条件和智力资源。林业是芬兰传统的支柱产业和最重要的原材料资源。

(3)战略内容:①为生物经济发展创造有竞争力的良好环境;②通过风险融资、创新实验、跨领域合作等方式刺激新的生物经济领域的商业行为;③通过教育、培训和研发提升生物经济的知识储备;④保障生物质原料的供给和可持续使用。

(4)战略步骤与期限:《战略》提出2025年愿景(vision),即可持续的生物经济的解决方案是芬兰福利和竞争力的基础。

(5)战略措施:为实现愿景与目标,将通过一系列行动计划和战略措施的实施与管理,与以上内容相衔接。《战略》提出了针对上述四项内容的,带有职能部门分工负责的行动计划与措施。其他重要措施还包括:组建的芬兰自然资源研究所;与农村可持续发展相结合。芬兰就业与经济部为实施协调部门,其他参与部门主要有:农业与森林部、教育与文化部、首相办公室、财政部、环境部。

2. 地区生物经济战略案例——吉林省生物经济战略

2014年初,吉林省政府发布《吉林发展生物质经济实施方案》(以下简称《方案》)②。旨在推进吉林省生态文明建设,实现经济绿色发展与转型。生物质是生物经济的基础和主体,因而生物质经济是生物经济的核心和主体,在很大程度上

---

① Ministry of Employment and the Economy of Finland. The Finnish Bioeconomy Strategy. Edita Prima Ltd,2014 - 05.
② 吉林省人民政府关于印发吉林省发展生物质经济实施方案的通知,吉政发〔2014〕2号, 2014 - 01 - 26.

代表生物经济。吉林省生物质经济战略,具有地区生物经济战略的代表性。

吉林省发展生物质经济具有得天独厚的资源优势和坚实的产业基础,《方案》提出了吉林省发展生物经济的总体思路、发展方向和具体目标,以及具体的规划内容与政策措施——仅此一句话就涵括了该战略除"步骤与期限"外的四大要素。

(1)战略目标:《方案》提出的总体目标是,围绕资源替代、生态环保、循环经济、清洁高效、多联产、产业融合等方向,服务于经济整体转型、绿色发展和美丽吉林建设需要。总体指标包括:将在生物质能源、生物基化工产品及相关产业发展方面计划实施 200 个重点项目,总投资 1600 亿元,预期 2020 年实现销售收入 3100 亿元,利税 800 亿元;生物质经济总产值达到 5000 亿元规模。

(2)战略环境(亦即战略背景):吉林省发展生物质经济具有资源优势和产业基础。①生物质资源丰富,年可收集秸秆、稻壳、林业剩余物以及畜禽粪便、城乡生活垃圾等资源 9400 多万吨。其中,玉米秸秆 3000 多万吨,70% 集中在长春、四平、松原地区,资源密度 10.87 吨/公顷,位居全国第一。②全省年深加工转化玉米量 1200 多万吨,80 万吨氨基酸和 20 万吨化工醇的生产规模及技术位于世界领先水平,60 万吨燃料乙醇的生产规模位于亚洲第一。在纤维素生物化工非粮替代方面也取得了重大技术突破,长春大成玉米秸秆制糖生产技术达到国际领先水平,万吨级试验线已投产,5 万吨秸秆糖项目已开工建设;松原来禾建成世界上第一条秸秆制丁醇生产线;中粮生化万吨级聚乳酸示范线项目开工建设,糖化车间已投料试车;吉林燃料乙醇、四平新天龙、辽源巨峰纤维素乙醇项目已启动前期工作。在生物质成型燃料加工和专用锅炉领域,也形成了国内领先的核心专利技术。宏日新能源公司最新一代专用锅炉实测热效率高达 85%,处于国内领先水平,与瑞典合作的农林生物质多联产工艺技术能源转化效率可达 90%;延边天桥岭颗粒燃料/热/电多联产(CHPP)示范项目建成后可达到国际先进水平。生物质能源开发利用初步形成规模,已建成国能辽源、梅河口、公主岭和华能双阳、农安、德惠、镇赉等 7 个生物质发电厂,总装机 16.7 万千瓦;武汉凯迪生物柴油项目已在汪清、蛟河、桦甸、敦化等地布局建设。

(3)战略内容:即《方案》提出的十大工程。①秸秆制糖基础原料工程;②百万吨聚乳酸产业延伸工程;③生物基化工醇替代工程;④糠醛与酒精改造提升工程;⑤生物质液体燃料工程;⑥生物质气态燃料工程;⑦固体成型燃料工程;

⑧生物质资源多联产工程;⑨城市垃圾发电工程;⑩生物质产业配套支撑工程。

(4)战略步骤与期限:到2020年,建立生物质原料收储、生产制造、市场消费、技术创新、政策扶持等支撑体系,使生物质产业成为主导产业。具体为:①到2015年,初步建立原料收储运生物质资源保障供给机制,生物质能源与生物基化工产品研发、中试和产业化快速推进的产业发展机制,政府引导、政策扶持、市场驱动的绿色生产与市场消费机制;生物质资源高端化利用全面启动,聚乳酸、秸秆制糖、生物质液体燃料、固体成型燃料、生物天然气等重大项目实现产业化。②到2020年,吉林省生物质经济形态基本确立,生物质经济总产值达到5000亿元规模(包括玉米深加工产业),生物质原料收储、生产制造、市场消费、技术创新、政策扶持五大支撑体系全面建立,生物质产业成为具有核心竞争力的新的主导产业;把吉林省建设成为生态资本聚集、生态技术创新活跃、绿色环保制度充满活力的现代化和国际化生物质经济发展中心。

(5)战略措施:强化项目组织;争取国家政策支持;建立生物质技术平台;采取"分散制浆,集中制糖"等方式破解原料难题;引导绿色消费;设立生物质专项资金。

第三节 生物经济领域

谈到生物经济,经常碰到以下两个基本问题:什么是生物经济;生物经济包括哪些内容? 本章第一节详细解释了第一个问题;本节"生物经济领域"针对第二个问题。

一、从两个案例归纳出的生物经济领域

《芬兰生物经济战略》案例将生物经济划分为以下领域:①农业与食品;②生物基产业,包括林业、木材工业、制浆造纸、木结构建筑、生物化工、生物医药;③可再生能源;④水处理;⑤生物经济服务,包括自然旅游(nature tourism)、狩猎(hunting)和捕鱼(fishing)。

"生物质经济是以生物质产业为核心,横跨现代农业、工业和服务业三次产

业,满足生产、生活对清洁能源和生物基产品日益增长的需要,实现绿色、低碳和可持续发展的经济形态。"①从吉林省生物经济战略案例中,可以归纳出生物经济领域:①农业与食品;②生物能源;③生物基产品,包括化学品、生物材料;④环境与生态。

二、美国生物经济领域

以上两个案例基本上代表了2014年国内外对生物经济领域的相对成熟的理解,然而在生物经济概念形成之初,对生物经济领域的界定比较笼统。美国生物经济领域的演变具有代表性和引领作用,以其为例——

美国起初提出并发展生物经济的关键动因之一是能源安全,即增加能源的独立性,降低从世界不稳定地区进口原油的依赖;同时将工业生物技术发展作为关键战略目标之一。以1999年克林顿总统令《开发和推进生物基产品和生物能源》为依据,生物经济领域分为两类:生物能源和生物基产品。从严格意义上和广义角度讲,生物能源也属于生物基产品的主要部分,因为特别重要,故从中独立出来。

2000年,NABC认识到农业在生物经济中的地位与作用,发表《21世纪基于生物的经济:从农业扩展到健康、能源、化学和材料》报告,将生物经济的领域进一步细化。在2002年农场安全和农村投资法案中,对生物经济的定义偏窄,主要限于生物基产品;在2008年食品、保育和能源法案中,对生物经济的领域进行了拓展②。2008年后,美国生物经济的重点领域开始拓展到既包括生物能源,又包括生物基化学制造和国内生物产业创造(bio-based chemicals manufacture and the creation of a domestic bio-industry),同时增加了对农业与农村发展之于生物经济发展重要性的关注。此外,生物医药一直是美国生物产业和社会发展的重点,逐渐也被纳入到生物经济产业体系之中。

2012年美国《国家生物经济蓝图》明确界定,生物经济重点领域涵盖人类健康医疗、生物能源、农业、环境保护及生物制造,与上述演变一脉相承。

---

① 《吉林省发展生物质经济实施方案》中对生物质经济的定义。

② Otto Schmid, Susanne Padel and Les Levidow. The Bio-Economy Concept and Knowledge Base in a Public Goods and Farmer Perspective. Bio - based and Applied Economics, 2012, 1 (1): 47 - 63.

三、欧盟生物经济领域

自 2005 年开始,欧盟开始引领世界生物经济发展潮流,将生物经济概括为"以知识为基础的生物经济"(KBBE),最初的理解为:生物经济是一个浓缩性的术语,它能够描述在能源和工业原料方面不再完全依赖于化石能源的未来社会。过去和现在,很多化石燃料被用作工业原料,欧盟认为,这些不可持续的化石基产品将会被可持续的生物基产品所替代。

让我注意到的是,欧盟起初(2008 年之前)并未将传统的农业纳入生物经济的重点领域范围,当初的第一大领域是"食品及给料"(food & feed),其中给料包括饲料和原料,而非现在的"农业及食品"(agriculture & food)。随着生物经济的发展,欧盟生物经济逐渐形成以下七大重点领域:①农业及食品;②生物制药与健康;③生物炼制;④生物燃料;⑤生物塑料;⑥生物酶;⑦生物化学品(biochemicals)(图 2-2)。

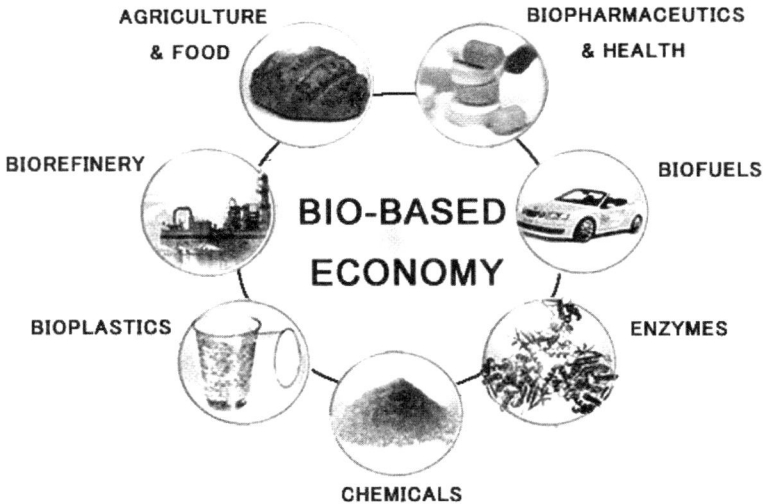

图 2-2 欧盟生物经济发展重点领域

资料来源:The European Bio-based Economy Website,2008-11-23.

其中③生物炼制是生物经济较大的领域,其产品范围广,与其他领域如生物燃料、生物化学品、生物塑料等领域存在交叉。生物炼制通常是指利用可再生生物质,如农业废弃物、植物基淀粉和木质纤维素等,生产化学品和中间体、生物燃料的应用生物技术；也就是用先进的预处理和酶水解等技术将生物质转化为淀粉、糖类、蛋白质、纤维素等组分，再通过糖平台等技术转化为生物乙醇、各种大宗化学品及高附加值中间体化学品等。按科技含量，生物炼制分为传统生物炼制和现代生物炼制。前者古已有之，如酿酒、制糖、造纸等，如未特别说明一般指后者。2008年国际能源署42号能源课题提出的定义具有概括性、简明性和准确性：生物炼制是将生物质转化为一系列可销售的产品和能源的可持续工艺。它强调了生物质与可持续两大特性，所谓可销售产品包括食品、饲料、化学品、材料与生物能源等。生物炼制是一系列相关技术的集合，因大幅度扩展了可再生植物基原材料的应用，而使其成为环境可持续发展的生化和能源经济转变的手段。

生物炼制属于生物制造的一部分，二者相关、交叉但不等同。

生物制造（biological manufacturing），是指以生物体机能进行大规模物质加工与物质转化、为社会发展提供工业商品的新行业，是以微生物细胞或以酶蛋白为催化剂进行化学品合成，或以生物质为原料转化合成能源、化学品与材料，促使能源与化学品脱离石油化学工业路线的新模式，主要表现为先进发酵工程、现代酶工程、生物炼制、生物过程工程等新技术的发明与应用，具有低碳循环、绿色清洁等典型特征。

其中④生物燃料，属于生物能源的主要类型。多年来，为缓解石油紧张压力，适应环保减排需要，欧盟几乎所有国家都加大了对生物能源的投入，极力扩大生产规模或研发新的技术与工艺。生物质发电在欧洲也较为普遍。

其中⑦生物化学品，以生物质为原料，替代化石资源，由此化学工业可望进入以生物技术为核心的第三轮创新高潮。为顺应时代发展趋势和对经济与环境可持续发展要求，欧洲积极研制可再生生物化学品，包括乙醇、乙烯、丁二醇、染料、聚合物、单体化合物、表面活性剂、精细化学品、食品添加剂、化学品构建基元（CBBs）等众多产品，以取代石油化学品。

欧盟生物经济领域的演变同样具有代表性。

此外，在其他战略报告与研究论文中，出现了不同的生物经济领域分类。如分为：食物和非食物领域（food/non-food products），其中食物领域是指通过传统方式生产的食品、饲料和运用现代生物技术手段研发生产的包含营养定制与功能食品等在内的新型食品以及药品；非食物领域主要是指低排放能源和工业原材料及其生物基产品——该领域通常被界定为"生物基经济"——生物经济的非初级部分,而其初级产品(primary production)部分主要是指常规食品与饲料链(regular food and feed chains)的开发利用和生产。

还有将生物经济领域概括为"4 Fs"(food,fibre,fuel and feed)的方式,即将生物经济领域划分为食品、纤维、燃料、饲料或给料以及通过以它们为原料加工制造生产出的各类产品,包括化学品和药品。

四、综合归纳出的生物经济领域

生物材料(biomaterials)是生物经济领域演变中出现的一个综合领域,泛指利用生物质、生物代谢过程生产医药、化学品、工业用油、生物聚合物、纤维(pharmaceuticals,chemicals,industrial oils,biopolymers,fibers)的原料、中间产品或最终产品。

以欧盟生物经济领域的划分为蓝本,如果将生物材料纳入其中,那么生物塑料可以并入生物材料;此外,补充增加与农业等领域交叉的"环境与生态服务"领域(如同美国或芬兰的做法),由此概称生物经济领域为"八大领域"。即:①农业及食品;②生物制药与健康;③生物制造,包括生物炼制;④生物能源,包括生物燃料;⑤生物材料,包括生物塑料;⑥生物酶;⑦生物化学品;⑧环境与生态服务(图2-3)。

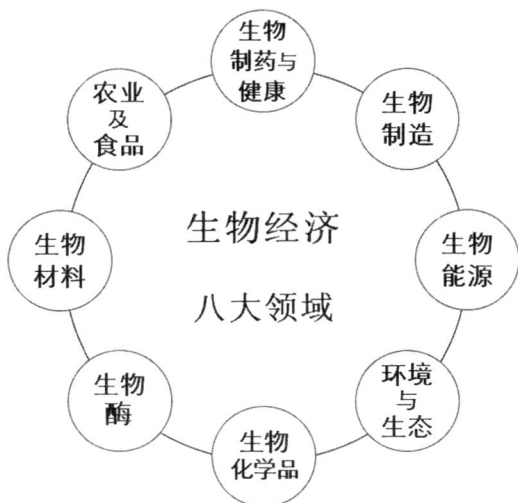

图2-3 生物经济八大领域示意图

　　显然，八大领域之间仍然存在重叠或交叉，这一方面是由于生物基产品的复杂多样造成，另一方面与生物经济概念和领域的进化发展相关——就如同信息经济时代的互联网、大数据、云计算、物联网等领域存在显著的交叉一样。此外的原因还有：不同国家和地区的理解角度和侧重点有所不同。因此，现阶段想要取得完全统一的认识，几乎是不可能的，除非将来生物经济时代出现经典"生物经济学"教科书，才有可能。

第四节　生物经济特点

　　生物经济的特点与生物产业或生物科技产品的特点既有联系与相似之处，又有所区别。前者从经济社会的角度，范围较大，主题宏观，综合抽象；后者主要从科技产业与产品的角度，虽然生物产业同样属于宏大的综合门类并具有多样性，但生物科技产品主题相对具体。二者之间联系的纽带是：生命科学与生物技术，即二者均与生命科学与生物技术的研发创新密切相关。

　　第一章业已述及，绿色、健康、可持续是生物经济的基本特质。根据生物经济的概念与领域的演变，以及国际生物经济从战略到行动的实践，生物经济的特点可以概括为以下五个方面。

一、以生物质为基础，绿色健康可持续

　　生物质泛指地球上各种有机体包括动物、植物和微生物，以及这些生命体代谢和排泄的所有有机物质，又称可再生生物资源，具有数量大、分布广、可再生、易降解、环境友好、可持续等特点。人类利用生物质几乎与人类的历史一样久远，然而，只有到了生物科技高度发达之时，生物质才会被高效、充分、深度开发利用，从而焕发新的"绿色、健康、可持续"的生机。生物质是农业及食品、营养、能源、生物化工、生物医药、生物材料、环保等众多产业的物质基础。

　　随着人口的增加、不可再生资源的过度开发与消耗，人类经济社会所面临的五大全球性问题日益突出。正是当重大问题出现、危机可能发生的时候，才

具有用"生物基经济"去替代"化石基经济"的巨大而紧迫的需求。相对而言，农业经济对生物资源的依赖主要局限在初级利用、外形层面；工业经济和信息经济对生物资源的依赖性较弱；而生物经济对生物资源的依赖主要体现在深层利用、基因层面。深度开发利用生物质，发展可持续的生物质相关产业，能够从根本上降低对化石资源的依赖，进而从根本上缓解五大全球性问题或危机。

二、研发强度大，科技含量高

生物技术产品研发通常是高投入、高风险、投资回报期长的工程。在研发及产业化过程中，诸多环节需要较高的科技含量。除必须具备高素质的科研人员和先进的实验室及仪器设备外，还需具备将生物技术与信息等其他技术相互融合的能力。生物科技企业研发强度（研究费用/收入）普遍较高，一般达到 15% 以上，高于信息科技公司的 5% ~ 15% 和工业企业的 5%[①]。

美国《国家生物经济蓝图》提出的生物经济技术系统具有层次性、前瞻性和代表性。该战略认为，美国生物经济成长很大程度上归功于遗传工程、DNA 测序、生物分子自动化高通量操作等相对成熟的基础技术；美国生物经济发展还将依赖合成生物学、蛋白质组学、生物信息学、计算生物学等新兴技术（emerging technologies），新兴技术与现有技术的创新结合，也具有巨大的应用潜力；未来还将出现一些现在还无法想象的新技术（unimagined technologies）[②]。这三个层次的技术都具有极高的科技含量，非一般科技企业乃至一般发展中国家能够轻易掌握并系统性应用于研发。

三、产品种类多样，多元化与分布式并存

生物科技产品，不仅涉及当代的以传统种养业为核心的常规农业系统，而且涉及新型食品、营养、健康医疗、资源及生物能源、材料、环境、生态及服务等众多生物质相关领域。产品多元化，是指从传统农产品到运用现代生物技术生产与加工的产品、中间体，品种繁多，用途广泛。由于深入到生物分子与个人基因层面，

---

① 理查德·奥利弗. 即将到来的生物科技时代. 中国人民大学出版社,2003:164.
② The White House. National Bioeconomy Blueprint. 2012:1 – 2.

部分产品的人性化和个性化明显。

生物受自然及自身生长条件的限制,加之生物技术涉及人体本身及人类赖以生存的环境,因而生物科技产品难以出现如网络软件产品一样被大量快速复制的现象,即生物技术不会像信息技术那样呈现爆发性增长。除少量通用性强的产品(如治疗某类常见性重大疾病的生物新药)外,大部分生物科技产品需求量较小,应用面偏窄,而且用户相对分散,市场大多为小批量,如抗蛇毒血清、埃博拉病毒病疫苗等;大部分生物科技产品针对性和替代性较强,且缺乏垄断性,从而导致其市场容量不如信息科技产品上升快——信息科技产品大部分"来得快,去得也快"。两者的市场容量就好比自然科学图书与社科类图书之别,在图书市场上,自然科学的图书,即便是经典科普类如詹姆斯·沃森的《DNA:生命的秘密》,其销售量也远不及一般的"快餐式"社科类图书。

所谓产品"替代性较强",以农作物育种为例来说明,由于受自然及自身生长条件的限制,影响产量和品质的自然和社会因素很多,即便通过研究育成新品种,但如果不能在增产或品质方面有较大幅度明显的改进,则很难被推广应用,而一旦不能及时推广应用,就会随着时间的推移,被其他品种或其他相关改良措施替代。

由于生物质原料、产品终端用户相对分散,故有"分布式生物经济"(distributed bio-based economy)解决方案与之应对。在北欧、德国等生物经济发达国家,分布式生物经济可望率先成为实现经济增长与农村可持续发展相结合的新型方式。

四、农业"双基础"地位日益突出,拓展空间大

植物的光合作用是将太阳能转化为化学能的高效方式,植物具有高效的二氧化碳(CO_2)固定潜能,而生物科技是促进植物高效转化、将潜能变为现实生产力的重要手段。在生物经济的成长阶段,农业开始显现"双基础"地位,即农业是生物质生产的基础,而生物质又是生物经济发展的基础。预计到生物经济时代,农业可望成为"生活的中心",即"三生"(生产、生活、生态)的中心。也就是说,衣、食、住(生物材料与绿色建筑)、行(生物燃料)、环境、营养、健康医疗、休闲观光,以及自然旅游、狩猎、捕鱼等生物经济服务,与生物质及作为其主要基础的农业具有越来越密切的关系;农业通过提高单位面积产出效率,可以间接保护珍贵的自

然资源和生物多样性。何为"中心"? 通俗说就是别的都围绕着它转;何谓"生活的中心",就是指生活中的基本活动——衣食住行,不仅离不开且都围绕未来农业而开展。

农业"双基础"地位的证据越来越充足。例如:美国农业大州艾奥瓦和中国农业大省吉林,均通过农业生产农产品和其他生物质原料,大规模开发生物能源和其他生物基产品;德国、芬兰等创新型发达国家,通过农业或林业大规模生产可再生资源,以此为原料大力发展生物经济。举一事例可资说明:德国农业协会在巴伐利亚州哈斯富尔特举办田间日活动,德国可再生能源机构(FNR)作为本次活动的合作伙伴,提出了"生物经济——农业是原材料的提供者"议题;FNR 认为,农民和林业工作者是生物经济最重要的原材料供应商①。

随着生命科学与生物技术的群体性进展,传统的常规农业,与新型食品、营养、健康医疗、生物基资源、环境与生态等领域呈现交叉融合发展趋势,导致农业不断拓展出新的功能与业态。

五、生物经济的消费更具"人本化"

生物经济是可持续解决方案,是应对气候变化、资源紧缺等诸多问题的战略,从长远来看,将影响到经济社会的发展模式与消费观念。

由于生命科学和生物技术及其产品与人类自身健康、生活品质以至生活价值直接相关,"以人为本"的发展理念将得到最终体现,并进一步升华到能够真正体现以人类生活品质为中心的"人本化"(human-oriented)境界。所谓"人本化"可以理解为"以人为本 + 生活品质";它源自"以人为本"并超出之。在工业经济时代,消费依赖生产,注重规整划一;在信息经济时代,需求引领供给,产品开始出现柔性制造、个性化设计。在生物经济时代,生产与消费将更加注重人性化与"人本关怀",如基因检测与人性化健康服务,利用基因工程或基因编辑技术开发"定制"个性化药物,利用农业的多功能进行环境美化、休闲与疗养。

---

① 马铮. 生物经济:站在价值链顶端. 农机市场,2016(6):60.

第五节 生物经济:可持续未来的综合平台

现代科技都有可能成为可持续发展的推动力,如数字农业及其信息技术也可以推动农业可持续发展,但是,只有生物科技直接关联众多生物质产业,运用自然、绿色、健康、可再生、可持续等特质推动农业以至经济社会可持续发展。

生命本质的高度一致性、生物经济技术的通用性、跨领域的生物质共性,以及生物经济特质与应对全球性重大问题的高度契合,证明生物经济正在成为迈向可持续未来的综合平台。

(1)生命本质的高度一致性。生命本质上是分子间复杂的化学作用。自然界所有生命具有本质上的高度一致性,其意义在于:生命本质的高度一致性是分子生物学的物质基础,也是基因工程的理论基础,为人为精确改变生物性状提供了可能,推动了生物相关产业的融合发展,如能源作物、生物材料、黄金大米、疫苗香蕉、生物制造。由分子生物学及基因工程所揭示出的生命本质的高度一致性及其应用,从根本上打破了物种间的界限,因而从内生动力上增强了农业的可拓展性(参见图1–3)。

(2)生物经济技术的通用性。从前瞻视角看,生物经济的前沿技术系统包括三个层次:①基础技术,包括遗传工程、DNA测序、生物分子自动化高通量操作等;②新兴技术,包括合成生物学、蛋白质组学以及包含生物信息学和计算生物学在内的信息技术等;③尚无法想象的新技术。它们都是或将成为生物质相关产业的共性技术,具有通用性特点。作为新兴的综合经济形态,生物经济需要大量技术的结合,这些新兴与常规技术相互影响、相互推动,从而促进整个生物质产业链体系的改变,进而促进经济社会从化石基经济向可持续的生物经济转变。

(3)生物经济跨领域的生物质共性。随着国际特别是欧盟生物经济的概念进化与行动实践,国际生物经济已发展形成八大领域:农业及食品、生物制药与健康、生物炼制、生物能源、生物酶、生物化学品、生物材料、环境与生态服务。这些领域存在一个共性特征,就是以生物质为基础。也就是说,生物经济的各个领域都具有可再生、可持续、绿色、环境友好等跨领域的生物质共性。

（4）生物经济所蕴含的特质：自然、绿色、健康、可再生、易降解、可循环、可持续等，与应对经济社会面临的五大全球性问题直接相关，高度契合，为生物经济成为可持续未来的综合平台，提供了内生动力与现实需求。

生物经济平台包括技术平台、基础设施共享平台、政策平台、融资平台及服务平台。技术平台是发展生物经济的硬实力和核心；政策平台是发展生物经济的"软实力"和保障。前者如欧盟生物燃料技术平台；后者如 OECD 生物经济政策议程，欧盟第七框架计划－地平线 2020 计划（FP7-Horizon 2020）、共同农业政策（CAP）、就业政策以及能源和卫生等产业政策，中国和印度的生物技术及其产业园区政策。

第三章

生物经济时代

在生物经济、生物经济时代、新型农业体系、第二次绿色革命、农业易相发展理论"五位一体"思想体系中,生物经济为应对食品及营养、健康医疗、资源、环境及气候变化、生态等相关的全球性问题创造了新的时代机遇,为农业绿色转型提供了可持续的综合平台;生物经济时代是农业拓展与绿色转型乃至第二次绿色革命的时代背景。

第一节　经济时代的演进与生物经济时代的由来

何为"时代"?《现代汉语词典》的解释是:历史上以经济、政治、文化等状况为依据而划分的某个时期。对应"时代"的英文单词有:era,time,age,epoch。中英文中皆有称人生的某个阶段(a period in one's life)为"时代",如少年时代、青年时代、学生时代,这与上述词典中的解释并不矛盾。

与"时代"相近的中文词有:时期、年代、世纪、世代。

时期:多指具有某种特征的一段时间,如战争时期。其时段比较宽泛,可长可短,如植物开花时期(花期)可以短到以天计算。

年代:有的通俗称之为"时代",但严格或学术意义上更多的是指每个世纪中"从零到九"的十年,如 1990—1999 年是 20 世纪 90 年代;2020—2029(2020s)是21 世纪 20 年代。

世纪:一百年为一个世纪,如 21 世纪,是指 2000—2099 的 100 年。

世代:多指年代;也有俗指"好几辈子",如世代务农。

能够称"××时代"的描述司空见惯,如封建时代、石器时代、青铜时代、机器时代、电气化时代、高铁时代、质量时代、中国载人航天"空间站时代"、知识经济时代、数字化时代、人工智能时代、智能手机时代、"互联网+"时代、IPv6时代、个性化时代、分子生物学时代、功能基因组时代、后石油时代、"五代机"时代、"××2.0"时代,等等,林林总总,千姿百态,角度不同,层次各异。然而,它们大多是从社会、经济、政治、文化、科技、产业、生产工具、人生等的某一角度或其具体领域,或某个侧面去划分事物发展的某个时期。若是从宏观与整体的角度、从经济社会综合领域来划分,能够与狩采经济、农业经济、工业经济、信息经济相对应的时代,目前只有生物经济时代。

一、经济形态及其发展阶段

经济时代是一种综合经济形态发展到成熟阶段后、以这种经济形态为主导形成的人类经济社会发展的特定历史时期。由此可以划出——

人类经济社会已经或正在经历5种综合经济形态:狩采经济、农业经济、工业经济、信息经济、生物经济;

与之对应的时代包括:狩采经济时代、农业经济时代、工业经济时代、信息经济时代、生物经济时代。

经济形态及其相应时代的演进是经济社会需求拉动与科技推动双重作用的结果。每个经济形态的发展都可以分为孕育、成长、成熟、衰退四个阶段;各阶段的划分,以体现科技革命性影响的工具或重大事件为标志。当某一经济形态发展到其成熟阶段,标志着经济社会(主流)进入相应的经济时代。例如,18世纪60年代(1760s)率先发生在英国的工业革命,标志着工业经济进入成熟阶段,人类经济社会(主流)从此进入工业经济时代;20世纪40年代发生在美国的计算机诞生及其初始应用,成为信息经济进入孕育阶段的标志,90年代(1990s)互联网的普及应用,标志着信息经济进入成熟阶段,从此人类经济社会进入信息经济时代。

目前,人类经济社会正处于信息经济的成熟阶段,即信息经济时代(图3-1)。以"互联网+"、云计算、物联网、大数据技术、人工智能等为标志,信息经济已进入其发展的鼎盛时期。在2017乌镇国际互联网大会上大谈特讲的"数字经济",其实就是信息经济;信息经济时代,就是所谓的"数字经济时代"。

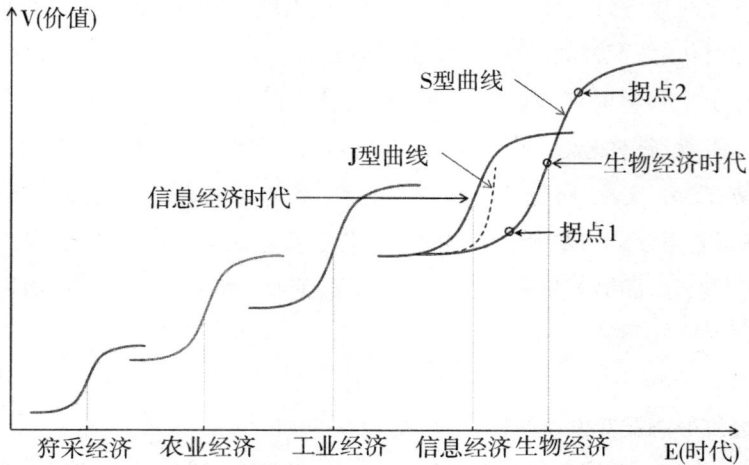

图3-1　生物经济时代与其他经济时代更迭关系示意图

资料来源:邓心安,张应禄.经济时代的演进及生物经济法则初

探.浙江大学学报(人文社会科学版),2010(2):144-151.

　　生物经济是继信息经济之后的综合经济形态。以1953年DNA双螺旋结构的发现为标志,生物经济(形态)进入孕育阶段;2000年人类基因组草图的破译完成,标志着生物经济进入成长阶段。预计到21世纪30年代(2030s)初,生物基及生物科技产品得以廉价且普遍使用(widespread use of bioproducts),标志着生物经济发展进入其成熟阶段,至此方可称人类经济社会进入真正的生物经济时代。

　　生物经济的发展符合逻辑斯蒂增长模型。逻辑斯蒂增长模型又名"S"型曲线增长规律,反映了从物种到社会现象等诸多事物在限制条件下的生长规律。相对而言,指数增长("J"型曲线)是一种理想状态,因为任何种群或社会现象(如人口增长)都存在一定的限制因素,特别是当其数量增长到一定程度后,即使初始阶段的指数增长也会回落到逻辑斯蒂增长。

　　如果分别以时代(E)和经济价值总量(V)作为横坐标和纵坐标,那么,可以作出从狩采经济到信息经济乃至生物经济的经济增长曲线组合示意图,即经济时代的生命周期叠加示意图(图3-1)。显然,经济时代之间的增长曲线呈现整体上升与叠加状态,表明在前一个经济时代进入衰退阶段之前,下一个经济形态即已孕育或进入成长阶段。

　　按照种群或社会现象等增长的一般规律,每个时代的经济增长呈"S"曲线;并且以其拐点为标志,均可大致划分为三个发展阶段。由此,可将生物经济增长曲线划分为三个阶段:

　　第一阶段,拐点 1 之前,处在经济形态(如生物经济)的孕育阶段,经济价值(V)的增长逐步加速,在符合"S"型曲线增长规律的同时,符合"J"型曲线增长规律(图 3 - 1 中虚线表示)。

　　第二阶段,拐点 1 与拐点 2 之间,对应于经济形态的成长和成熟阶段,V 的增长最快,符合"S"型曲线增长规律,并在拐点 2 后开始减速。拐点 1 和拐点 2 之间的中间点,是经济形态进入成熟阶段的标志,表明从此进入该经济时代。拐点 1 是经济形态进入成长并成熟阶段的标志;拐点 2 是经济形态进入衰退阶段的标志。

　　第三阶段,拐点 2 之后,进入高水平平台期,对应于经济形态的衰退阶段,V 的增长速度下降,以至达到"零增长",即数量达到相对动态平衡,或者开始"负增长"。

二、生物经济时代:第四次浪潮

　　经济时代的演进伴随着一种或一种以上相应社会形态的形成。阿尔温·托夫勒在 20 世纪 80 年代认为,人类社会经历了"三次浪潮":第一次浪潮是农业革命,人类从原始的采集渔猎时代进入以农业为基础的社会;第二次浪潮是工业革命,人类从工业文明的崛起到工业化社会;第三次浪潮是信息革命,人类将进入信息社会。[1] 回溯过去,托夫勒关于信息革命和信息社会的预言是比较准确的,人类经济社会已经进入信息经济时代及相应的信息社会。

　　封展旗等正式将生物经济与人类社会发展"第四次浪潮"(the fourth wave)相联系,是对"三次浪潮"论的一种拓展[2]。有人将"生物经济:第四次浪潮"说成是托夫勒提出的观点是没有根据的,是对"三次浪潮"论的"张冠李戴"式的错误"演绎"。

　　后一综合经济形态取代前一综合经济形态的过程,称为经济社会浪潮。使用

---

① 　阿尔温·托夫勒. 第三次浪潮. 生活·读书·新知三联书店,1983:51 - 57.

② 　封展旗,杨同卫. 第四次浪潮:生物经济. 经济管理出版社,2002.

"浪潮"来比喻,就是基于经济时代的演进像大海的"浪潮"一样——后一波覆盖前一波,两次或多次浪潮之间存在更迭或叠加现象。这也就是在工业经济时代仍然可以在少数偏远地区找到狩采经济的蛛丝马迹的原因所在。

无独有偶,芬兰在其《生物经济战略》中有过类似的描述。稍有区别的是,他们将综合经济形态划分为自然经济、化石经济和生物经济,从年代上大抵分别对应我们这里的狩采经济并农业经济、工业经济并信息经济、生物经济。但两者对生物经济浪潮(the next economic wave)的判断基本一致,有异曲同工之妙(图3-2所示)。

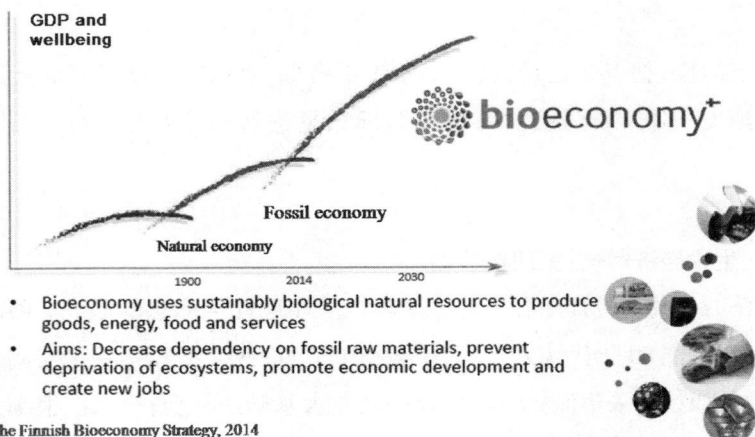

图 3-2　生物经济与其他经济形态更迭关系示意图

资料来源:Ministry of Employment and the Economy of Finland. The Finnish Bioeconomy Strategy. Edita Prima Ltd,2014.

由此可见,人类经济社会发展经历了第一次浪潮(狩采经济→农业经济)、第二次浪潮(农业经济→工业经济)、第三次浪潮(工业经济→信息经济),正在孕育第四次浪潮(信息经济→生物经济)。

关于狩采经济的"蛛丝马迹",各举中外一例加以验证。以此可推,对于农业经济和工业经济,就不仅是"蛛丝马迹",而是"遍地花开"了。狩采经济中的"狩猎"是指生计型(subsistence)狩猎,而不是休闲型狩猎,后者属于生物经济服务范畴,该范畴包括自然旅游、狩猎和捕鱼等。

中国的例子:以云南哀牢山一带(如金平县)苦聪人为代表的狩采经济一直持续到现代。苦聪人,被考证属于拉祜族的一个支系,20世纪50年代前还生活在原始森林中,以狩猎、刀耕火种为生,处于原始社会末期。50年代通过当地政府帮助引导,下山定居从事农业耕作,仿佛一下子穿越千年,从原始社会直接过渡到社会主义社会。但是,一些人不习惯农耕社会生活,又复归山林,从事狩猎,后又被引导回到农耕社会,就这样反复几次,终于逐步回到当时社会的次主流经济时代——农业经济时代——当时的主流经济时代是工业经济时代。附近其他一些民族,如怒族中的部分人,也是在50年代从原始社会"被过渡"到社会主义社会。

苦聪人"苦"吗,更有甚者如墨脱的门巴人,即便到了21世纪,墨脱仍有1万多名门巴族人过着弓箭狩猎、刀耕火种的生活,甚至还在采用结绳记事、刻木记数、物物交换的生产方式。现在的他们已经迈入农业文明,不再打猎了,但从墨脱的街道上可以看到强悍的门巴人仍然保留着旧时代狩猎和战斗的遗物——砍刀①。

外国的例子:北极圈附近因纽特人的狩猎经济一直持续到19世纪的工业经济时代。因纽特人,即过去贬称的"爱斯基摩人",也曾从原始社会"被穿越"两个经济时代而过渡到工业经济时代及其工业社会,但一部分人仍返回从事狩猎生产方式,不过是改而使用现代渔猎工具——汽艇、摩托——的方式,从事传统的狩猎。

随着经济时代的演进,旧时代的"蛛丝马迹"越来越少了,传统农业乃至传统工业的演变也是如此。

三、生物经济时代的社会形态

基于对经济时代与社会形态关系的综合考察,在农业经济时代存在两种社会:农业社会(有的也叫"农耕社会")、狩采社会。在新的浪潮取代前一次浪潮时,新的浪潮虽然到来,但旧浪潮的余波仍然存在(即更迭或叠加)。也就是说,当农业浪潮来临时,狩采经济并未消失,只是经济社会的主流被农业经济取代。

到了工业经济时代,狩采经济基本上退出了历史舞台,因而又有重新组合的两种社会并存:农业社会和工业社会,并且经济社会的主流已由农业经济过渡到

---

① 李济.墨脱归来不言路.中国国家天文,2010(7):94-101.

工业经济。

当今的信息经济时代有三种社会并存:农业社会、工业社会和信息社会。从浪潮演进的理论上讲,应当存在两种主流社会,即工业社会和信息社会。但由于人为的干预和破坏,包括战争、种族与意识形态的歧视、极度贫困乃至文化,加之复杂多样的自然条件,先进的工业和信息技术扩散受阻,不能为农业社会及时利用,从而使占人类相当比例的人口仍处于农业社会。

在生物经济时代,同样因为人为干预以及自然禀赋的不同,将有三种社会并存,除了已经存在的工业社会和信息社会外,还有预计于21世纪30年代初期到来的一种全新的社会形态——"生物社会"(BioSociety)或称"生物基社会"(Biobased Society),也有人称之为"生态社会"。为避免"生物社会"可能引起的歧义或误解,我们将其命名为"人本社会"——本质上相当于后来官方文件所称的"生态社会"。说"异曲同工",似高抬自己;讲"殊途同归",与事实相符。

四、不同经济时代人与自然的关系

人与自然的关系可以通过科学技术改造和利用自然的能力及其物化的生产工具来体现。不同经济时代人类改造和利用自然的能力及其发展观有所不同,因而所体现出的人与自然的关系也不相同(表3-1)。

表3-1 不同经济时代人与自然关系的演变

经济时代	大致时期	人与自然的关系
狩采经济时代	距今约二三十万年前至距今约一万年	生产力低下,人类活动极大地受到自然制约,活动范围小,对自然的作用与影响甚微,具有自然依附性。人与自然的关系处于原始依附状态。敬畏自然
农业经济时代	距今约一万年至18世纪60年代	生产力有所提高,人类对自然的适应和控制能力有所增强,农业由"攫取"过渡到"生产",主要依靠人力和畜力,人类对环境的影响未超过其容量。人与自然的关系是融洽、依附和共生。以自然为本

经济时代	大致时期	人与自然的关系
工业经济时代	18 世纪 60 年代至 20 世纪 90 年代	科技进步加快,生产力大幅度提高,人类改造自然的能力显著增强,并出现"人定胜天"开发观、"人类中心论"价值观,认为人是自然的主人,自然价值局限于对人的工具价值,人的利益和需要绝对合理。掠夺式开发利用自然,造成一系列灾难性后果。人与自然的关系主要是对立和异化的关系。以技术为本
信息经济时代	20 世纪 90 年代至(21 世纪 30 年代初)	以信息技术为代表的现代科技使人类生产生活方式发生了重大变革,信息社会的到来使组织社会化程度提高。出现"非人类中心论"与可持续发展观,前者主张以自然为中心,淡化人类价值的主体地位,后者强调人与自然协调发展。"以人为本"的可持续发展观开始确立
生物经济时代	(21 世纪 30 年代初以后)	生命科学与生物技术将使人类生产生活方式发生根本变革,人类开始从"改造客体"时代进入"改造主体"时代,以提高人类生活质量为中心。人与自然的关系是和谐关系。"生物范式"取代"机械范式","人本化"生态发展观逐步形成,主流社会率先进入人本社会或称生态社会

注:括号中的时期表示预测时期。

资料来源:根据"经济时代的演进及生物经济法则初探"(参考文献)一文修改整理。

第二节　经济时代年表

一、经济时代分年表

根据社会发展史,特别是其中的近现代科学技术史,以革命性生产工具、革命性技术或科技相关重大事件为标志,可以将每个经济时代发展划分为孕育、成长、成熟(或其鼎盛)、衰退四个阶段。此"衰退",基于"S"增长曲线有两种理解:其一,滑落式下降,迅速被后来者超越或取代;其二,达到"零增长"或动态平衡,逐渐被后来者取代。距今越近的信息经济时代和生物经济时代,其阶段划分的标志越清晰;相对而言,距今较远的狩采经济时代和农业经济时代,其阶段划分的标志也较为粗略。

1. 狩采经济时代

以原始人类发明与使用的工具为标志,可以勾勒出狩采经济发展阶段。

(1)旧石器时代早期(人类开始使用石器至距今约二三十万年前),原始人类(猿人阶段)靠采集和捕猎为生,狩采经济进入孕育阶段。火的发现和使用对人类的生存、进化与发展具有重大意义,标志着狩采经济进入成长阶段(图3-3)。火给人以光和热,使人在黑夜中可以得到光明,能够防寒取暖,从而使人类活动范围扩大;火可用于防御和狩猎,促进了狩采农业发展;更为主要的是,火使人类由生食过渡到熟食,从而扩大了食物的来源,并缩短了消化过程,提高了食物的口感和营养,有助于大脑的进化。据考古发现,晚期猿人普遍学会了用火,如在北京周口店猿人遗址中即发现有用火的遗迹,而北京猿人生活在约77万年前;晚期猿人用火的遗迹在欧洲也发现了多处。

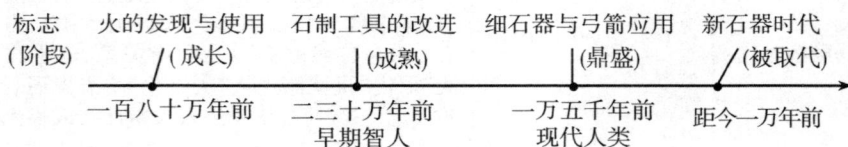

标志 (阶段)	火的发现与使用 (成长)	石制工具的改进 (成熟)	细石器与弓箭应用 (鼎盛)	新石器时代 (被取代)
	一百八十万年前	二三十万年前 早期智人	一万五千年前 现代人类	距今一万年前

图3-3 狩采经济时代的发展阶段及其标志

(2)旧石器时代中期(约自二三十万年前至约五万年前),狩猎与采集已进入成熟阶段——自此进入狩采经济时代,这与有人考证的狩采经济时代经历了数十万年的结论基本吻合[①]。这一时期,生产工具的改进为狩猎提供了更好的条件,狩猎在经济中占有重要地位。旧石器时代晚期(晚期约自五万年前至一万五千年前),捕鱼开始成为重要的"产业"。

(3)中石器时期(距今一万五千年前至一万年前),细石器和弓箭的发明与应用——弓箭的使用相当于延长了手——使狩猎手段发生了根本性变化,大大促进了狩采经济时代生产力的发展。这一阶段,狩采经济已发展到鼎盛时期,从时代发展的角度上来讲,在距今一万年前之后,狩采经济开始被原始种养业亦即新兴

---

① Stan Davis, Christopher Meyer. What will replace the Tech Economy. Time, 2000, 155(21): 76-77.

的农业经济取代。

2. 农业经济时代

在石器时代的晚期即新石器时代(始于一万年前),人类开始栽培植物——也有考证约在 11000 年前①,农业经济开始孕育并成长。农业的产生使人类获取食物的方式发生了革命性变化,经济形态第一次由"攫取经济"过渡到"生产经济"。

陶器的发明、各种石制农具的大量出现与普遍使用,可作为古代农业经济由成长进入成熟阶段的标志——自此人类社会开始进入农业经济时代(图 3 - 4)。陶器因何发明?传说是受到泥巴被雷火烧后变硬的启发,同动物被雷火烤过后味道比生食可口的启发类似。陶器的出现对农业生产力的发展起了重要作用,它可以用来贮藏谷物、存水、烧制食物等,从而延长了食物存放的时间,改善了人类的饮食方式。历史学家路易斯·享利·摩尔根(Lewis H. Morgan)对陶器发明给予了高度评价:"在人类进步中,制陶术的出现对改善生活、便利家务开辟了一个新纪元。"②有西方学者将其称作为新石器时代的革命,它"使人类从狩猎的原始部落分散的聚居状态,进入了在不同程度上相互依存的农业社会"。③

中美合作对河南境内的考古研究发现,9000 年前中国即已掌握酒的制造方法,出现发酵工业的原始雏形,所用的原料包括稻米、蜂蜜、水果等④,佐证了农业——原始种养业的出现,并为以农产品为原料的加工业提供了基础。

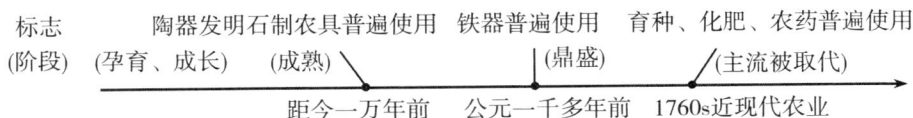

标志	陶器发明 石制农具普遍使用	铁器普遍使用	育种、化肥、农药普遍使用
(阶段)	(孕育、成长) (成熟)	(鼎盛)	(主流被取代)
	距今一万年前	公元一千多年前	1760s 近现代农业

图 3 - 4 农业经济时代的发展阶段及其标志

铁器的普遍使用标志着农业经济步入成熟阶段的鼎盛时期,金属工具的使用大幅度提高了农业经济的生产力,而其中的铁是价廉、质硬、耐损的优良金属。铁器的发明与使用,在生产工具方面,迅速取代了石器和青铜器,也标志着"原始农

---

① 罗尔夫 D. 施密德. 生物技术与基因工程图解小百科. 李慎涛译. 科学出版社,2005:164.
② 张艳玲,隆仁(主编). 世界通史(第一卷). 中国致公出版社,2001:23.
③ I. 伯纳德·科恩. 科学革命史. 杨爱华等译. 军事科学出版社,1992:271.
④ 中美合作发现我国九千年前已会酿酒. 科学时报,2004 - 12 - 13.

业"逐步过渡到"古代农业"。公元前 10 世纪,两河流域进入铁器时代①。中国用铁较晚,在春秋末战国初(公元前 475 年左右),铁制工具开始在农业生产中广泛使用②。

近代育种技术、现代灌溉、化肥和农药的普遍使用,标志着农业经济进入到鼎盛时期。到 18 世纪 60 年代(1760s),自然演进的传统农业逐渐被强调人为大规模干预的近现代农业所取代,同时部分工业发达国家开始引领经济社会跨入工业经济时代。

3. 工业经济时代

意大利文艺复兴运动、英国发展成为世界科学中心和工业革命的开始,分别作为工业经济孕育、成长和成熟的标志(图 3 – 5)。

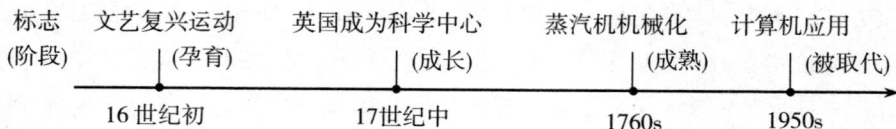

```
标志
(阶段)   文艺复兴运动        英国成为科学中心      蒸汽机机械化      计算机应用
         |(孕育)              |(成长)              |(成熟)          |(被取代)
      16世纪初              17世纪中             1760s           1950s
```

图 3 – 5　工业经济时代的发展阶段及其标志

16 世纪初,意大利文艺复兴运动进入全面成熟时期。在文艺复兴运动的推动下,欧洲兴起科学革命,科学革命为技术革命作了储备。以哥白尼、伽利略、笛卡儿、培根等一批科学家开创的科学实验、观察、归纳等方法,对近代科技发展起到巨大推动作用,而近代科技的发展又为产业革命作了储备。

1660 年,世界科学中心开始由意大利转向英国。1662 年,"哲学学会"被英国国王批准为"皇家学会",其活动内容之一就是技术和发明;1687 年,牛顿发表《自然哲学的数学原理》,完成科学史上第一次大综合,成为英国也是世界科学革命理论的巅峰。以英美为代表的手工业的繁荣和商品竞争,使生产组织发生了根本性变化,由原来的以家庭为主的作坊式逐渐发展成为"工业的胚胎"——专业化、协作化的体制。开始于 18 世纪 30 年代的纺织机的系列发明成为工具机革新的火车头;而工具机的革新又被称为工业革命的导火索——为大机器应用创造了条件。大机器的运转,需要更大的动力带动,巨大的市场需求为蒸汽机的发明带来

---

① 张艳玲,隆仁(主编). 世界通史(第一卷). 中国致公出版社,2001:154.
② 翦伯赞(主编). 中国史纲要(上). 北京大学出版社,2006:46,296.

了机遇。从 18 世纪60 - 80 年代,瓦特发明的高效蒸汽机使大机器包括火车、轮船等都能快速运转,整个工业生产效率获得了空前巨大的提高。

杜尔宾选择 1760 年作为工业革命开始的时间,一些辞书提出把 1750—1760 年作为开始时间,也有把 1750—1825 年或 1760—1830 年作为工业革命时期的。①由于工业革命前期储备众多,涉及范围甚广——从英国到欧洲大陆,再到美国、日本,不可能准确界定开始的时间,更不可能归结到某一年瞬间完成,因而综合考量,我倾向于把工业革命的开始当成一个较短的时期,即 18 世纪 60 年代。从此开始的蒸汽机发明及其产业化,以及由此带来的机械化,标志着人类社会步入了工业经济的成熟阶段亦即工业经济时代。

从 19 世纪中叶开始,电动机得到发明应用,工业开始步入电气化时代,标志着工业经济时代发展到鼎盛时期。到 20 世纪 50 年代,以计算机的发明与应用为标志,美国引领经济时代潮流,推动经济社会开始迈向信息经济时代。

4. 信息经济时代

信息经济从 20 世纪40 年代中期开始孕育。1946 年 2 月美国研制成功世界上第一台数字式电子计算机——“埃尼阿克”(ENIAC),又名“电子数值积分计算机”。ENIAC 虽是第一台正式投入运行的电子计算机,但并不具备现代计算机的“存储程序”思想。1945 年,数学家冯·诺伊曼(Von Neumann)提出设计报告“电子计算装置逻辑结构初探”,运用其计算机总体配置和逻辑设计思想,采用二进位制和内贮存装置的电子计算机“埃迪瓦克”(EDVAC)于 1950 年研制成功。ED-VAC 是世界第一台“存储程序”的离散变量自动电子计算机,运算速度是 ENIAC 的 240 倍。1947 年晶体管发明,使硅晶体管取代笨重且易出故障的电子管,开启了固体电子技术时代,奠定了现代电子技术的基础,对电子计算机发展具有里程碑意义。

1975 年个人计算机(PC)的发明并在其后很快投入应用是信息经济步入成长阶段的标志。20 世纪 90 年代(1990s)因特网的应用是信息经济步入成熟阶段的标志。如果说,PC 亦即微机的发明,使计算机得以廉价普及应用,是人类步入信息经济成熟阶段——信息经济时代前的一次革命性突破,那么,因特网的普及对整个电脑界产生了深远影响,信息不再被看成是在 PC 中安家,而是存在于网络,

---

① I. 伯纳德·科恩. 科学革命史. 杨爱华等译. 军事科学出版社,1992:270.

它不仅改变了人们使用电脑的方式、公司的创新模式以及客户端和服务器端系统的技术方向,而且改变了现代社会生活、生产以及人们的思维方式,从而开启了一个新的信息经济时代(图 3 – 6)。

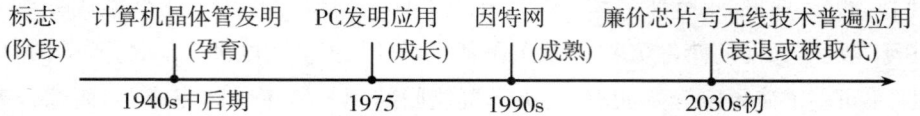

标志	计算机晶体管发明	PC发明应用	因特网	廉价芯片与无线技术普遍应用
(阶段)	(孕育)	(成长)	(成熟)	(衰退或被取代)
	1940s中后期	1975	1990s	2030s初

图 3 – 6 信息经济时代的发展阶段及其标志

根据斯坦·戴维斯等的观点,廉价芯片与互联无线技术普遍应用(the wide-spread use of cheap chips and wireless technology that will let everything connect to everything else)标志着信息经济时代走到了高水平平台期,开始步入衰退阶段——从经济增长角度讲,也叫"零增长";经济社会的主流将被逐步成熟的生物经济亦即生物经济时代所取代。从目前大数据、移动互联网、基因检测等发展趋势来看,信息经济还有年代级的发展空间,但其本质仍然属于廉价芯片与互联无线技术的进一步开发应用。

5. 生物经济时代

1953 年 DNA 双螺旋结构(double-helix structure of DNA)的发现,开启了分子生物学的序幕,标志着生物经济发展进入孕育阶段。在此之后,20 世纪 60 年代晚期和70 年代初期连接酶、限制酶、质粒等的发现,在 1973 年整合导致 DNA 重组技术的重大突破,从而导致分子生物学革命。

2000 年人类基因组草图的破译完成,标志着生物经济发展进入成长阶段[①]。

正如只有当信息经济发展到成熟阶段才能称为进入信息经济时代一样,只有当生物经济发展进入其成熟阶段,才可以称为进入了生物经济时代。

从生物科技及其生物基产品的廉价及普遍应用的推测时期、化石能源濒临枯竭及其开采与环境成本日益上升、与生物质相关的新型植物育种大规模产业化预测时间等因素来看,人类经济社会可望于 21 世纪 20 年代末期进入生物经济的成熟阶段,即真正的生物经济时代。随着新兴能源如页岩油、页岩气、天然气水合物(可燃冰)以及北极等地石油新储量的探明,以生物能源为代表的清洁能源的研发

---

① Stan Davis,Christopher Meyer. What will replace the Tech Economy. Time,2000,155(21):76 – 77.

及其产业化进程会因此受到冲击,相对于化石基产品固有的成本优势而使得生物基产品的竞争力受限,加之信息经济的创新不断、增长势头依然强劲,从而导致生物经济时代到来的时间稍有延迟,如延迟到21世纪30年代(2030s)初(图3-7)。

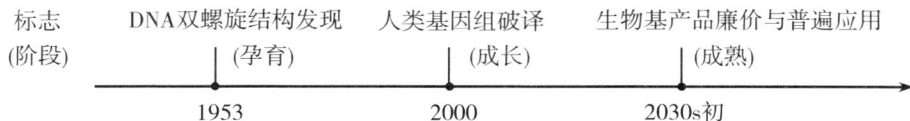

图3-7 生物经济时代的发展阶段及其标志

生物经济何时步入所谓"衰退"阶段或被什么新的"经济时代"所取代,现在无法预测。就如同社会发展史所提出的"原始社会—奴隶社会—封建社会—社会主义社会—共产主义社会"等社会综合形态、共产主义社会之后是什么"社会"无法预测一样;也许都到了终极目标了吧——如果存在终极目标的话。

小结:通过将生物经济发展划分为"S"生长的四个阶段——孕育、成长、成熟、衰退,进一步明晰了生物经济对于"经济时代"的意蕴、生物经济(形态)与生物经济时代的关系。澄清了当前学术界和产业界对生物经济时代到来时间的误解,纠正了将生物经济与生物经济时代等同或混淆的误区。

二、经济时代总年表

根据以上分年表,可以归纳出包含全部5个经济时代的总年表(图3-8)。

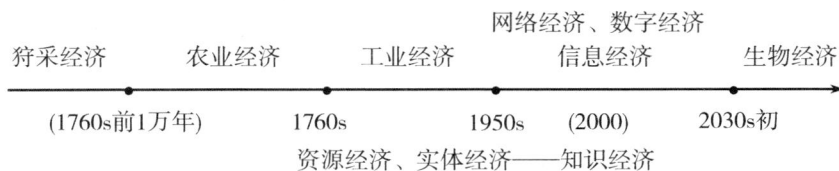

图3-8 经济时代总年表

分年表与总年表的划分,进一步表明了生物经济与狩采经济、农业经济、工业经济、信息经济的相应的递进关系。

综合考察生物经济和狩采经济、农业经济、工业经济、信息经济的生命周期,并将它们之间及其与知识经济进行对比分析,有助于对以下"生物经济"定义的理解:生物经济是以生命科学与生物技术的研究开发与应用为基础的、建立在生物技术产品和产业之上的经济,是一个与农业经济、工业经济、信息经济相对应的新的经济形态①。

在不同的情况下,信息经济又被称为新经济、网络经济、数字经济,它们属于意义相近的术语,但以信息经济较为规范、更为普遍,并且与其他经济形态属于同类范畴。2000 年,知识经济在中国成为热词,并在一定程度上成为信息经济的"代名词",但其实是一种与资源经济、实体经济或"物质经济"对应的一种经济形态。

知识经济属于与资源经济或物质经济相对应的,与信息经济或网络经济、数字经济既有交叉重叠又有区别的并行的一个概念。作为一种资源、产品或服务,"知识"在各种经济形态中都离不开。"知识经济"不能按照上述方式划分为四个不同的阶段;同时从科技和产业角度上讲,它的范围过于宽泛——包含部分传统意义上的第三产业和其他一些非产业。因而,知识经济与农业经济、工业经济、信息经济、生物经济等不属于同类范畴。

第三节　生物经济时代的法则

在不同的经济时代,经济社会以及技术的发展均存在相应的一般规律,如果该规律进一步发展到理论层面,具有相对稳定的普遍性指导意义,则可能演变成概括特定经济社会发展阶段所遵循的"法则"。回顾以往不同经济时代的代表性法则,有助于理解不同经济形态或其经济时代之间的联系与区别,揭示并预测生物经济时代法则及其对经济社会发展的影响。

一、经济时代的代表法则

1. 农业经济时代的代表法则

人类社会虽已进入信息经济时代,但农业经济仍然广泛存在。农业经济时代的法则比较成熟,并仍然在传统领域发挥作用,只是在经济社会中的作用程度与相对地位有所下降。典型的代表法则如:

自然生长定律(Natural Growth Law),是指某一动植物种群的生长量首先随着

---

① 邓心安.生物经济时代与新型农业体系.中国科技论坛,2002(2):16－20.

储量的增加而增加,到达一定点之后,便随着储量的增加而减少(呈倒"U"型曲线)。该定律与农业生产和可再生资源有着密切关系,揭示了动植物种群的生长量和储量之间的关系。当把生长量和储量的关系转换为储量和时间的关系来进行描述时,后一关系的曲线则成为随时间而变化的"S"型曲线,即著名的逻辑斯蒂曲线。

土地报酬递减律(The Law of Diminishing Returns),是关于土地利用投入与所得报酬相互关系的理论,是指在一定的社会生产力和技术条件下,对一定面积的土地连续追加劳动或资本投入,在土地上获得的报酬会随之增加,其增加的收获量与劳动或资本的追加量并不保持同一比例而呈递增趋势,当劳动或资本的数量超过一定界限以后,进一步追加劳动或资本,其收获量增加的比例呈现下降趋势——即当投入增大到一定量时,产出与投入比不再随投入增加而增加,反而趋于减少。当科技及其物化工具有突破性进展时,才能出现新的报酬递增现象,一定程度后又呈报酬递减现象。该定律又称土地收益递减律或边际收益递减律。

2. 工业经济时代的代表法则

规模效益递增规律(Increasing Returns to Scale,IRS)。在工业经济时代,动力机器应用、生产规模扩大,为产品标准化和批量化生产、单位产品成本大幅下降、经济效益显著提高提供了技术条件。企业生产成本一般随着经济规模的扩大而下降,经济效益随之增加,这就是规模效益递增规律,又称规模报酬递增规律。规模报酬递增处于工业生产中的主要时期,在此期间随着产量的增加,平均成本会因为管理、运输等成本下降而最终增加报酬;但当生产规模达到一定程度后,规模不经济的因素开始上升。该法则与"土地报酬递减律"具有本质上的相似之处,不同之处在于所作用产业并不局限于农业。

恩格尔法则(Engel's Law)。19 世纪,德国社会统计学家厄恩斯特·恩格尔(Ernst Engel)发现,低收入家庭对食物的支出大于对其他的支出,高收入家庭对食物的支出相对小于对其他的支出。他用恩格尔系数来判定消费结构的层次,这便是食物需求的恩格尔法则。所谓恩格尔系数,是指消费结构中食物消费所占的百分比。一般而言,恩格尔系数位于 50% 以上属于温饱型或贫困饥饿型;40%～49% 属于小康型;40% 以下属于富裕型。恩格尔法则诞生于工业经济时代,但并不是工业经济的专有法则,对于农业经济、信息经济同样具有普遍意义。

3. 信息经济时代的代表法则

摩尔法则(Moore's Law)。1965 年,摩尔(Gordon Moore)在《电子》杂志上发文指出,微处理器芯片的晶体管数量以及它潜在的计算能力将每年翻一番,后来他将每一年修正为每 18 ~ 24 个月。这一神奇预言在几十年的计算机以及电子产品的发展周期中都得到了精确验证,这就是摩尔法则,又称摩尔定律[①]。

梅特卡夫定律(Metcalfe's Law)。网络价值以用户数量之平方的速度增长,即网络价值与网络节点数的平方成正比,这就是梅特卡夫定律。该法则与"信息报酬递增"法则类似,后者是指信息用户越多、普及程度越高的产品,其价值也就越高。

二、生物经济时代的法则雏形

之所以称"生物经济时代的法则雏形",是因为生物经济时代尚未到来,并且这些"法则"尚未成熟——理论化不足,因而准确地讲,这里探讨的主要是生物经济形态的法则。在生物经济的成长阶段,生物经济即开始表现出不同于其他经济形态的特点,进而呈现出一般规律或法则雏形,可将其初步归纳为以下五个方面。

1. 生物科技融合

生命科学和生物技术及其与信息科学或物质科学的内外领域之间相互融合,以及由分子生物学及基因工程发展而导致的物种界线被彻底打破、产业边界淡化等,都在促进生物科技产品与产业走向融合,乃至发展到生物、信息和物质的大融合。例如,基因检测、人工智能都是这种"大融合"的典型。再如,能源植物的开发利用,导致农业与能源工业的融合;化工原料作物开发与基于农业的化学品生产,导致农业与化工的融合;转基因疫苗西红柿或香蕉和转基因动植物"细胞工厂"的研发应用,导致农业与医药工业的融合。

2. 生物过程法则

生物过程法则,是指在经济社会及环境可持续发展的要求和发展理念指导下,化工、材料、生物能源等将逐步向以生物质为原料、通过生物科技开发和生物制造而取得产品的绿色生产方式转化。生物过程的精确、高效、低碳环保、循环利用、可持续等特点,使得生物经济具有绿色化经济功能、多样化生态功能以及人本

---

① M. Kaku. What Will Replace Silicon. Time,2000,155(. 25):98 – 99.

化社会功能。

传统制造业对石油、煤炭等一次性资源的过分依赖，使经济社会面临资源短缺、成本上升和环境污染的多重威胁。以物理和化学定律为主的产业模式正在被基于生物过程的"生物范式"所部分取代，后者通过生命科学和生物技术将可再生生物资源（原材料）转化为各类生物基产品——即以生物质为基础的生物制造，并变革传统的"用化学问题处理环保问题"的方式。基于此，未来制造业的主流方向将是：生物资源替代不可持续的化石资源；生物工艺取代传统的化学合成工艺。因为生物过程比传统的物理化学法具有效率高、成本低、选择性高、二次污染少等优势，因而将成为化学合成的主流技术，从而推动未来化工产业的绿色转型。

3. 超越自然进程

以分子生物学及基因工程（包括新兴的基因编辑技术）为核心的现代生物技术，为动植物育种、功能菌种开发以及微生物代谢带来根本性变革，大大加快了育种技术与代谢工程的进程，也加快了生物科技知识与产品的创新速度。例如，常规农业需要长期利用自然变异选优或杂交才能培育的新品种，现在通过基因工程或基因编辑技术在一年甚至几个月之内就可以完成。

4. 生物科技产业不对称

该法则由理查德·奥利弗（Richard W. Oliver）作为"生物物质的经济法则"率先提出，用以概括生物物质产业在结构上所表现出来的一些现象。这些现象体现在四个方面：①为数众多的、规模相对较小的、专注于研发的生物科技公司出现，比如大型制药公司在全球开发试验的药品有一半以上出自生物科技风险企业和小规模制药厂之手。②转型与结盟，即从相关产业如化学、制药转型到生物科技公司，并开展策略联盟，如陶氏（Dow Chemical）和杜邦合并、拜耳收购孟山都，以及在此之前的孟山都、杜邦、诺华、陶氏等农业、化工、制药大企业与生物研发小公司结盟，创造出资金市场渠道与提供创新研发产品的"双赢"（win-win）模式；再如日本非生物行业进军生物领域，佳能进军药品市场、奥林巴斯成立生命科学公司，三菱、东芝、住友、日立等从事电机、机械及材料等产业的大型企业将关注点投向生物产业。③众多生物科技公司研发强度极高，并形成研发热潮。④小规模、成长迅速且潜力巨大的市场在卫生保健、化学、农业以及环保等产业形成联动效应，从更广的范围影响制造业。

5. 全球化与研究尺度反比法则

该法则同样由理查德·奥利弗提出,指的是生物科技研发越来越深入到细胞、分子、原子与次原子粒子等纳米世界,而其影响范围越来越全球化。以生物制药为例,当今世界没有一家制药公司能够独立研发创新药物,通常需要多方合作,才能实现资金市场渠道与提供创新研发产品"双赢",达到预期目标,故有"医药研发的世界是平的"之说。

三、经济时代法则的演进趋势

经济时代法则的划类是相对的,而且体现的是该经济时代的主流。某一法则虽然在某个经济时代发挥主要作用,但同样适用于其后相邻的经济时代,例如农业经济时代的土地报酬递减律,至今仍然在信息经济时代发挥作用,但在经济社会中已不占主流。

各经济时代的法则都有其适用的条件与范围,某一法则同时会受到该时代其他因素的制约。例如,作为信息经济法则之一的摩尔法则,一方面作用于信息经济社会;另一方面又受到该时代物理学法则的限制。也就是说,物理学法则预示着摩尔法则的翻倍增长不可能永远继续下去,因为如此不断翻番地发展下去,晶体管和电阻体型规格将越变越小,以至半导体芯片将接近分子大小。

生物经济法则具有本质上的可持续性。以可再生生物质为基础原料的生物经济,本身就具备绿色、可再生循环、环保等特质。农业经济时代的法则重点针对土地、食物;工业经济时代的法则重点针对资本、商品;信息经济时代的法则重点针对信息和相关知识;而生物经济法则重点针对产业绿色转型,包括注重生活质量(QOL)与环境可持续发展。例如,欧盟称"生物经济"为"以知识为基础的生物经济",就是突出"生物经济要以可持续的知识与创新为基础"这一要素特点。

综合比较不同经济时代的法则,可以发现其演进趋势:

(1)越来越趋向于对无形资产和高科技知识的追求和依赖。随着经济时代的演进,经济法则沿着"资源—资本—技术—知识"的方向演化,即由之前以资源和技术为导向、以片面追求经济效益为主,转向以信息和知识为导向、以追求人与自然协调发展为主。

(2)产品体积越来越小,重量趋向微型化,强调局部与整体之间的系统联系。

(3)越来越趋向成为开放的系统,即从农业经济的相对封闭的以个体为特征的局部效益,发展到工业经济以集体为特征的规模效益,再到信息经济乃至生物经济的资源全球化共享。

第四节 生物经济时代的特征

生物经济时代的特征与生物经济的特点既有联系又明显不同。生物经济的特点(见第二章),主要是从生物经济的生命周期内来考察生物经济及其与其他经济形态的联系与区别;而生物经济时代的特征是从生物经济的生命周期外即更长的时间跨度来考察生物经济时代及其与其他经济时代的联系与区别。

从经济时代演进的角度与经济社会宏观层面来衡量,生物经济时代的特征正或将表现在以下六个方面。

一、基因重塑世界

基因重塑世界,是指基因正在以革命性的手段,改变人类的生产和生活方式。正如原子、比特等基本因子曾经引发相关领域革命、改变人类生产生活方式一样,基因正在并将更加深刻地改变人类的生产生活方式(表3-2)。

表3-2 引发科技产业重大革命的基本因子

经济时代	基本因子	代表性重大革命
狩采经济	人力、动植物自然性状	石器革命、弓箭发明
农业经济	人力与畜力、物种遗传	由"攫取"过渡到"生产"、传统生物学革命
工业经济	原子与元素	化学革命、机械革命、工业革命
信息经济	比特	信息革命、"互联网+"革命
生物经济	基因	基因革命、分子生物学革命、医学革命、农业革命、第二次绿色革命

如果说,信息经济,包括其核心互联网——不管未来怎么去"互联网+",的确能够改变人类生产生活方式,但正如未来学家约翰·奈斯比特在2002年访华时所称"Internet只是允许我们更方便地做我们已经做过的事,而基因工程则会改变人类及其进化过程",那么事实正在证明,生物经济不仅能够改变人类生产生活方

式,而且能够改变人类及其他生物自身,标志着人类经济社会从千万年来的"改造客体"时代进入"改造主体"时代。推动主客体改造时代进程的动力源便是基因。对此,从"基因"一词的来源与初始意义可窥见一斑:英文基因(gene)一词,源于希腊文和拉丁文,有"创造、开始、起源、根源、基本、普遍性"之意,如《圣经·旧约》第一章"创世纪"(genesis),具有"创造"、"起源"之意。

奈斯比特的观点并未过时。在传统媒体日渐式微、新媒体快速兴起的当代,互联网为新媒体提供了快速复制传播的手段,从而使信息经济具有空前的"放大效应"。换言之,旗鼓相当的研发水平、技术含量与产品功效,相比于工业经济的产品和生物经济的产品,信息经济的产品具有更容易传播与推广的先天优势,并能够快速放大市场容量,如同极个别人中了彩票大奖,一经传播,让人们感觉中奖的人比比皆是。

在农业及食品、资源与环境保护方面,以基因工程为核心的农业革命或称农业"基因革命",与第二次绿色革命虽然称呼不同,但在本质上是一致的。

在健康医疗方面,运用基因工程,既能够通过改变其他生物来改变外部环境,也能改变人的自身,这是基因革命对人类生活和经济社会产生极大影响的根源所在。研究发现,除有 6000 余种单基因遗传病外,危害人类的许多重大疾病如肿瘤、心血管病、精神和神经系统疾病等都与基因相关。人类基因组计划的成功以及后基因组时代的到来,标志着人类社会由"认识客体、改造客体"的时代,开始向"认识主体、改造主体"的时代转变。生命科学研究经历的 DNA 双螺旋结构发现、人类基因组计划破译等两次革命,以及正在进行的被认为是"第三次革命"的会聚技术(converging technology)与基因编辑技术,为"认识主体、改造主体"创造了学科与技术基础。

正如工业经济存在严重的环境污染、信息经济存在重大的信息安全与信息泛滥问题一样,在即将到来的生物经济时代,在基因重塑主客观世界——深刻改变人类生产生活方式的同时,也可能带来安全与伦理问题,如基因武器,基因改造生物、人造生命与人工智能相关的伦理问题。

二、生物、信息、物质跨界大融合

当代经济社会面临的食品安全、营养与健康、环境及气候变化、资源、生态等五大全球性问题,与生物科技及其产业直接相关。要想化解或缓解这些问题,就必须采用系统综合的手段,这是形成跨界大融合的外在需求,或称外生动力。

　　生物是由基本物质构成的,物质含有丰富的信息。基因是生物存在的本质基础,储存于其中的遗传指令帮助生物协调其整个生命系统。生物体只有不断地保持着与环境的信息交换,才使其能够通过变化的外部信息进行自我调节。遗传物质就是一系列信息,生物体就是一套复杂的信息系统。这是生物、信息、物质跨界大融合的生物学基础,或称内生动力。

　　跨界大融合首先发生在生物科技内部。1953 年 DNA 双螺旋结构的发现,20 世纪 60 年代晚期和 70 年代初期连接酶、限制酶、质粒等的发现等,在 1973 年整合导致 DNA 重组技术的重大突破,进而引发医学、农业、生物化工等领域不同层次的一系列亚革命,如植物转基因革命、生物能源革命。这一系列的亚革命正在会聚成进一步整合的技术手段,促使生物科技取得新的重大突破与群体性进展。

　　跨界大融合同时发生在生物科技与其他学科相互之间。例如:生物信息学就是由生物技术和信息技术融合而形成的一门交叉学科。美国科学院研究理事会调研指出:生命科学与物质科学和工程学等学科正在发生跨界融合,为此提出"NBIC 会聚技术"创新概念及其"会聚观"[1]。"NBIC 会聚技术"是指迅速发展的四大科技领域的协同与融合,这四大领域即纳米科学与技术、生物技术、信息技术、认知科学(Nano-Bio-Info-Cogno 英文首字母缩写为"NBIC")。该融合将成为 21 世纪科技发展的着力点,从而推动新生物学变革。学科会聚,被认为是生命科学继 DNA 双螺旋结构发现、人类基因组计划破译等两次革命后的正在经历的第三次革命,将使生命科学研究向定量、精确、可视化发展[2]。"会聚观"进一步阐释了正在发生的生命科学与信息学、物理学、化学、材料科学、数学和计算科学、医学、工程学领域会聚的重要趋势。

　　具备了跨界大融合基础条件、外生与内生动力,生物、信息、物质跨界大融合正在逐步实现,并可望成为生物经济时代的特征之一。

三、农业与生物质"非农"产业融合发展

　　按照《美国国家能源安全条例》早年的定义,生物质是指可再生的有机物质,

---

①　本书编委会 . 会聚观:推动跨学科融合 . 中国科学院上海生命科学信息中心编译,科学出版社,2015.

②　科学技术部 . 2015 中国生物技术与产业发展报告 . 科学出版社,2015.

包括农产品及农业废料、木材及其废料、动物废料、城镇垃圾及水生植物等（The term 'biomass' means any plant derived organic matter available on a renewable basis, including dedicated energy crops and trees, agricultural food and feed crops, agricultural crop wastes and residues, wood wastes and residues, aquatic plants, animal wastes, municipal wastes, and other waste materials）。用中文通俗地讲，生物质是指地球上各种有机体包括动物、植物和微生物，以及这些生命体排泄和代谢的所有有机物质。中外众多生物质定义中出现的核心关键词组是：可再生生物质（renewable organic matter-biomass）。随着技术的发展，作为单细胞植物的微藻、以获取能源为目的的能源植物在生物质开发利用中的地位日益突出。

生物质，作为地球上最古老、可再生而且最丰富的资源，只有到了生物科技高度发达的时候，才可能被高效、充分、深度、多层次开发利用，从而焕发新的绿色、健康、可持续的生机。生物质相关产业属于综合的产业链，从传统的食品、营养、工业加工原料，到能源、化学品、生物医药、生物材料、环境、生态及服务。这些产业链以及价值链，正在并将更加高效地通过生物过程及生物炼制来实现。例如，利用微藻可以开发形成食品、保健品、饲料、精细化工等下游相关产业，从而形成一种可持续的绿色农业或称新型农业价值链①。

生物炼制，以可再生生物质为原料，通过化工与生物技术相结合的清洁的加工方式与加工过程，将生物质转变为能源、化学品、原材料等产品，从而部分或完全替代石化炼制的产品链，实现工业与生态的协调发展。与传统的石化炼制相比，生物炼制在原料选择及加工方式上发生了根本转变。生物质资源最大的特点是可再生，取之不尽、用之不竭；其次是绿色环保，生物质在加工生产过程中产生的 CO_2，又可以作为植物光合作用的原料被消耗，因此整个过程是一个清洁的可循环的生态工业过程，理论上可以实现碳的零排放；第三，随着生物科技的发展，生物过程比传统的化学过程高效，可以大幅度地缩短生产周期，降低生产成本。

在生物经济成长阶段，农业与生物质"非农"产业的边界开始淡化，如同乡村与城镇的界线模糊淡化，呈现"你中有我、我中有你"与双向流动的趋势一样。在生物经济时代，农业的领域和功能将进一步拓展，生物质产业可望融合到新的农

---

① 沈春蕾. 微藻：单细胞植物的大学问. 中国科学报，2017 - 01 - 16(6).

业系统之中,农业将被重新定义为某类"新型农业"——包括传统的常规农业和拓展中的生物质相关产业。由于新型农业直接关系到食品、营养、健康医疗、生物能源、化学品、可再生材料、环境与气候变化、生态及服务等,因而可望成为应对当代五大全球性问题的基础性产业。那时的农场也不再局限于传统的土地农场,还包括农业新业态,如超级生物加工厂,一些新型农产品包括疫苗、人血清白蛋白、化学品将出自这样的加工厂,而非来自农田。

农业与生物质"非农"产业融合发展的意义在于:①通过生物质的高效和深度开发利用,实现从化石经济到生物经济的转变,创造生产和生活的可持续发展新模式。②为农业拓展到未来"新型农业体系"提供了资源基础和发展理念上的铺垫,届时部分生物质"非农"产业就成为新型农业的拓展部分。

四、预防先行的健康医疗模式

人类发展科技和经济的终极目标是提高人类生活质量并解放人类自身。健康医疗是体现生活质量的最重要指标,是经济社会发展的永恒主题。

医药生物技术将使疾病诊断、治疗和预防手段发生革命性变化,促进人类更加健康和长寿,进而引发医学史上继公共卫生制度建立、麻醉术和疫苗接种、抗生素应用之后的,以基因治疗、再生医学为代表的第四次医学革命。基因组及基因编辑等新兴技术,能够改变现有医药模式,一方面开发出更好的病原检测、疾病诊断和治疗方法,并利用基因工程开发"定制"(tailor made)个性化药物;另一方面,通过疾病风险确认,对高风险人群进行提前预防。对此,世界卫生组织认为,21 世纪的医学不应该继续以疾病为主要研究领域,应当以人类的健康为主要研究方向,要从被动的治疗疾病到主动的预防疾病,这将通过"3P 医学"(predictive medicine,preventive medicine,personalized medicine)得以实现。这里的"健康"是指提高生活质量、预防疾病、早期诊断与治疗疾病。

医学发展经历了从临床医学、预防医学(preventive medicine),到正在出现的预测医学(predictive medicine)等阶段。运用预测医学,提前采取对策,可以减少疾病发生概率。例如,通过对胎儿进行基因序列检测,就可以判断其可能患何种疾病,并采取预防措施。

预计到生物经济时代,生物药物的研制将进入成熟的使能技术(enabling technologies)阶段,健康医疗方式将能够从根本上实现由以治疗为主转到以预防为主,即由"有病被动治疗状态"转向"主动参与疾病预防状态",亦即由目前的"疾病护理模式"(sick-care model)转向"预防模式"(preventive model)。这也就是古老中国医学寓言中所谓的"上医治未病"的新时代复归。

五、生物能源亚革命:从"黑金"到"绿金"转变

在狩采经济时代和农业经济时代,能源以木柴为主;在工业经济时代和信息经济时代,能源以石油、煤炭和天然气为主,由化石能源消费及加工生产而导致的环境污染、温室气体(GHG)大量排放等一系列不良影响,严重威胁到人类生存环境和生活质量。以石油为主的化石能源面临枯竭、开采成本上升,GHG排放以致引起全球气候不良变化等,标志着能源与以化石资源为基础的现代工业体系的危机显现并日益突出。生物经济时代的来临,为能源生产与消费方式带来新的时代机遇。

这一机遇就是以生物能源为代表的清洁的可再生能源。生物能源是指各种可直接用作燃料的生物质本身和由生物质加工制备的能源;前者称为初级生物能源,后者称为次级生物能源。随着现代技术的发展,生物能源的概念在拓展,现在主要是指次级生物能源,即通过生物质加工制备而获得的生物能源,主要包括沼气及生物制氢、生物柴油、生物乙醇、生物丁醇、生物质发电等。

在众多的可再生能源中,生物能源是唯一能对石油液体运输燃料以及塑料等上千种石化产品生产原料进行直接替代的绿色能源。例如用生物乙醇替代部分汽油;用生物乙醇和生物柴油生产过程中的副产品甘油为原料生产"绿色"乙烯和"绿色"丙烯或"绿色"聚丙烯。其他可再生能源,如太阳能、风能、水电、海洋能、核能,都是非碳能源,主要以热、电的方式利用,虽然同属绿色能源,但不能用作燃料。

生物能源正在成为化解"农业、能源、环境"难题的最佳切合点。在经过了2~3个世纪的短暂分离后,在生物经济时代能源与农业将再度联手,由此诞生出"能源农业"新的概念和领域,促进以低碳能源(low carbon energy)为主的多元化能源格局的形成,并实现生物能源"亚革命"——即能源生产由"黑金"(以石油为代表的化石能源)到"绿金"(以绿色植物为代表的生物能源)转变。

之所以称生物能源为"亚革命",一是相对于能源革命、第二次绿色革命等更高层次上的革命而言;二是因为,即便在生物经济时代到来后的相当一段时期,以

生物能源为代表的可再生能源依然不可能取代化石能源主力军的地位,而只能作为多元化能源格局的一支生力军。

六、人本化发展观与生态社会正在形成

在工业经济时代后期,与当今的信息经济时代——同时是生物经济的成长阶段,人类已开始关注自身发展的环境质量,"以人为本"的发展理念日益受到重视,并贯穿到人类生产生活之中。预计到生物经济时代,越来越多的生物科技、生物基产品及生物经济服务,与人的健康、生活质量乃至生活价值直接关联;提高农产品质量、促进资源循环利用与环境可持续发展的绿色技术将从根本上得以突破并得到廉价而普遍的应用。

人类发展科技和经济的终极目标是对人自身的关怀。在科学昌明、技术进步不断加快的今天,我们经常听到这样的论调,也曾反躬自问同样的问题:人类发展科技与经济的终极目的是什么? 是单纯的人类好奇心和永远探求未知的求知欲吗? 显然不全、应当不是。在过去的经济时代,既有发展生产力的要求,又兼有征服自然、征服异域民族、掠夺资源和财富的需要,同时还夹杂着人类盲目的对科学与技术的崇拜(如唯科学主义和技术决定论)。试想,即使目前的科学技术不再进步,只要用好已有的科学技术,人类是否也可以解决贫困、饥饿与地球环境危机,甚至可以使全部有正常生活愿望和福祉追求的人过上比现在好得多的品质生活。从理想主义的角度来讲,此言应当没错。然而,现实社会和人性都是复杂的,资源禀赋不均与分配不公以及政策问题永远存在,科学技术与现代文明正是伴随着战胜自我、挑战极限、缓解资源紧张、提高产出效率而不断向前推进的。以汽车的发展为例,一方面因其加快了人们和物质的位移速度,而创造出新的物质财富,或带来便捷的生活方式;另一方面带来了污染、噪声甚至车祸死亡。但是,汽车并不会因后者的存在而停止发展,而是根据环境与能源的压力以及人类的精神追求而不断推陈出新,改变着发展方向,如目前向电动、清洁、智能化方向发展。

从经济时代人与自然关系(表3-1)来衡量:生物经济时代人与自然的关系是和谐关系,经济社会的主流将率先进入后信息社会——"生物社会"。为避免其与"动物世界"、"植物王国"混淆,可以称其为"人本社会"或相对约定俗成的"生态社会"。

在生物经济时代,经济社会发展观也将发生深刻变革。一个以提高人类生活质量为中心的"人本化"发展观将形成。人本化发展观由当今信息经济时代和生物经济成长阶段业已形成的"以人为本"的发展理念升华形成,因而可以形象地称为"以人为本＋生活质量＋生态社会"。该发展观的突出特点是:在生产上,以可再生生物质资源为基础;在生活上,以生活质量提高为目标;在生态上,以绿色、健康、可持续为准则。

第四章

国际生物经济发展战略与政策

　　战略是指重大的、带全局性或决定全局的谋划,具有指导、目标控制、竞争、预测等四大功能;政策是国家机关、政党及其他特定机构在特定时期为实现政治、经济、社会、科技等相关目标所采取政治行为或规定的行为准则,具有导向、控制、管理协调、象征等四大功能。战略与政策既有先后关系,一般来说先有战略或战略构想,再依据该战略制定政策,反过来新的政策又影响已有战略的调整和新战略的制定;又存在一定的交叉关系,部分战略本身就是政策的一部分或其表现形式。

　　梳理国际生物经济发展战略与政策及相关动态,认识国际生物经济发展的主流特征,明晰代表性国际组织和国家的生物经济战略与政策的过程脉络,有助于把握生物经济发展的潮流,深刻理解生物经济的"绿色、健康、可持续"特质,揭示生物经济与农业等生物质相关产业发展的内在联系,从而制定适宜的生物经济战略与政策,并促进农业绿色转型,构建面向生物经济时代的新型农业体系。

第一节　国际生物经济发展概况

一、战略与政策总体情况

1. 国际生物经济发展战略概况

　　面对当前面临的食品及营养、健康医疗、能源与水资源、环境与气候变化、生态等全球性重大问题,以及各自国家的经济社会与能源的绿色转型机遇,一些国际组织、发达国家或生物资源较为丰富的国家,包括欧盟、OECD、FAO 等国际组织,德国、北欧多国、美国、加拿大、南非、马来西亚、日本、印度、巴西,以及中国的天津、吉林、云南、台湾等地区,都在积极倡导发展生物经济。

根据德国生物经济理事会 2017 年的统计①,全世界——

已经制定生物经济专项战略(dedicated bioeconomy strategy)的国家有美国、德国、芬兰、瑞典、挪威、意大利、西班牙、比利时、法国、拉脱维亚、南非、马来西亚、泰国等 10 余个国家;

已制定生物经济相关战略(bioeconomy-related strategy)——相当于生物经济部门、领域或地区战略的国家有荷兰、葡萄牙、丹麦、立陶宛、英国、奥地利、加拿大、巴西、阿根廷、墨西哥、哥伦比亚、巴拉圭、乌拉圭、中国、韩国、日本、俄罗斯、印度、斯里兰卡、澳大利亚、新西兰、印度尼西亚、马里、塞内加尔、尼日利亚、肯尼亚、乌干达、坦桑尼亚、莫桑比克、纳米比亚等约 30 个;

正在制定生物经济专项战略(dedicated bioeconomy strategy under development)的国家主要有英国、爱尔兰、奥地利、冰岛、爱沙尼亚等。

可见,不计国际组织,世界主要发达国家和主要发展中国家都已制定生物经济专门战略,或生物经济部门、领域、地区的战略与政策。在全球生物经济战略与政策研究及其实施行动上,德国与美国、芬兰等一起共同领先于全球。

2. 国际生物经济政策的"五大基石"

针对国际生物经济发展现状与动态,2016 年 7 月国际权威刊物《自然》(Nature)发表政策性综述文章"全球生物经济的五大基石"(Five cornerstones of a global bioeconomy),对全球生物经济发展进行了总结,并提出了全球发展生物经济在政策上的"五大基石"②。

(1)全球生物经济发展状况与有关政策问题。全球生物经济发展迅速,但当前影响生物经济发展的原因很多,政策性原因是其中值得关注的重要内容。

目前全球已有 40 多个国家明确提到发展生物经济,生物经济是基于生物学和生物科学的经济形态。2014 年,仅美国生物经济就有大约 2 万亿美元相关产品和服务出口到世界各地,其中包括农业、森林、食品、生物能源、生物科技、绿色化学等相关领域。但根据联合国可持续发展目标(UN Sustainable Development Goals,SDGs),从食品安全、能源升级到人类健康等各领域,目前生物经济的贡献

---

① The German Bioeconomy Council. International Bioeconomy Strategies.

② 本小节以下部分根据中国社会科学报 2016 年 7 月 22 日报道"全球生物经济发展急需政策支持"(侯丽编译)以及《自然》杂志原文整理。

还远远不够,需要从多层面加速其发展。

　　生物科学相对领先的国家和经济体如欧盟、日本、美国正在扩大生物经济的发展,以创造更多财富;新兴工业国家如中国和印度正在看到生物技术的创新力量,并将其视为重要竞争力;巴西、南非和马来西亚正在通过生物经济促使其丰富的生物资源增值。生态可持续性已经成为一些富裕和工业化国家经济发展中的重要课题;包容性的农村经济和资源的公平利用问题也成为一些发展中国家考虑的重点。然而,生物经济的发展因涉及农业、工业、医学、环境、海洋与空间等多种技术,目前政策层面的支持相对落后,需要从全球和国家层面进行政策上的指导和助力。例如,在印度和巴西,有些学者和政府部门出于保护当地生物多样性和保护传统农业技术的考虑,对生物经济缺乏客观认知和积极性,相关方面的研究也处于停滞状态。

　　为此,发展全球生物经济,需要平衡几大基础性物质之间的关系:空气、水和土壤,在平衡过程中要考虑到对经济和社会的预期。在此基础上,应从技术性(如低碳减排系统)、组织性(组织机构的行为改变)和社会性(如创造就业机会)三方面进行综合考量。在其他政策方面,可循环利用的建筑材料如木材应该被纳入地方建筑法规,从法律法规层面进行约定和推广。

　　(2)生物经济政策的"五大基石"。文章提出了全球发展生物经济在政策上的"五大基石",并以此作为国际政治机构、多边贸易协定和全球企业等的指导标准。

　　①政府和公共、私营部门的研究者之间开展国际合作,对优化资源利用和知识共享至关重要。

　　②寻找生物经济发展的衡量标准及其对可持续发展目标的贡献程度的方法。

　　③发展生物经济的倡议应纳入多边政策制定过程并在政府间讨论,特别是与联合国相关议程、《巴黎气候协定》等国际行动相结合。

　　④教育工作者应传授相关的知识、技巧和能力,促进生物资源的可持续利用,引导生产和消费。

　　⑤在一些可望实现重大突破的领域,鼓励全球性的合作研究。这些领域包括新食品系统、生态都市、生物炼制、人造光合作用等。

二、德国是欧洲生物经济发展的主力军

1. 欧盟是较早系统提出生物经济战略的国际组织

自 2005 年召开生物经济大会并发表《以知识为基础的生物经济新视角》政策

报告以来,从概念的形成到战略的制定,再到行动计划与项目的实施,生物经济在欧盟已达成共识。继 2007 年、2010 年分别发布《迈向基于知识的生物经济》《欧洲基于知识的生物经济:成就与挑战》战略报告之后,2012 年发布《为可持续增长的创新:欧洲生物经济》战略,将生物经济作为实施欧洲 2020 战略、实现智慧发展和绿色发展的关键,旨在促使欧盟经济向更多使用可持续的可再生资源的经济形态转变。欧洲 2020 战略的"创新型联盟"和"自然资源有效利用"旗舰计划,分别制定出发展生物经济的具体目标,以推动欧盟经济绿色转型。

2. 德国是欧洲以至全球生物经济发展的领头雁和主力军

德国联邦政府分别于 2010 年和 2013 年发布《国家生物经济研究战略2030——通向生物经济之路》和《国家生物经济政策战略》。2015 年在萨克森 – 安哈特州建立了欧洲生物经济示范区,创建了"以科研和创新推动绿色经济"的生物经济集群模式。作为联邦政府实施《国家生物经济研究战略 2030》和《生物经济国家政策战略》的咨询机构以及欧盟生物经济政策研究的代表机构,德国生物经济理事会于 2015 年发表具有全球价值与意义的两份政策报告:①《七国集团生物经济战略概要与分析》(Bioeconomy Policy Part 1 – Synopsis and analysis of Strate-gies in the G7);②《全球生物经济战略概要》(Bioeconomy Policy Part 2 – Synopsis of National Strategies around the World)。同时,德国生物经济理事会还组织召开全球生物经济峰会(Global Bioeconomy Summit 2015),并计划于 2018 年召开第二届全球生物经济峰会(GBS 2018)。

3. 欧洲其他国家重视发展以绿色技术为主导的生物经济

在欧盟生物经济政策的引领与影响下,欧洲其他国家同样重视发展以绿色技术为主导的生物经济。例如:①作为世界化工及农业集群最具竞争力且具创新和物流优势的国家之一,荷兰较早实施了生物经济战略、政策及具体行动。早在2007 年荷兰就编制了国家生物经济战略①,目标是实现可持续的生物质能增值、生物基材料的生产和剩余生物燃料、电能和热能的利用;2013 年发布《绿色发展与可持续性经济》,旨在将生物基经济用于处理生产生物基材料、产品和生物能源的部分经济活动,促进经济向循环模式转型。②法国,2010 年发布绿色产业增长战

---

① 此据:和马町. 荷兰的生物经济. 世界建筑,2017(4):42 – 48 + 116;与德国生物经济理事会将荷兰统计纳入"生物经济相关战略"(bioeconomy-related strategy)类稍有出入。

略报告,重点发展生态技术和绿色产业;2017 年发布生物经济战略(A Bioeconomy Strategy for France:Goals,issues and forward vision)③爱尔兰,2009 年发布《发展绿色经济》(Developing the Green Economy in Ireland);2012 年发布《发挥我们的绿色潜能》(Delivering our Green Potential)。④瑞典,2012 年,发布《瑞典生物经济研究和创新战略》(Swedish Research and Innovation Strategy for a Bio-based Economy)。⑤挪威(非欧盟成员国),2012 年制定了《食品和生物基产业可持续创新研究计划》(Research Programme on Sustainable Innovation in Food and Bio-based Industries)。

三、美国生物经济以技术创新为引领

美国是最早提出生物经济概念,并将其转化为政策与行动的国家。美国生物经济起源于生物基产品及生物能源的开发和研究,而生物质是生物基产品及生物能源的基础。20 世纪末以来,美国联邦政府重视以创新方式发展生物基产品与生物能源,为此陆续出台了一系列创新政策和生物质研发规划,如 2000 年联邦政府部门间生物质研究和开发委员会发表《促进生物经济革命:基于生物的产品和生物能源》报告,国会通过《生物质研究与开发法案》(Biomass Research and Development Act of 2000)。

2012 年 4 月白宫发布《国家生物经济蓝图》,该指导性战略规划认为:美国生物经济正在兴起,其重点领域涵盖人类健康医疗、生物能源、农业、环境保护及生物制造;技术创新是经济增长的具有重要意义的驱动力,美国生物经济是体现技术驱动型经济成长的重要因素。

美国是 OECD 的主要成员国和领导者,而 OECD 是最早研究并提出生物经济发展报告的国际组织。早在 2002 年,OECD 就首次提出将生物经济(biobased economy)作为一个通过工业化生物技术来创造可持续产品、就业及收入的可再生生物资源和生物过程(bioprocesses)的政策概念①。

如果将美国与 OECD 对生物经济概念之理解和定义及其演化进行比较(参见第二章第一节),可以发现两者存在许多基本共识:①生物经济与能源安全、产品绿色转换以至经济绿色转型密切相关;②生物经济由生命科学与生物技术的研发

---

① Andy W. Sheppard,Lain Gillespie,et al. Biosecurity and sustainability within the growing global bioeconomy. Current Opinion in Environmental Sustainability,2011(3):4 – 10.

缘起;③生物经济正在兴起,尚处于成长阶段;④生物质是生物经济发展的基础。

四、芬兰是中小型国家发展特色生物经济的典型代表

如果说德国是大型生物经济综合产业发展的领先代表,那么,芬兰可以作为中小型生物经济特色产业发展的领先代表。

2011 年发布《可持续生物经济:芬兰的潜力、挑战和机遇》报告。2014 年,芬兰发布《生物经济战略》,目的在于刺激芬兰产业与商业的新一轮发展,推动芬兰经济在生物与清洁技术重要领域的进步,并创造新的就业岗位。传统造纸业的绿色转型及其与生物能源、化学品、新材料等生物基产品的产业链,是芬兰生物经济发展从战略到行动的典范。丰富的森林资源、创新的工业生物技术、高素质人力资源,以及与构建可持续社会使命相关的"可持续的生物经济"替代理念,是芬兰生物经济战略与行动走在国际前列的四大因素。

五、亚洲国家生物经济发展各具特色

中国与欧盟于 2005 年几乎同时率先召开了国际生物经济大会并研讨相关战略。2007 年科技部提出生物经济"三步走"战略,以及包括生命奥秘探索、生物医药、生物农业、生物制造、生物能源、生物环保、生物资源、生物安全、生物技术产业化、生物科技国际合作在内的推进生物经济发展的十大科技行动。此后,一些省市出台了生物经济或生物质经济发展战略与政策措施,或生物产业发展规划,但尚没有形成统一的生物经济国家战略。2016 年 11 月国务院发布的《"十三五"国家战略性新兴产业发展规划》和 2017 年 1 月国家发展改革委发布的《"十三五"生物产业发展规划》,均将生物经济列入重点发展领域。

马来西亚政府非常重视发展生物经济,近年来密集制定了生物经济战略及计划。2011 年发布"生物质创造财富"的《国家生物质战略》(National Biomass Strategy 2020);并于 2013 年发布该战略第二版(National Biomass Strategy-2nd version)。2012 年发布实施《马来西亚生物经济计划》(Bioeconomy Initiative Malaysia,BIM)。2013 年发布生物经济转型计划(Bioeconomy Transformation Programme)。

日本资源相对缺乏,对生命科学与生物技术研究以及生物质的开发利用给予了高度重视。2009 年制定了生物质战略(Biomass Strategy);2011 年发布第四期科学与技术基本计划,将绿色技术和生命科学的创新作为国家重点战略;2012 年发

布生物质产业化战略(Biomass Industrialization Strategy);2016 年日本生物产业协会发布《2030 日本生物经济愿景:加强应对变化世界的生物产业的社会贡献》政策报告。

韩国 2006 年制定了《2016 生物愿景》(Bio-Vision 2016)战略,核心内容包括:建立国家生物科技创新体系、推动韩国生物产业的发展并使其走向世界、制度改革以及增大韩国民众对生物科技的认可度等;2010 年制定了面向 2016 年的"生物经济基本战略";2012 年发布《工业生物技术促进战略》(Strategy for promotion of industrial biotechnology)。

六、其他国际组织、国家或地区生物经济发展战略概览

OECD 是最早提出生物经济概念(2002),并给出定义(2004),且倡导发展生物经济的国际组织,但相比于欧盟实体型组织,OECD 组织较为松散,其生物经济战略与行动实践不及欧盟。

除欧盟、OECD 和上述国家外,其他国家或地区,包括非洲部分国家如肯尼亚、莫桑比克、马里、毛里求斯、加纳,拉丁美洲的墨西哥、乌拉圭,亚洲的泰国、印度尼西亚,澳大利亚、新西兰,以及西方北欧国家(West Nordic Countries)、加拿大等也在实施生物经济战略或计划,发展各具特色的生物经济。例如:

2012 年 4 月,俄罗斯联邦提出《到 2020 年生物技术发展综合计划》,旨在使俄罗斯在生物技术领域成为世界佼佼者,建立起具有全球竞争力的生物经济板块。根据驻俄罗斯联邦经商参处援引国际文传电讯社 2014 年 6 月 17 日的消息,俄总理梅德韦杰夫在出席日前在俄召开的生物经济国际论坛中表示,生物经济是快速发展行业,有可能会产生新的技术革命;俄罗斯不应错过这一机会,应该力争到2020 年将俄罗斯生物经济的产值在国内生产总值的比重提高到 1%,否则一旦爆发新的技术革命,俄罗斯将连同石油和天然气工业一起被边缘化。

2013 年,由比利时西部、法国北部、北海沿岸等部分地带组成的佛兰德斯(Flanders)地区政府发布《佛兰德斯生物经济 2030》(Bioeconomy in Flanders – The vision and strategy of the Government of Flanders for a sustainable and competitive bio-economy in 2030)战略。

2014 年,西方北欧国家包括冰岛、法罗群岛、格陵兰,发表《西方北欧国家生物经济的未来机遇》(Future Opportunities for Bioeconomy in the West Nordic Countries)战略报告。

2016 年,作为芬兰担任 2016 年北欧部长理事会轮值主席国的主要成就之一,北欧部长理事会成员制定了与水及水生自然资源相关的共同商业目标——《北欧蓝色生物经济路线图》。蓝色生物经济,是指基于可持续和智能利用可再生水产自然资源的商业活动,包括诸如渔业、鱼类加工和水产养殖,基于水专业知识和技术的商业活动,基于水和水环境的旅游和娱乐以及水生生物质(如藻类)的利用等活动。

在 2015 年全球粮食和农业论坛(GFFA)的建议以及随后德国食品和农业部(BMEL)的支持下,2016 年 FAO 设立国际可持续生物经济工作组,于 2017 年共同制定了《可持续生物经济指导方针》(Towards sustainable bioeconomy guidelines,2017. 3 ~ 2020. 8)。

2017 年,英国生物技术和生物科学研究理事会(BBSRC)出台了动物健康蓝图、植物健康、实现可持续农业系统等 17 个生物科技战略计划,政府投资达 3. 19 亿英镑/五年,以推动生物经济进一步发展。

七、国际生物经济发展的主流特征

国际生物经济发展遍布欧洲、北美及拉美、亚洲、非洲、澳洲等五大洲,但以欧盟、北美等发达国家或地区的战略与行动最为迫切和领先,这既是由生物经济的绿色、健康、可持续的特质,也是由发达国家对生活质量的要求较高、对经济社会绿色发展的愿望更加迫切以及创新能力强等多种因素综合所决定的。

各国或国际组织的生物经济战略与行动各具特色,具有不同的发展生物经济的资源禀赋基础和技术水平,以及生物经济不同的领域重点和范围。在这些诸多的特色之中,存在着代表未来方向与发展趋势的一些共同特征,称之为"主流特征"。

1. 生物经济领域涵盖广,多方位促进经济绿色转型

由于生命科学与生物技术的推动作用,加之经济社会的外在需求,生物经济逐渐形成自己的重点领域,包括农业及食品、生物制药与健康、生物炼制、生物能源、生物酶、生物化学品、生物材料、环境与生态等。所谓"外在需求"是指应对经济社会发展面临的食品及营养、健康医疗、资源、环境、生态等全球性重大问题,这些问题集中涉及节能减排与环境可持续、经济绿色转型和生活质量的提升。

在欧美等多国生物经济发展战略中,已将生物经济与环境/经济的可持续、农

业/农村发展、创造就业紧密结合起来。农业在生物经济中仍具有基础性地位与作用,这是由生物质在生物经济中的基础地位以及农业与生物间天然的密切关系所决定的。例如:美国研究认为,未来农业可能会因生物经济而发生重大转型,美国农业可能转型为既生产燃料又生产食物和纤维的现代农业,为此应准备迎接一场新的有益的农业革命(usher in a new and beneficial agricultural revolution)①;澳大利亚发展生物经济,同样注重农业角色的重新定位(redefine the role of agriculture)。

2. 以生物质为基础资源,加强创新技术的研发

各国或国际组织的生物经济战略普遍基于以下基本认识:①生物质是驱动生物经济发展的基础资源;②生物经济正处于成长阶段;③受研发创新直接驱动,将受到研究成果的塑造(shaped by research outcomes)。因而,特别重视与生物质开发利用相关的前沿技术,注重新兴技术的开发及其与现有技术的结合,以及适度的技术规制以减少生物经济发展的障碍,并加强工程化和公共—私人部门伙伴关系,以利改善可持续生物质的生产能力和转换经济效率,发现新的生物功能或降低生物基产品成本。所谓适度的(balanced)技术规制是指,针对当前技术需求和潜力,应特别注意消除那些跟不上时代或不必要的规制上的障碍。

3. 以可持续为指归,减少对不可再生资源与传统产业的依赖

各国或国际组织出台的生物经济战略均把可持续作为生物经济发展的出发点和归宿。工业经济时代乃至当今信息经济时代的产业经济,因主要建立在以化石能源为燃料或原材料的化学过程基础上,随着资源与环境约束条件的变化,已变得越来越不可持续。而生物经济新的产业体系,通过采用生物过程与生物炼制技术,生产可再生化学品、生物材料以及生物能源等,从根本上降低了对化石基原材料与能源的依赖;同时由于采用生物科技改造动植物和微生物,选育优质高产新品种,从而相应减少了传统产业对土地、气候等资源条件的依赖。正是由于从根本上减少了上述两个"依赖",而使得农业、工业、环保等更具可持续性。

---

① Science Daily. Will A Bioeconomy That Produces Fuel From Biorenewable Resources Be Sustainable. [2007 - 09 - 05/2017 - 12 - 10]. http://www.sciencedaily.com/releases/2007/08/070830163124. htm.

八、国际生物经济发展机构实例

自 21 世纪初起,全球有关生物经济的研究机构、政府管理部门、行业协会、思想库等纷纷成立,颇有雨后春笋之势。这些机构大多是在 21 世纪初生物经济兴起之后成立,或虽在之前成立但在后来增加了生物经济发展使命的机构。例如中国生物技术发展中心,成立于生物经济概念出现之前的 1983 年,但自 2005 年组织召开国际生物经济大会之后,将主要业务之一转向生物经济发展上,实施多项生物经济相关计划,发表多份生物经济战略报告,主持召开系列"国际生物经济大会",并且在官网主页上凸现"发展生物技术,引领生物经济"、"发展生物经济"等主题——作为严谨规范的政府管理机构,这还真不是随意就写到主页上的"标语"——应是生物经济时代的召唤与使命的担当。

表 4 – 1 中所选列出的机构,分别是官方或半官方机构、咨询公司、非政府组织(NGO)或高校所属非营利机构(NPO)的实例,其中由政府和综合性大学成立的跨学科综合研究组织具有典型性和代表性。

表 4 – 1　国际生物经济发展相关机构实例

机构名称 (中、英文名或缩写)	所在地/ 成立时间	主要职能
德国生物经济理事会 (The German Bioecono-my Council)	德国柏林/2009	由联邦教研部(BMBF)和食品与农业部(BMEL)设立。为德国联邦政府实施生物经济战略与政策提供咨询;提供生物经济可持续解决方案;组织全球生物经济峰会等
艾奥瓦大学生物经济研究所(The Bioecono-my Institute,BEI)	美国艾奥瓦州/2002	将农业与可再生资源作为其主要研究对象,研究用可再生生物资源作为生产化学品、燃料、材料及其他能源的原料
密歇根大学生物经济网络(MSU BioEconomy Network,MSU BEN)	美国密歇根州/ –	由密歇根大学主管研究与研究生教育的副校长组织领导的一个伞形组织;负责协调校内不断增加的有关生物经济研究、政策、经济分析与教育,以及对外合作与产业化等多领域多层次活动,担负着提升密歇根州生物经济发展的使命

续表

机构名称 （中、英文名或缩写）	所在地/ 成立时间	主要职能
密歇根大学生物经济研究所（MSU Bioeconomy Institute，MSU BI）	美国密歇根州/2009	提供化学与发酵研发、放大、制造以及不同规模的测试资助，同时提供商业孵化机会与教育培训服务
国家非食品作物中心生物经济咨询公司（NNFCC-The Bioeconomy Consultants）	英国约克/2003	生物经济战略咨询，为生物质转换成生物能源和生物基产品提供政策建议
加拿大皇后大学可持续生物经济中心（Sustainable Bioeconomy Centre，SBC）	加拿大安大略省/2008	关注五大湖地区的生物能源和其他生物质机会；构建协调和包容的，参与可持续环境、经济和生物资源利用伦理发展的利益相关者共同体
挪威生物经济研究院（Norwegian Institute of Bioeconomy Research）	挪威奥斯陆/2011	由挪威农业与食品部主管。主要开展食品、森林及其他生物基产业相关研究
马来西亚生物经济发展机构（Malaysian Bioeconomy Development Corporation）	马来西亚吉隆坡/–	前身为马来西亚生物科技机构（BiotechCorp）。由马来西亚科学技术与创新部指导，由生物技术实施理事会管理。负责国家生物技术政策目标的执行；提供生物相关研究与发展的资助和咨询服务
中国生物技术发展中心（生物经济主题）	中国北京/—	参与制定国家生物技术战略与政策；生物科技项目管理；国内外生物技术信息交流
生物经济发展研究中心（ECBED）	中国北京/2004	倡导发展生物经济，为化解农业与环境可持续发展相关重大问题提供决策依据
中国农业科学院生物质能源研究中心	中国北京/2006	生物质能源研发；创制生物质能源新产品、新设备；共享设施、设备、技术平台和信息服务
国际绿色经济协会（IGEA）	中国北京/2010	从可持续发展的角度促进生物经济发展，绿色经济研究与提供解决方案
北大未名生物经济研究院	中国合肥/2014	投资建设生物经济实验区、生物经济孵化器

机构名称 （中、英文名或缩写）	所在地/ 成立时间	主要职能
生物经济学和决策中心	中国上海/2014	从神经生物学、实验经济学等角度研究经济决策的生物神经基础
湖北省生物经济研究中心	中国武汉/2015	应用型生物经济和区域生物产业战略研究、生物产业情报分析与管理咨询

下面分别选取具有代表性的国际组织和国家，重点阐述其生物经济发展的政策过程、战略要素及其特点。

第二节　欧盟生物经济发展过程与特点

一、欧盟生物经济缘起与发展动力

1. 欧盟生物经济概念的演变

在吸收 OECD 2004 年关于生物经济是"利用可再生生物资源、高效生物过程以及生态产业集群来生产可持续生物基产品、创造就业和收入的一种经济形态"核心内容的基础上，2005 年欧盟将"生物经济"概括为"以知识为基础的生物经济"，具体表述为：生物经济是一个浓缩性的术语，它将生命科学知识转化为新的、可持续、生态高效并具竞争力的产品，能够描述在能源和工业原料方面不再完全依赖于化石能源的未来社会。

此后，欧盟对生物经济的概念及其定义进行了调整。2011 年在政策白皮书《2030 年的欧洲生物经济》中对生物经济的定义具有代表性且较为简明：生物经济是通过生物质的可持续生产和转换来获得食品、健康、纤维和工业产品及能源等一系列产品的经济形态。

在生物经济概念演变的过程中，曾出现"the knowledge-based bio-economy（KBBE）"、"biobased economy（BBE）"、"bio-economy（BE）"、"bioeconomy"等表述方式，其本质相同。从上述定义中可以发现，生物经济概念含有以下三大共性特征：

（1）由生命科学与生物技术的研发引起。

（2）利用可再生的生物资源，通过生物过程（bioprocess）生产可再生与可持续的生物基系列产品。

（3）与节能减排、气候变化、产品绿色转换、产业绿色转型、创造就业收入等密切相关。

2. 欧盟生物经济发展的动力

欧盟生物经济的缘起与发展，受到了美国和 OECD 率先倡导发展生物经济的影响与启发，但主要是由于内生动力与外在动力共同作用的结果。

起推动作用的内生动力是正在增长的知识，即生命科学与生物技术。起拉动作用的外在动力是不断增长的对食品、原材料与燃料的可持续供给的需求，以及减少温室气体排放应对气候变化和更高健康医疗标准的需求。综合分析欧盟以至美国的生物经济相关文献可以发现，上述需求与第一章"问题导向"中所提到的五大全球性问题的化解密切相关。

二、欧盟生物经济发展的政策脉络

1. 在生物经济的综合层面，出台一系列生物经济专项政策

2005 年欧盟委员会发布首份生物经济政策报告《以知识为基础的生物经济新视角》。报告认为，生命科学与生物技术正成为经济增长和竞争力提高的重要驱动力，能够应对人类面临的全球性问题的挑战，改善人类健康、开发环境友好型产品、提高人类生活质量；报告重点强调了将生命科学知识转化为新的、可持续、生态高效并具竞争力的产品的相关政策，及其与里斯本战略（Lisbon Strategy）、共同农业政策、第七框架计划（FP7）（2007—2013）的相互联系（policy context）。

2007 年欧盟理事会在德国发表《迈向基于知识的生物经济》（En route to the Knowledge-Based Bio-Economy）科隆报告（Cologne Paper），首先强调生物经济的外在（经济社会需求）与内在（生命科学与生物技术）驱动力；其次从工业生物产品制造、生物能源、食品及营养、生物制药等分领域描述了至 2030 年生物经济发展的前景，并对生物经济相关新概念与新技术趋势进行了展望；最后讨论了生物经济发展的障碍因素与建议。

2010 年欧盟发布《基于知识的欧洲生物经济：成就与挑战》战略报告，对欧洲生物经济当前市场和就业情况及其未来增长进行了描述，重点提出了需要整合政

策（integrated policy）、研究与创新、支持向低碳可再生生物基产品系统转换等建议。同年，欧洲生物工业协会（EuropaBio）提出《构建欧洲生物经济 2020》政策报告。

2011 年发表政策白皮书《2030 年的欧洲生物经济：应对巨大社会挑战实现可持续增长》。

2012 年 2 月，欧盟委员会发布《为可持续增长创新：欧洲生物经济》战略，旨在促使欧盟经济向更多使用可持续的可再生资源的经济形态转变。这是欧委会首次提出的涉及农业、环境和工业等多个相关部门的发展生物经济的综合战略，表明生物经济将成为欧洲的优先发展战略。根据这一战略，欧盟将实施以下三个相互关联的行动计划：①在欧盟层面、成员国层面以及私有企业层面，增加研发投入；②加强公共和私有部门之间的联系，同时建立不同产业部门的协作平台；③培育和发展生物经济市场，增强生物产业的竞争力。同年 3 月，欧盟发表《生物经济在行动的哥本哈根宣言》（The Copenhagen Declaration for a Bioeconomy in Action）行动计划，目的在于：用智慧和可持续的方式推进欧洲经济增长并创造就业。同年，欧盟智库欧洲之友（Friends of Europe）发布《生物经济的崛起》（The Rise of Bio-based Economy）的报告，该报告由此前在比利时布鲁塞尔举行的绿色欧洲论坛圆桌会议（Greening Europe Forum Roundtable）提出，有上百名来自欧盟各国的生物经济学家参与了讨论；报告为欧洲以及其他地区发展生物经济提供了诸多新思路与新方向。

欧盟在 FP7 中将生物经济、"从餐桌到农场"食品链列为优先支持领域，并先后建立了未来植物技术、生物燃料技术等一系列生物经济研究计划与技术平台。在 FP7 中，食品、农业、渔业和生物技术是其重点领域之一，该领域被称为"以知识为基础的生物经济"。作为 FP7 的"继任者"，欧盟地平线（Horizon 2020）计划（2014—2020）进一步加大了对生物经济的关注与投入。据欧盟委员会研究与创新总署生物技术部主任罗曼尼洛斯（Alfredo Aguilar Romanillos）在 2012 年第六届中国生物产业大会上介绍，欧盟正密切关注生物经济的发展，一些成员国对此形成了国家战略，并将细化成多种行动计划。在 Horizon 2020 计划框架下，欧洲生物经济将促进陆地和海洋的可再生资源的可持续生产，将其转化为食品、生物基产品、生物能源，从而增加食品供给链的弹性、可持续性和产出率，降低对石化资源的依赖，增强应对气候变化的能力，创造新的经济增长和就业机会。

2013 年欧盟提出针对生物基产业联合行动规则的政策建议(Proposal for a Council Regulation on the Bio-Based Industries Joint Undertaking）。

2016 年北欧部长理事会成员制定了与水及水生自然资源相关的共同商业目标——《北欧蓝色生物经济路线图》。

2017 年 11 月 16 日,欧盟在布鲁塞尔举办"生物经济政策日"(Bioeconomy policy day）,并发布了《生物经济战略回顾》报告。报告认为,通过实施生物经济战略,欧洲在成为更具创新活力、更高资源效率的社会方面取得重要进展,该战略促进了对化石能源为基础的产品替代,在应对全球气候变化和人口增长、保证生物资源供应和粮食安全等方面起到积极作用。欧盟拟在 2018 年对该战略进行修订,进一步加速发展生物经济。

2. 在生物经济的领域层面,出台了多项行业政策

从政策范围与行业上划分,欧盟生物经济政策包括以上综合层面和工业、医药、农业、能源、环保等的领域层面。欧盟出台的生物经济相关行业政策包括:《工业(白色)生物技术:欧洲政策议程》(2006)、《生物燃料战略》(2006)、《面向 2020 年的共同农业政策:应对食品、自然资源和区域的未来挑战》(2010)。

欧盟分别将农业、工业、医药、环保领域的生物技术按四种颜色形象地划分为绿色、白色、红色、灰色等生物技术,并认为与世界发达地区相比,除绿色生物技术相对较弱外,其他生物技术则相对较强。农业生物技术的弱项显然已成为欧盟生物经济发展的瓶颈之一,其原因并不是欧盟地区的农业不发达,而是多年来围绕转基因生物(GMOs)争论而引起的僵局(deadlock）,使得该类相关研究放缓、研究人员与设施被转移到世界其他地区特别是美国。也就是说,欧盟在转基因领域的保守政策,不仅在一定程度上阻碍了农业生物技术的研发与产业化,并影响农产品竞争力,而且削弱了生物经济长远发展的基础。

三、欧盟生物经济发展的特点

生物经济概念及其定义是进化的,明晰欧盟生物经济概念的缘起、发展动力与政策脉络,有助于理解生物经济的研发创新、生物质基础、绿色转型与绿色增长、可持续等共性的本质特点。

1. 与经济社会绿色转型结合,将发展生物经济提升至可持续发展战略高度

当代所面临的全球性重大问题,如食品短缺与营养不良、健康医疗不足、环境

污染、气候变化与节能减排等,归根到底是人类经济社会的可持续发展问题,这些问题直接与生命科学和生物技术研究及其产业化应用乃至生产模式密切相关。

生物经济最显著的基本特征就是利用可再生生物资源、通过生物过程生产可持续生物基产品。①可再生生物资源不仅包括植物、农林水产主副产品以及微生物,而且包括生产、消费及生活中的有机废弃物,例如作物秸秆、厨余垃圾。②生物过程主要是指微生物发酵和酶转化;相对于传统工业制造特别是化学工业,生物炼制及生物过程不但能够节省生产过程中的能源消耗,而且还能够减少温室气体排放,可望对传统工业产生革命性影响,促进传统工业的转型升级。③生物基产品涵盖生物能源、生物材料、生物化学品、生物制药中间体(pharmaceutical intermediates)等一系列产品。

在化石能源日渐枯竭、生产成本不断提高,以其为原料和燃料的诸多产业对环境造成污染的经济社会背景下,生物经济因利用可再生生物资源、生产过程绿色环保、产品利用后的废弃物容易降解或可回收、循环再利用等特点,而成为引领下一个经济时代的绿色生产与消费的浪潮。

欧盟属于化石能源相对短缺、创新能力强、经济社会发展水平较高、对人类生活质量与环境质量要求及相关标准较高的发达区域,特别是其中的德国、北欧一些国家,较早认识到可持续的生物经济是应对当前能源、工业生产方式、人口老龄化等相关问题,迈向更加可持续未来的发展之道,因而对生物经济给予了重点关注,制定并实施了一系列政策和行动计划。

2. 与农业多功能性相结合,通过生物经济促进农村和农业发展

欧盟农业早已走过满足基本生活的"温饱"阶段,而步入融生产、贸易、资源保育及环保、生态与景观、文化等于一体的多功能(multifunctionality)发展阶段,但其农村和农业在相对发达的起点上也面临着新的挑战,如来自美国等地的转基因技术及其产品优势所造成的农产品竞争力下降、由食品安全问题引发的恐慌等。面对生物经济的时代机遇,欧盟采取了有利于农业向多功能方向发展的政策,表现在:

(1)通过为作物创造新的非食物市场(non-food markets)使得农业更具竞争力和可持续性。由此,未来的农业用地不仅可以用来生产更充足的食物和饲料,而且生产化学品、工业原材料(industrial raw materials)与燃料,以及用于生态旅游服务,为农业创造新的就业机会。此举也将催生一批新型作物(novel crops),如能源

作物、医药与化学品等新型工业原料作物,以生产较之传统农作物具有高附加值(high added-value)的生物基产品。

(2)利用具有更广泛来源的农林水产副产品(agricultural resides)及生活中产生的有机垃圾,连同边角地种植产出的作物纤维,创造生物基产业供应链。由此建立生物炼制网及农业基础设施,通过生物质加工与生物能源工厂,为农村地区创造新的就业和收入。

(3)对转基因技术与产品采取有限度宽容政策。首先从研发阶段来看,由于转基因技术与产品潜在的巨大经济社会效益,基因组测序技术和动植物转基因技术被 FP7 和 Horizon 2020 列为重点优先研发领域。其次,从转基因生物产品市场化阶段来看,欧洲转基因保守政策已有所调整。20 世纪 90 年代,基于环保主义的流行以及疯牛病等食品安全危机对民众造成恐慌的影响,欧盟不再批准新转基因产品进入欧洲市场;2000 年,世界贸易组织裁定欧盟对转基因食品的禁令不符合国际贸易规则,在经历数年争论后,欧盟对转基因作物的态度有所改变,一直对转基因农产品持保守态度的欧洲国家,立场也开始变得较为宽容;2003 年,欧盟农业部长理事会通过新的转基因产品条例,简化了转基因产品上市审批程序,表明欧盟对待转基因产品政策的松动;2007 年后,欧盟批准转基因作物的速度越来越快,曾批准 20 余种转基因玉米品种以及大豆、甜菜、土豆等作物品种的进口。在对转基因玉米品种(MON810)发放过种植许可、并批准杜邦先锋良种公司的另一种转基因玉米(TC1507)作为食物和动物饲料进口的基础上,2014 年欧盟讨论并投票通过了 TC1507 的种植许可,包括英国在内的部分成员国批准同意种植该玉米品种。

3. 从政策与技术方面,重视生物经济发展平台建设

为推进生物经济的发展,欧盟注重从政策上给予保障,同时建立一系列平台,以支持相关领域的创新,从而形成独具特色的"政策—技术"等多平台系统。技术平台包括:可持续化学技术平台(SusChem)、未来植物技术平台(Plants for the Future)、生物燃料技术平台等。与生物经济相关的政策平台包括:FP7 - Horizon 2020、CAP、生物燃料指导计划、环境技术行动计划、生物质行动计划等。

四、欧盟生物经济发展的基本共识

自 2005 年欧盟在布鲁塞尔召开生物经济大会并发表首份政策报告以来,从

概念的形成到战略与政策的制定,再到行动计划与项目的实施,"生物经济发展在欧盟"已历12年,形成以下基本共识:为应对人类面临的全球性问题的挑战,生物经济不仅能够带来应对气候变化、绿色低碳等可持续发展新理念,而且能够提供经济社会绿色转型的多种解决方案,以致可以将生物经济作为迈向可持续未来的综合平台。

具体表现在:①生物经济能够变革工业生产方式,通过生物工艺过程,利用可再生生物资源,开发可持续的环境友好型生物基系列产品以及生物能源;②生物经济能够创造新的就业市场和收入,并为农村和农业带来新的繁荣;③发展医药生物经济,可以增进人类健康;④发展环境生物经济,可以改进污水等处理手段,净化美化环境。

第三节 德国生物经济战略与政策

德国国土面积约为3570万公顷,其中33%为可耕地,30%为森林,14%为草地;人口为8200多万,约70%以上的居民生活在10万人口以下的城镇。德国第三产业、工农业都非常发达,服务业产值占GDP比重约为70%,工业产品主要是汽车、精密机械、化工产品等,农业机械化程度很高。德国社会保障制度完善,国民具有很高的生活水平,重视经济社会可持续发展与使用可再生能源,注重能源节约与资源回收,环境优美。在农产品生产与消费理念方面,越来越多的民众崇尚"从自然中来,又回到自然中去"的"BIO产品"。

一、德国生物经济发展政策过程

欧盟生物经济发展处于世界领先水平,而德国和芬兰是其中的佼佼者。德国是欧盟生物经济的引领者,近期密集出台了生物经济战略与政策。

2009年,德国联邦政府发布《可再生资源综合利用行动计划》(Action plan of the Federal Government for the use of renewable resources)。

2010年,联邦政府通过《生物经济国家研究战略2030——通向生物经济之路》,计划2011—2016年间投入24亿欧元用于生物经济的研发应用,旨在发展可持续生物经济,以遵循自然物质循环、确保丰富多样的饮食以及通过高价值的可再生产品提高国家竞争力。

2011 年,德国生物经济理事会提出"德国生物经济优先发展主题"。

为落实《可再生资源综合利用行动计划》,进一步促进生物炼制技术成熟化和市场化,2012 年联邦教育和研究部(BMBF,简称教研部)等联合发布《生物炼制路线图》。生物炼制是从生物质原材料到生物基最终产品的关键环节。该路线图明确了生物炼制技术发展需求、政策背景、内涵体系和技术领域,分析了德国生物炼制技术发展现状、优劣势和风险挑战,规划了德国生物炼制技术未来行动领域。

2013 年 7 月德国政府批准了新的《国家生物经济政策战略》。所谓"新",系针对 2010 年战略而言。新战略聚焦五大领域:全球粮食安全、可持续农业生产、健康和安全的食品、工业再生资源利用、基于生物质的燃料;旨在通过大力发展生物经济,以摆脱对化石能源的依赖、加强环境保护、增加就业机会、实现可持续发展、提高德国在经济和科研领域的全球竞争力。

二、德国生物经济战略相关要素

《国家生物经济政策战略》进一步将发展生物经济提升为国家战略,按战略要素可将其归纳为:

1. 战略背景与环境

德国生物经济发展面临机遇和挑战。机遇主要表现在:丰富的以农业为基础的可再生资源,包括来自农业、林业、畜牧业、渔业的生物质,以及创新的微生物产品;较强的绿色生产与消费的公众意识,以及对生物经济发展的社会共识;生物技术的研发创新,包括分子育种、智能技术、生物炼制、生物信息和网络及大数据等。

挑战表现在:生物经济发展是一个长期复杂的过程,受到多种因素的影响。与许多国家类似,德国生物经济发展同样存在技术和成本瓶颈亟待突破、专业技术人才不足、产品应用面窄、社会接受程度需要提高,以及国际竞争日趋激烈等问题。

2. 战略目标

通过发展生物经济,实现经济和社会发展的转型,摆脱对石油能源的依赖,增加就业机会,提高德国在经济和科研领域的全球竞争力;在保持生物经济政策框架连续性的基础上,促进粮食安全、环境保护和可再生资源利用,保持生物多样性和土地功能可持续性。

3. 战略内容

增加可再生资源的生产和供应；加快技术和产品的创新；通过智能化价值链提升产业附加值；提高土地资源的利用效率；在全球背景下发展生物经济。

4. 战略措施

除普遍性的支持中小企业、研发集成创新等举措之外，有特色的重点措施包括：

（1）实施科研计划，包括由教研部负责实施的"生物技术创新 2020 ＋"、"创新型中小企业：生物技术"、"创新植物育种"，由农业与食品部负责的"可再生资源促进计划"、"有机农业和其他形式可持续农业计划"。

（2）融入欧盟生物经济战略，参与欧盟生物经济研究项目与示范工程。

（3）加强协调，成立部际工作组。继 2009 年成立咨询机构——生物经济理事会之后，组建生物经济发展部际工作组，由农业与食品部会同经济部、教研部等组成。

（4）建立公众对话机制。部际工作组、生物经济理事会等，通过展览、论坛、研讨会等多种形式的活动，搭建政府管理者、科研机构专家、企业技术代表与社会公众的对话平台，强化政策和科普宣传，了解消费者、社会和市场的需求，进一步凝聚生物经济发展共识。

三、欧洲生物经济示范区——来自德国萨克森－安哈特州的案例

1. 战略背景与发展机遇

在气候变化和化石能源渐临枯竭的背景下，化工产业在未来数十年内将面临原料的全面变革，转而使用可持续的生物基原料。石油等化石资源不可再生，化石基工业成本日益上升，且造成严重污染，以此为基础的经济不可持续，因而，发展以可再生资源为基础的经济，对于工业制造与环境可持续发展具有重要意义。

德国有着成熟的化学和制药工业，是欧洲工业发酵的中心。德国科技及产业界普遍认为，白色（工业）生物技术是生物经济的重要推动力。

2. 萨克森－安哈特州生物经济发展的优势

萨克森－安哈特州拥有悠久的化工传统，化工产业是其经济支柱产业之一，拥有根基深厚的化工及塑料一体化基地及五个产能突出的化工园；拥有众多研究中心和创新型企业；相关行业如林业及木材、化工、塑料工业和装备制造业等都相

互联系。

哈勒植物基生物经济科学校园(WCH)与联邦教研部尖端生物经济集群(Bio-Economy集群),均位于萨克森－安哈特州,是两所领先的生物经济机构,在生物质价值创造领域的基础研究和成果转化相结合方面发挥着核心作用。

这些条件使萨克森－安哈特州在德国乃至欧洲都处在"生物经济领域先驱者"的位置,具备生物经济发展的区位优势。

3. 战略措施

(1)创建生物经济集群,科技与经济协同发展

2014年,萨克森－安哈特州提出"生物经济集群"概念,旨在通过培育覆盖整个价值链的创新型企业、专业人才和原材料供应,推动生物经济产业的发展。通过科学界和经济界的强强联合,形成创新协同效应。

萨克森－安哈特州在生物基生产工艺方面已发展成为颇具吸引力的投资区域,并且还通过与生物经济集群等创新型网络结合,为企业提供进一步发展的巨大潜力。继弗劳恩霍夫化学生物技术工艺CBP中心、林德绿色氢能试点工厂和蒂森克虏伯多用途发酵厂建成之后,在德国面积最大的化工基地——洛伊纳基地出现了又一个"灯塔"项目,即技术领先企业"全球生物能源"(Global Bioenergies)的尖端集群项目,将推动这一化工地区的原料变革及其与现有结构的整合。

(2)优惠政策与市场化结合,广泛开展跨界合作

生物基产业属于新兴的绿色产业,具有社会公益价值和明显的环境示范效应,为此政府在研发阶段给予政策支持。

发展可持续发展的生物经济,需要政治、科学和经济界之间协调行动,在这方面萨克森－安哈特州也是先驱。在洛伊纳化工园等地,萨克森－安哈特州联合了生物基原料加工处理方面的众多研究中心、试点工厂、示范工厂,为生物经济发展创造了有利条件。萨克森－安哈特州生物经济集群已拥有来自工业界和科研界的100多个伙伴。

跨界合作方式还包括拓展海外市场。例如,2015年萨克森－安哈特州投资与市场有限公司在北京举行投资商大会,就是因为看好中国绿色经济市场,认为中国发展绿色经济正当其时,在新能源汽车、建筑节能、生物科技等领域有很大的市场空间。

(3)与农林产业结合,全生物质可持续利用

生物经济不是追求农林产品的单一用途,而是创造完整的价值链。以林业为例,除木材加工利用外,还可以从林业副产品及废弃物中提取木质素,将其作为胶黏剂和结合剂的生物基原料。再如,德国40%的山毛榉分布于中部的森林,其中大部分仅作为热能利用,也就是被焚烧了,这种单一利用方式很低效,而生物经济集群的动力就在于挖掘更具可持续性的材料利用新途径。

生物经济集群经理 Horst Mosler 认为,作为跨行业的新领域,生物经济与其他很多经济领域都可以找到关联点[1]。例如,林业和农业作为原料供应商,有利于开拓新的市场;木材和纸浆及造纸工业中的余料及副产物可以重新作为原料和配料得以利用;资源节约型的新材料也能够使建筑业受益;长远来看,化学及塑料工业可望用可再生资源取代化石资源;化妆品行业和制药行业也越来越多地使用生物基原料及方法;对于汽车行业及其供应商来说,可再生原料制造的复合材料和轻量化组件很有吸引力。

第四节 芬兰生物经济战略与特点

芬兰是中小型国家发展特色生物经济的典型代表。芬兰生物经济战略与政策及其实践走在欧盟前列,也在世界前列,具有示范引导价值和普遍性意义。对芬兰林业特色生物经济战略与政策及其特点进行解析与归纳,对于促进国家或地区特别是林业资源富集区的生物经济发展及产业绿色转型,具有参考价值与借鉴意义。

一、芬兰生物经济战略要素解析

1. 发展环境与战略背景

芬兰地处北欧,土地面积为33.8万平方公里,人口约540万,面积与人口分别相当于中国的云南省和青海省。芬兰是欧盟乃至世界先进的工业化国家,经济比

---

① 中国环保网.德国生物经济的未来已然展开——记者对 BioEconomy 集群经理 Horst Mosler 的采访.[2015-9-17/2017-9-5].http://www.chinaenvironment.com/view/View News.aspx? k=20150917092603553.

重最大的是服务业,占65%,其次是制造精炼,占31%,初级生产约占4%;主要工业产品包括纸和纸板、电子产品和金属制品。

芬兰缺少石油和天然气资源,但森林面积约占国土75%,林业是芬兰传统的支柱产业和最重要的原材料资源。芬兰拥有发达的基础设施、先进的教育水平、高素质的劳动力,以及利于创新和投资并具竞争力的商业环境,为生物经济发展提供了良好的基础条件和智力资源。

为应对食物、能源与全球环境等可持续发展面临的挑战,促进芬兰经济绿色增长,在欧盟生物经济战略与政策的引导和影响下,芬兰在2009年《自然资源战略》基础上出台了《迈向生物经济:作为概念和机遇的生物经济》(2010)、《可持续生物经济:芬兰的潜力、挑战和机遇》(2011)、《分布式生物经济——可持续增长的驱动力》(2011)等一系列政策性研究报告,并于2014年制定了专门的《芬兰生物经济战略》(以下简称《战略》)。

《战略》从统计角度将芬兰生物经济划分为以下领域:农业与食品;生物基产业,包括林业、木材工业、制浆造纸、木结构建筑、生物化工、生物医药;可再生能源;水处理;生物经济服务,包括自然旅游、狩猎和捕鱼。按上述领域统计,以林业及制浆造纸为核心的生物基产业产值约占生物经济产值的50%,其次是食品、农业、可再生能源;在芬兰的总出口额中,1/3来自于生物经济——其中约2/3来自于涉林产业。即便未计入生物经济技术产业(technology industry)的产出及其就业人数,2011—2013年芬兰生物经济产值也超过600亿欧元/年——占经济总产值16%以上,就业人数超过30万——占芬兰总就业人数10%以上。

2. 生物经济发展理念与战略指导思想

针对自身国土面积及位置、化石能源缺乏、气候寒冷等资源条件与问题,以及应对数字化对纸张需求减少、气候变化的挑战,芬兰倡导的新可持续发展理念认为:解决这些问题的答案在于大力发展生物经济;生物经济能够促进芬兰经济绿色增长与就业,并增进芬兰人民的社会福利。

芬兰生物经济发展具有全球视野。芬兰认为,到2030年全球需要增加50%的食物、45%的能源以及30%的淡水,生物经济是解决人类面临的资源短缺、全球变暖、人口增长等问题的最佳方案,也是芬兰未来发展的方向。

芬兰创新基金会(Sitra,the Finnish Innovation Fund)研究认为,生物经济超出了生物基产品与生物技术范畴,进而归纳出对生物经济的三个层次的理解:

（1）生物经济是与可持续资源利用相关的新兴商业领域（business area）；

（2）生物经济是应对气候变化、资源紧缺等诸多问题的社会战略（societal strategy）；

（3）生物经济是改变人们思维和可持续生活方式的新的经济社会系统（economic and social system）。

"生物经济是一个整体性的社会经济系统，从全局出发对工业生产过程、工作和福利进行统筹考虑。"①作为全球知名的生物经济专家，芬兰国家技术研究中心（VTT）战略研究负责人安奈·克莉丝汀·瑞切科夫（Anne-Christine Ritschkoff）的上述观点具有代表性；她还认为，生物经济不仅与环境的可持续性有关，而且关系到整个经济的可持续发展。

3. 战略愿景、目的与目标

《战略》提出 2025 年愿景是：可持续的生物经济的解决方案（sustainable bioeconomy solutions）是芬兰福利和竞争力的基础。

《战略》于 2014 年启动，旨在推动芬兰经济在生物与清洁技术重要领域的进步，引领芬兰走向可持续、低碳和资源高效（resource-efficient）的社会。战略目标是：在保证自然生态系统运行条件下从增加生物经济商业和高附加值产业与服务中创造新的经济增长和就业；具体到指标上就是：将芬兰生物经济年产值从目前的 600 亿欧元提升到 2025 年的 1000 亿欧元，并创造 10 万个新的就业岗位。

4. 战略内容

芬兰生物经济战略包括四个方面的重点内容：

（1）为生物经济发展创造有竞争力的良好环境；

（2）通过风险融资、创新实验、跨领域合作等方式刺激新的生物经济领域的商业行为；

（3）通过教育、培训和研发提升生物经济的知识储备；

（4）保障生物质原料的供给和可持续利用。

5. 生物经济发展的行动计划与战略措施

针对上述内容，《战略》提出了带有职能部门分工负责的行动计划与措施。芬

---

① 詹姆斯·珀金斯. 前景无限的芬兰生物经济. ［2014 – 08/2017 – 09 – 05］. http://finland. fi/zh/shangyeyuchuangxin/qianjingwuxiandefenlanshengwujingji.

兰就业与经济部为实施协调部门,其他参与部门有:农业与森林部、教育与文化部、首相办公室、财政部、环境部。

(1)围绕"为生物经济发展创造有竞争力的良好环境"的计划与措施包括:预测生物经济方案(bioeconomy solutions)的全球需求并绘制芬兰生物经济发展路线图;通过立法、采购政策及成立国家生物经济协调小组(national bioeconomy panel)等引导手段或工具以支持新的生物经济解决方案;改进公共采购政策,激励用可再生自然资源替代不可再生资源;促进社会对可持续的生物经济产品与服务的需求;提倡生物经济解决方案的标准和认证系统;为绿色城镇的生物经济解决方案提供智慧发展环境;为促进国际生物经济发展与合作提供芬兰示范样板。

(2)围绕"通过风险融资、创新实验、跨领域合作等方式刺激新的生物经济领域的商业行为"的计划与措施包括:增加生物经济领域的风险资本和创新投入;实施新兴生物经济解决方案的试点示范项目;发展生物经济跨部门、跨地区、跨领域的合作平台;提高商标管理、知识产权、设计等无形资产的创造水平,以增加生物经济产品和服务的附加值。

(3)围绕"通过教育、培训和研发提升生物经济的知识储备"的计划与措施包括:革新教育内容,培育生物经济跨领域人才;通过国内外跨领域合作研究,提升生物经济竞争力。

(4)围绕"保障生物质原料的供给和可持续利用"的计划与措施包括:保障生物质的有效供给,以满足成长中的生物经济之需;开发更多与生物质资源相关的生态高效利用知识。

除了上述《战略》中列举的行动计划与措施外,其他已经或正在实施的战略性举措还有:

(5)组建的芬兰自然资源研究所。2015年将芬兰森林研究所(Metla)、芬兰农业食品研究所(MTT)、芬兰狩猎与渔业研究所(RKTL)以及芬兰农林部信息中心(Tike)合并,组建芬兰自然资源研究所(Luke)。目的在于:通过加强自然资源研究,寻求可持续的集成方案,为发展生物经济和建设福利国家提供知识、技术诀窍和创新成果等基础保障。该所已成为芬兰国内仅次于芬兰国家技术研究中心的第二大政府研究机构,也是欧洲最大的生物经济专业研究机构之一。

(6)与农村可持续发展相结合。分布式生物经济是实现经济增长与农村可持续发展相结合的新型方式。在传统的经济观念中,农村往往是以"补贴的接收者"

的面貌出现,而通过生物经济能够促进农业复苏和农村经济可持续发展,并减少农业对环境的负面影响,将其变成生物基新型产品和服务的主动生产来源或主要供应方。

二、芬兰生物经济发展的特点

丰富的森林资源、创新的工业生物技术、高素质人力资源,以及与构建可持续社会使命相关的"可持续的生物经济"替代理念,是芬兰生物经济战略与行动走在国际前列的四大因素。其中,森林资源是芬兰生物经济发展的基础和特色;生物质优化利用技术及强大的工业基础设施是芬兰生物经济竞争力的核心;可持续的生物经济发展理念是芬兰生物经济具全球视野并领先全球的指导思想。正是基于这些因素,芬兰生物经济形成了以林业生物质为依托的鲜明特色。

1. 智慧"全生物质"产业链模式

芬兰生物经济采用"全生物质"产业链模式,注重智慧生物质开发利用(smart biomass exploitation)。"全生物质"的"智慧"之处在于:

(1)生物质的来源,不仅包括木材等林业主产品,而且包括树冠、树枝和根,以及来自于种植业、畜牧业、食品工业的有机废弃物;

(2)在保持森林资源可持续、减少对环境产生负面影响的前提下,优化统筹开发、高效循环利用生物质的原材料功能,以及其中的营养和能源功能;

(3)生物质循环利用,将上游产业或其生产过程中的有机废弃物(biowaste)作为下游产业的原料或肥料;

(4)运用清洁技术,以生物质炼制产业替代相关化石基产业,促进相关产业的绿色转型。

以芬宝公司规划项目为例①加以阐明。该公司拟于2017年在艾内科斯基(Aanekoski)建成新一代生物制品厂,计划投资12亿欧元,是芬兰林业史上最大的投资项目,也是北半球最大的木材加工厂。该厂计划完全不使用化石燃料,所需能源全部由树木等生物质原料提供,产品包括130万吨纸浆/年、生物能源及各种新型生物材料。同样属于该公司的约采诺(Joutseno)制浆厂的生物精炼系统,已

---

① 张其瑶. 芬兰造纸业的生物经济之路. [2015 - 11 - 29/2017 - 09 - 05]. http://news. sciencenet. cn/htmlnews/2015/11/332791. shtm.

经验证"完全不使用化石燃料"的可行性。该系统将纸浆生产过程中使用可再生木材原料产生的副产品木片和树皮,用制浆过程中剩余的热量进行干燥,然后传输到气化装置,使木片和树皮气化,提炼成浓度不低于95%的甲烷,最终产品的成分完全符合天然气标准。约采诺制浆厂能源自给率达到175%,多余的能源提供给约采诺市及周边农村用于供电和供暖。可见,该"生物质一体化工厂"项目,堪称全球制浆造纸企业绿色转型升级的典范。

2. 涉林产业生态融合

《战略》认为,传统产业的边界将变得模糊,林业的可持续开发利用将促使林业与能源、化工、建筑等相互间形成共生关系(symbiotic relationships)。产业生态融合是芬兰生物经济的最大特色,即将传统的林业、能源产业与化工产业融入新的生态系统。在该生物经济系统中,树木等生物质原料被精炼成传统和新型林产品、生物燃料及化学品;并规划将建筑、食品与纺织产品更加紧密地整合纳入该生态系统。

3. 创新化工商业模式

生物经济正在为化工产业带来新的可持续的商业模式,通过整合工艺化学、生物过程和纳米技术可以集成新的生物质炼制技术,进而引发传统化工产业革命。目前芬兰化工产业生物质原材料比例为7%,预计2025年将达到欧洲规划份额30%。届时,基本化学品和高度精炼产品都可以使用可再生原料进行生产,基于石油的化工产品将被基于生物质的化学品、药品、化妆品、涂料、黏合剂、燃料和塑料所取代,从而实现化工产业绿色转型。

第五节　美国生物经济战略与政策

一、美国"生物经济"概念的缘起

以《开发和推进生物基产品和生物能源》总统令[1]为标志,1999 年 8 月美国政

---

[1] U. S. President. Developing and promoting bio-based products and bioenergy. The White House, Washington DC,1999.

府正式提出"以生物为基础的经济"即"生物经济"概念。此前,有研究人员提出涉及到生物经济的观点,例如:基因组学等新的发现与应用,将导致分子－基因革命,使医药、健康、农业、食品、营养、能源、环境等产业发生重组和融合,进而导致世界经济发生深刻变化①。国家农业生物技术委员会(NABC)主席 Ralph Hardie 在德州农工大学召开的农业项目年会上预测认为,通过利用植物等可再生资源,美国将能够在改善环境质量的同时实现能源、化工和材料的自给;以生物为基础的经济将能够促进农村地区发展,随着农业产品的生产转换,利用植物生产如生物燃料等产品将在作物种植中占有一定的地位②。

2000 年 5 月,NABC 发表《21 世纪基于生物的经济:从农业扩展到健康、能源、化学和材料》的主题报告。这一主题彰显了农业正面临新的变革,生物经济将导致农业拓展到彼时的"非农"领域。几乎同时,斯坦·戴维斯和克里斯托弗·迈耶在《时代》杂志上提出了生物经济(bioeconomy)和生物经济时代(bioec era)的正式概念③。同年 12 月,联邦政府部门间生物质研究和开发委员会发表《促进生物经济革命:基于生物的产品和生物能源》战略报告。至此,生物经济的概念基本形成。

二、美国发展生物经济的出发点与生物经济领域演变

1. 美国发展生物经济的出发点

2016 年美国发布《联邦政府机构生物经济活动报告》,描述了截至 2015 年 10 月的联邦政府 8 个部门为发展生物经济所采取的政策行动④。依据该报告,美国发展生物经济的出发点是:为了生态环境、社会和国家安全,通过可再生生物质资源的可持续利用,来实现产业转型。该报告认为:生物基产品能减少温室气体排放,相较于以化石燃料为基础的产品,更有利于生态环境改善,并可从大气中回收碳以缓解全球变暖;而且可减少对国外石油的依赖,有利于美国能源安全,有利于在农村创造就业机会。

---

① Juan Enriquez. Genomics and the World's Economy. Science,1998,281(5379):925 – 926.

② AgBiotech Reporter. 'Bio-Based' Economy Predicted. AgBiotech,1999,16(2):2.

③ Stan Davis,Christopher Meyer. What will replace the Tech Economy. Time,2000,155(21):76 – 77.

④ 张利明,赵金成,曾以禹等. 美国涉林部门为生物经济发展作出巨大贡献. 中国绿色时报,2016 – 07 – 13(03).

报告分析表明:10 亿吨生物经济产品每年可以减少排放 4 亿吨 CO_2 当量,相当于目前美国排放量大约减少 8%;生物经济能优化土地利用,有助于减少养分流失、水土流失和减少水的用量;还能挖掘不可再生资源的市场价值和对废物再利用。

报告指出,联邦政府强调:除生物燃料外,其他生物制品、可再生化学品也是生物经济的重要组成部分。尽管美国是生物经济全球领导者,但目前仍处于起步阶段。转型很有必要,要从基于化石燃料的经济,转到以生物质扮演关键角色的可持续和可再生能源利用的经济模式。

2. 美国生物经济领域演变

在生物经济概念进化并日益明晰的同时,生物经济涵盖的内容也趋于丰富,领域范围逐步扩大。起初发展生物经济的关键动因之一是能源安全,即增加能源的独立性,降低从世界不稳定地区进口原油的依赖;同时将工业生物技术发展作为关键战略目标之一。在 2002 年农场安全和农村投资法案中,对生物经济的定义偏窄,主要限于生物基产品。在 2008 年食品、保育和能源法案中,对生物经济的领域进行了拓展。2008 年后,美国生物经济发展的重点领域开始拓展到既包括生物能源,又包括生物基化学制造和国内生物产业创造,同时增加了对农业与农村发展之于生物经济发展重要性的关注。例如:2008 年美国召开生物经济会议,主题为"生物经济对环境和农村发展的影响"(Transition to a Bioeconomy:Environmental and Rural Development Impacts)。此外,生物医药一直是美国生物产业和社会发展的重点领域,逐渐也被纳入到生物经济产业体系之中。

以上概括与近期发表的《联邦政府机构生物经济活动报告》中的观点本质上基本一致。该报告将美国生物经济的主要领域定位在:生态环境、农业发展、能源安全、医学健康等四个方面[①]:

(1)生态环境领域。美国正大规模开展生态环境治理与恢复的现代生物技术研究。微生物及其成分被用来为受到污染的生态系统解毒。生态环境恢复领域的技术和经验积累,可使严重退化地区的生态系统得以恢复并发挥正常功能,让生态系统从大气中清除 CO_2、增强固碳能力。纺织品等行业已经从使用石化产品

---

① 张利明,赵金成,曾以禹等. 美国涉林部门为生物经济发展作出巨大贡献. 中国绿色时报,2016 – 07 – 13(03).

原料转向使用生物基原料,成本更低也更清洁。从传统植物育种到生物燃料、石油替代品,生物系统和生物的快速设计和使用能力,将大大促进未来生物制造业的发展。可见,该领域包含了部分生物制造。

(2)农业领域。包括研发耐旱作物等育种技术和生物防治技术。以玉米虫害生物控制技术为例,1000万英亩农田的产量收益,每年可额外增加2.31亿美元,减少杀虫剂使用550万磅。

(3)能源领域。农林业育种实践和生物技术创新,以便开发适合能源加工利用的新型植物、新的生物质原料以及新工艺技术。

(4)美国生物经济还包括生物技术在医学健康领域的应用。

三、美国发展生物经济的优势

美国拥有世界约50%的生物技术公司和生物技术专利;生物技术产品的销售额占全球90%[①]。无论是在研究水平和投资强度,还是在产业规模和市场份额上,美国生物经济发展均领先于世界。集成、系统且高强度的研发;产业规模化与市场全球化;与创造新的就业岗位紧密结合,已成为美国生物经济发展的三大特色。这些特色的形成与其发展生物经济的优势密不可分。

1. 生命科学与生物技术的集成创新优势

生物经济受到来自科学发展与技术进步的内生驱动。美国在生命科学与生物技术的各个领域具有全面领先的优势。促进美国生物经济成长的技术系统包括:相对成熟的基础技术、正在成长的新兴技术,以及目前尚无法设想的新技术。联邦政府提出的生物经济战略认为,美国过去的生物经济成长在很大程度上归功于遗传工程、DNA测序、生物分子自动化高通量操作等三大基础技术。这些相对成熟的技术还具有巨大的应用潜力,而另一些重要的新兴技术如合成生物学、蛋白质组学、生物信息学、计算生物学等早已在美国开始了前瞻研究与超前布局。这些新—"旧"技术的结合将构成相对完备的综合技术体系,有助于研发的系统集成,共同促进美国生物经济的增长。

2. 资本市场和投融资手段

生物经济的关键之一就是不断加深对生命系统的了解,越来越依赖于创造性

---

① 张国庆. 生物经济的美国经验. 北京青年报,2009 – 06 – 28(A3).

交叉学科的努力,需要冒险的跨学科项目的支持,因而新的融资机制对生物经济发展至关重要。

美国融资手段丰富,风险投资力度大。相对完善的资本市场,为企业家精神与创新文化提供了成长沃土,使具有创新精神的科学家和甘愿冒险的企业家层出不穷;大企业愿意为长远的未来展开超前布局。

部分大企业超前布局与绿色能源有关,目的在于抢占绿色经济"浪潮"的高端,为掌控下一轮游戏规则铺垫,如 GE 的绿色能源、IBM 的智能地球、Google 的能源优化等项目或计划。以藻类燃料研发为例,比尔·盖茨的级联投资有限责任公司和洛克菲勒家族的 Venrock 等多家风险投资公司,对成立于 2007 年的蓝宝石能源(Sapphire Energy)企业投资了数千万美元。在短短的几年内,该企业已成长为藻类研究的领军企业,不仅培养了藻类 4000 多种不同菌株,而且生产出供喷气式飞机使用的藻类航空燃料。2009 年埃克森美孚石油公司与合成基因组公司合作组建伙伴企业,利用风险投资研发藻类燃料萃取和生长技术。

3. 农业资源与农产品优势

美国耕地、淡水及能源等资源非常丰富,现代化的经营方式创造了规模化和集约化生产能力,农产品产量巨大,许多大宗农产品出口均居世界第一。美国农业为生物经济发展提供了充足的物质基础,由于耕地集中连片,农业副产品、废弃物数量多且分布相对集中,可以大大降低生物质原料的运输成本。在植物育种、植物遗传学与基因组学、土壤科学、微生物学、生物防治、入侵物种及有机农业等领域的数十年的进步,使美国现代农业成为一个充满活力的行业。

四、美国生物经济政策的演进过程

自 20 世纪末到 2016 年奥巴马政府届满,美国历届政府都非常重视对生物基产品的开发利用。例如,1999 年克林顿签发了《开发和推进生物基产品和生物能源》的总统令,敦促由农业部、能源部、国家科学基金会、环保署、内务部和科学技术办公室等部门组成生物质研究和开发委员会,建立一套以生物基产品和生物能源为目的的激励措施。2007 年小布什政府发表《生物质技术路线图》。奥巴马在其上任伊始即开启"绿色新政",2009 年在国家科学院年会上指出:能够领导 21 世纪全球清洁能源的国家将能够领导 21 世纪的全球经济;在 2010 年初发表的国情咨文中再次强调美国将成为"引领清洁能源经济的国家"。

先后出台的具有代表性的生物经济战略与政策报告包括：

2000 年 12 月，美国政府提出《促进生物经济革命：基于生物的产品和生物能源》战略性计划。

2007 年，美国生物经济研究会发表《基因组合成和设计之未来：对美国经济的影响》战略报告。

2009 年，国家研究理事会（NRC）发布《为了 21 世纪的新生物学：保证美国在正在到来的生物学革命中领先》（A New Biology for the 21st Century：Ensuring the United States Leads the Coming Biology Revolution）的战略报告。

2011 年，联邦政府发布《能源安全未来蓝图》，提出了确保美国未来能源供应和安全的战略；农业部发布关于生物经济指标（Bio-based Economy Indicators）的政策报告。

2012 年，白宫发布《国家生物经济蓝图》，该战略是 1999 年以来美国生物经济战略与政策的集大成。至此，生物经济已与清洁能源安全、经济可持续增长、增进国民健康、农业及农村发展、创造就业等紧密结合起来。恰如《科学进步》（Science Progress，美国进步中心所属）在白宫发布《国家生物经济蓝图》时所称，一个更强大的生物经济能够带来一系列好处：使美国国民更加健康长寿；开发利用新的生物能源，减少对石油的依赖；应对关键的环境挑战；促进制造过程转型；在创造新产业与就业岗位的同时增加农业部门生产效率与范围[①]。

2016 年 2 月，由美国能源部、农业部等组成的生物质研发委员会（The Biomass R&D Board）发布《生物经济的联邦行动报告》（Federal Activities Report on the Bioeconomy），旨在通过生物燃料、生物基产品及生物质动力系统（biofuels，bioproducts and biopower）的开发利用和生产，强调更强大的美国生物经济的重大潜力，并使公众认识到联邦政府发展生物经济的宽领域的资助活动。12 月政府出台《为了繁荣和可持续的生物经济战略计划》（Strategic Plan for a Thriving and Sustainable Bioeconomy）。

从以上战略与政策的出台过程可以发现，美国生物经济政策的演变经历了从 21 世纪初的生物能源与生物基产品并举，到约自 2008 年后的生物能源与生物基

---

① Science Progress. White House Releases National Bioeconomy Blueprint. ［2012 – 04 – 26/ 2017 – 09 – 06］. http://scienceprogress. org/2012/04/white-house-releases – national-bioeconomy-blueprint.

产品以及生物医药、农业与乡村发展、环境保护等多方位共同发展的两个阶段。

五、生物经济战略目标与政策措施

1. 战略目标

美国政府在《国家生物经济蓝图》中提出了发展生物经济的五项战略目标：

（1）加大生物学领域研究与开发（R&D）的资金支持力度，鼓励创新，为未来生物经济发展奠定坚实基础。

（2）加速研究发明向市场转化，明确转化活动职责，加快生物发明（bioinventions）从实验室向市场的流动。

（3）加快制定法规和修改现有条例，以减少生物经济发展的障碍，提高管理过程的可预见性，在保护人和环境健康的同时削减成本。

（4）更新培训项目，将学术研究机构的激励措施与人员培训相结合，促进相关学术研究机构结盟，并激励学生积极参与国家劳动力所需的各种培训。

（5）促进公—私合作和竞争前合作，鼓励竞争者共享资源、知识和专业技能，促使整个生物经济在更大程度上受益。

2. 政策措施

美国发展生物经济采取了不同层次相互协调的政策措施。《国家生物经济蓝图》提出的综合性政策措施围绕以下五个方面：

（1）加强研发工作的协调与集成，从战略上促进国家生物经济研发计划。具体包括：扩展、推进生物经济关键技术，即促进合成生物学等新兴基础技术的跨部门合作，特别重视与生物质开发利用相关的前沿技术，注重新兴技术的开发及其与现有技术的结合；融合各学科研究方法，优先支持更多的多学科研究，使生物研究能够集合物理学、化学、工程学、计算机科学和数学等学科的专长；完善支持创造性、高风险、高回报研究的资助机制，鼓励对生物经济增长具有潜力的生物发明。

（2）促进成果转化，加速生物发明从实验室走向市场。具体包括：鼓励创新、创意与企业家创业，加强成果转化和技术转移的相互协调与战略投资；整合产学研资源，增强大学的创业活动；实施联邦政府采购政策，创造生物基可持续产品市场并增加农村就业岗位。

联邦政府采取的鼓励生物基产品研发及市场化的采购政策及其措施，对于生物经济发展发挥了引导作用。例如,2002 年农业部出台联邦政府生物基产品优先采购计划,规定联邦政府机构及其承包商优先购买含有最高生物基含量的产品;2011 年农业部正式推出生物优先(BioPreferred)认证的生物基产品标签计划。标签包含标识和生物基含量,申请者无需支付费用,但是为了证明其产品的生物基百分含量,必须提交由 ISO17025 认证实验室提供的 ASTM D6866 报告,取得此报告会产生相应的费用。生物基产品标签计划有助于促进生物基产品的商业化和市场销售,同时也有助于买家在采购过程中确认此类产品。"这些产品有很大的潜力,能够为农村社区创造绿色就业机会,增加农产品的价值,减少对环境的影响,同时,减少对进口石油的依赖。"①

(3)完善规章和监管过程,加强联邦机构与利益相关者合作。具体包括:①完善规章和监管过程,即以适度的技术规制,减少生物经济创新过程中的规制障碍(regulatory barriers),以促进未来生物经济目标愿景的快速安全实现。②通过联邦机构与利益相关者合作,增加规制过程的透明度、一致性和可预测性,在精简程序、降低成本的同时,确保安全和公众健康利益。例如,根据 2011 年奥巴马总统发布改善监管和监管部门审查的行政令,农业部简化并改进了风险评估与规章制定的流程,以及转基因生物体的审批程序。

(4)联邦各机构鼓励企业参与教育项目制定;鼓励研究机构创业、调整培训项目,为生物经济发展提供持续的训练有素的劳动力支撑。

(5)联邦各机构鼓励产学研合作、公—私合作和竞争前合作,完善科学研究、技术发明和产业投资的创新型体制。

其他前瞻性举措或政策导向包括:

(6)促进第一代生物能源向第二代生物能源的转变,积极研发第三代即藻类生物能源。即使是在耕地资源丰富的美国,第一代生物能源如以玉米为原料的燃料也被政策所限;开发第二代生物能源的主要目标是通过完善技术并加强技术集成,提高转化效率,以降低成本,并通过政府采购等优惠政策,促进产品市场化;第三代生物能源正在超前部署,以便形成产业接替。如 2013 年 1 月,美国能源部设立藻类生物燃料研发项目,以支持有关提高藻类培植系统生产力、提高能源效率、

---

① 曹海红. 美国农业部推出生物基产品标签. [2011 - 01 - 27/2017 - 09 - 06]. http://www. efu. com. cn/data/2011/2011 - 01 - 27/354164. shtml.

降低藻体收获成本等基础研究;2017 年能源部再度资助藻类生物燃料研发项目。但特朗普政府可能会作出削减生物能源研发经费等不利于可再生能源的政策。

(7)重新评估农业在生物经济中的角色定位,应对新的农业革命。农业在生物经济中仍具有基础性地位与作用,这是由生物质在生物经济中的基础地位以及农业与生物间的天然关系所决定的。以农业生物质(agricultural biomass)为基础的生物经济正在美国兴起,将有助于提高能源的独立性,并使经济更加"绿色"[①]。未来农业可能会因生物经济而发生重大转型,美国农业可能转型为既生产生物燃料又生产食物和纤维的现代农业,为此应准备迎接一场新的农业革命。通过生物技术改进作物性状,生物—化学基催化过程将会在未来的农业中扮演更为重要的角色。对此,农业部预测将会出现两类技术:一是那些利用微生物催化剂直接将原料(糖或脂)转换为广泛系列的具有商业价值的产品的技术;二是那些本身是未知的原料,可生产单一的诸如乳酸或甘油这样的化学中间体,之后可转换为最终产品[②]。

六、美国生物经济发展案例

美国生物经济在技术、资本、农业以及政策等方面具有显著优势,并且已在生态环境、经济社会包括就业、能源安全等方面产生了良好的效益。美国生物经济发展的案例众多,在此选两个有代表性的案例:一是来自领域部门;二是来自企业。

1. 美国涉林部门如何参与生物经济发展[③]

(1)美国林业深度参与生物经济发展,主要表现在两个方面的培育:

一是培育了大规模生物质能源产业。2005 年,美国斥资超百亿美元促进能源多样化,生物燃料是其中之一;各地不断出台的限排法令也促进了生物燃料的快速发展。过去 10 多年,生物燃料需求激增,东南部建成了 20 多家加工厂和配套港口设施。能源信息管理局的报告显示,美国从 2012 年起成为世界最大的木屑颗粒燃料出口国;2012—2014 年间,木屑颗粒燃料出口从 200 万吨增长到 440 万

① N. Jordan, G. Boody, et al. Sustainable Development of the Agricultural Bio-Economy. Science, 2007(June 14), (316):1570 – 1571.

② The White House. National Bioeconomy Blueprint. 2012:10 – 11.

③ 根据以下资料整理:张利明,赵金成,曾以禹等. 美国涉林部门为生物经济发展作出巨大贡献. 中国绿色时报,2016 – 07 – 13(03).

吨。在美国东南部的罗诺克河流域,每天数十辆卡车将刚砍下的橡树和杨树运到工厂加工成木质颗粒,最终被送往欧洲发电厂。欧洲为减少化石燃料依赖,对采用生物质燃料的企业提供补贴。

国际社会应对气候变化的政策,将进一步推高对生物燃料的需求。全美最大的生物燃料生产商 Enviva 从 2004 年成立以来,在 4 个州建了 6 个加工厂,在大西洋沿岸切萨皮克湾拥有自己的深水码头,每年输出约 150 万吨生物燃料。

二是培育了生物制药产业。在过去几十年里,美国对药用植物产品的需求出现前所未有的增长。药用植物的销售为急需收入的农村采集者解了燃眉之急,并培育了数十亿美元的产业。

(2)美国林务局通过可持续管理和利用森林草原,正在实施以木质生物质利用为主的能源战略,以帮助应对能源挑战。具体表现在三个方面的支撑:

一是为生物经济提供原料支撑。全球工业原木的 7% 是由美国南部生产的,美国处于领导地位。有 5000 多种产品产自树木,除木材和纸外,大部分产品为生物基产品,包括常见的沥青、焦油和松脂以及新型产品,如生物能源、化妆品、香水、松油等。美国林务局木材利用项目从减少危险可燃物和森林恢复及管理活动中,提供了大量的木质生物质原料。2011 年,采伐残留物总量达 1.05 亿立方米,即使留下部分残留物用于营养循环和土壤保护,其他采伐残留物仍有很大的利用潜能,可作为木质能源的重要来源。

二是为生物经济提供技术支撑。林务局研究人员正在研究开发可持续的森林生物质管理和生产系统、生物能源和生物制品的转化技术、决策和政策分析的工具。

三是为生物经济提供信息支撑。林务局重视生物量、木材产品和木材能源利用,鼓励市场开发木质生物质,并为商业开发和决策提供了高质量的数据。林务局的活动帮助降低投资风险,提供可持续的原料,开发新产品和高效燃料。这些活动有助于美国的能源安全,改善环境质量,创造经济机遇。

2. 杰能科生物经济与可持续发展案例①

生物经济能够通过生物技术将来自植物的可再生原材料转化为现代社会所

---

① 根据杰能科公司资料归纳整理,参见:http://www.genencor.cn/sustainability/thebiobasede-conomy,2017 - 09 - 07.

需能源和产品,其原材料主要是通过耕种而不是挖掘来获取。在生物经济方案与工业流程中,从生物中提取的可再生碳取代了来自恐龙时代的化石碳;生物学取代了地质学;生物工艺取代了传统的化学合成工艺——向生物经济的转变已现端倪。这便是"生物经济与可持续发展"的一个案例:杰能科公司(以下简称"杰能科")。

(1)杰能科的基本情况。美国杰能科是丹尼斯克公司的子公司,也是工业生物技术领域的开创者之一。早自 1982 年,就致力于酶制剂的开发、生产和应用。杰能科在全球拥有 10 家制造基地,在 80 多个国家或地区开展业务,全球员工达 1475 人。2011 年 5 月杜邦收购了丹尼斯克的大部分股权,包括杰能科公司;现在,杰能科公司的酶和酶产品生产在杜邦工业生物科学部内部运营。

(2)杰能科的经营理念。杰能科认为,"白色生物技术"(或称将生物基因用于工业领域,即前述的工业生物技术)将成为创造更加环保的产业的关键推动因素;生物技术和工业酶制剂的开发是推动生物经济发展的关键创新因素。通过开发和使用工业酶制剂,许多行业可以使用可再生原材料生产更多更高效或者更环保的产品。采用农副产品制成的燃料乙醇可以替代矿物燃料,同时生物精炼厂也将逐渐取代炼油厂来生产燃料、化学品和塑料,满足可持续社会需求。

这不是一个突如其来的转变。杰能科用了近 30 年的时间来推动环保产业的发展。"生物经济,存在于我们的基因中。"

在最近的一项调研中,杰能科与世界各地大量科研和生物技术人员进行了交谈,揭示出三项核心理念:

· 我们设计和运营细胞工厂的创新方法,可以为工业流程快速生产工程酶制剂。

· 我们的"一切皆有可能"文化,激励团队通过协作努力获得新的发现。

· 公司上下都坚信"白色生物技术"对工业环保具有积极的影响,并可提高全球家庭的可持续发展。

(3)杰能科的战略目标。杰能科的目标是成为推动生物经济的解决方案的开拓者和创新者。作为变革的促进者,杰能科致力于为全球家庭的可持续发展带来积极影响。通过与其他志同道合的企业共同创新和协作,已经能够综合解决业务中存在的社会问题、环保问题和经济问题,有助于应对 21 世纪的一系列全球性问题的挑战。未来的目标是更好地满足社会对于食品、健康、能源、燃料和化学品的各种需求。

（4）杰能科的生产经营领域。杰能科通过开发和推广创新的酶制剂和生物解决方案，以改善酶在从洗涤工业到运输燃料工业等多领域的作用，减少对环境的影响；还开发和生产用于食品、饮料和动物营养品的酶制剂产品，并使用丹尼斯克品牌进行销售。

利用领先的酶技术和蛋白质工程技术，杰能科协助许多行业生产出对维持地球可持续发展有积极影响的产品。先进的蛋白质工程技术可以通过使用植物和农业废弃产品的非食物性蛋白质代替矿物燃料，使生物精炼成为现实。杰能科的产品可用于：

· 清洁衣物和餐具。

· 使牛仔裤穿着更舒适并呈现打磨效果。

· 将玉米淀粉转换为可用于饮料的甜味剂，或转换为车用乙醇。

· 提升动物饲料的营养价值。

作为工业用酶开发商和制造商，杰能科与多方建立了战略合作关系，以便在诸如生物燃料、生物化学品和特殊蛋白质等领域中开发突破性技术。通过与客户、技术带头人和其他利益相关者合作，杰能科的尖端生物技术平台可以为全球提供具有竞争力并且环保的解决方案，从而也使自身成为新兴的生物经济的重要参与者。

由此可见，杰能科的业务范围涉及农业及食品、营养、生物基资源、生态环境等领域——与"农业拓展、生物质相关产业边界淡化及融合发展"的生物经济时代特征何其吻合——与其说是产业绿色转型的偶然，不如说是绿色经济时代的必然。

（5）杰能科的可持续价值与意义。人们以往的观念是，工业制造中必须使用矿物燃料来生产我们赖以生存的各种产品。生物经济的概念改变了这一看法。农业界和研究机构不断取得新进展，他们所做的大量工作证明：农业部门完全可以承担未来可持续发展的重担。

当20年后回首往昔，我们可以看到生物科技在工业可持续发展进程中的作用。我们相信，到2050年，91亿人口将生活在一个欣欣向荣的生物经济环境中。

第六节　中国生物经济相关战略与政策

一、总体情况

中国于 2005 年在北京和天津召开国际生物经济大会并研讨相关战略。2007 年科技部提出生物经济"三步走"战略与推进生物经济发展的十大科技行动。这一战略与行动,相当于国家科技主管部门制定的生物经济发展战略与政策。

近年来,一些省市出台了生物质经济发展战略与政策,或生物产业发展规划,并建立了一批生物产业基地或园区,以及生物经济发展模式,如福建生物经济"安发模式"、安徽半汤生物经济示范区等;在生物经济的部分领域如生物医药、生物能源,国家相关主管部门出台了领域发展战略与政策措施。2017 年初,国家正式出台了《"十三五"生物产业发展规划》,但尚未形成统一或专门的生物经济国家战略。

二、发展生物经济的优势与挑战

根据生物经济发展研究中心的前期调研,中国发展生物经济的相对优势表现在:

(1)人口优势。众多的人口,既是曾经工业经济时代的包袱也是过去和当代的资源,用好人口资源特别是其中的人力资源则为优势。随着生活水平的提升,人们对于食品安全、营养、健康医疗、生态、环境等都有高质量要求,为生物经济的发展提供了巨大的发展空间。

(2)丰富多样的生物资源及中医药资源。由于地域广阔,气候类型多样,农业与中医药历史悠久,造就了中国生物资源的优势。

(3)后发优势。中国与欧美发展阶段不同,落后对于竞争显然会产生不利的影响,但如果能够采用适宜的发展战略与政策,可以吸取发达国家的经验教训,实现较快或跨越式发展。

中国发展生物经济的相对劣势主要有:研发技术的"两端"即原创研究和产业化水平相对落后;资本市场和投融资手段很不完善;生物产业与农业经营的规模

化程度不足——这三点恰是美国的优势。尤其是农业土地细碎化、人均耕地严重不足及其复杂的权属关系,成为降低生物质产品成本的重要制约因素。此外,生物相关专利配套制度不健全;淡水资源总体匮乏且分布不均;城乡环境质量透支严重,包括土壤、水体、大气的污染治理以及城乡结合部的环境整治任务非常艰巨。上述六个方面,既是生物经济发展面临的劣势和挑战,也是发展生物经济的必要性和紧迫性之所在。

三、生物经济相关产业规划

2016 年 11 月,国务院发布《"十三五"国家战略性新兴产业发展规划》,将战略性新兴产业划分为网络经济、生物经济、高端制造(包括高端设备制造与新材料)、绿色低碳(包括新能源、新能源汽车、节能环保)、数字创意五大领域。在这五大领域中,有三项(即生物经济、高端制造、绿色低碳)与生物经济相关;二项(即网络经济、数字创意)与信息经济相关。战略性新兴产业五大领域的划分,佐证了第二章关于经济社会"正处于信息经济时代的鼎盛时期和生物经济成长阶段"的论点。在与生物经济相关的三大领域中,"高端制造"涉及生物制造和生物材料;"绿色低碳"涉及生物能源和生物环保等;"生物经济"本身就是而不仅是直接相关了。

五年一度的国民经济与社会发展规划,以及科技与生物产业的发展规划,从时间和内容方面一定程度上替代或"抑制"(避免重复)了"生物经济国家战略"的制定。从战略主体与战略要素上讲,《"十三五"生物产业发展规划》相当于中国的国家版"生物经济发展战略",但在时代的前瞻性、国民经济层次和绿色发展意义等方面有所不同。这是因为,生物产业不等于生物经济——

生物产业是生物经济的主体部分,生物经济除包括生物产业外,还包括生命科学与生物技术的研究与开发活动,以及生物资源、生物多样性、生物环保及生态服务等。生物经济是国民经济新兴的且最为绿色的部分,与经济增长方式、跨领域产业链转变以及社会发展直接相关,例如生物经济与节能减排、人类健康以及绿色消费行为、习惯、模式等密切相关。此外,二者范畴不同,生物经济是一个整体的综合概念,生物产业是一个行业的领域概念,比如,可以称"生物经济包括健康医疗、生物农业、生物制造、生物能源等产业",反之称"生物产业包括××等经济"则不可。

四、生物产业发展战略要素①

既然《"十三五"生物产业发展规划》相当于国家版"生物经济发展战略"，那么，就有必要且可以从战略要素方面对其进行归纳。

1. 战略环境与背景

随着现代生命科学的快速发展以及生物技术与农业、信息、材料、能源等技术的加速融合，生物经济正加速成为继信息经济后新的经济形态，对人类生产生活以及生态产生深远影响。

从国际上讲，近年来，美欧等发达经济体纷纷聚焦生物经济，在促进可持续发展的同时，进一步巩固其领先地位。美国政府在《国家生物经济蓝图》中，明确将"支持研究以奠定 21 世纪生物经济基础"作为科技预算的优先重点。欧盟在《持续增长的创新：欧洲生物经济》中，将生物经济作为实施欧洲 2020 战略，实现智慧发展和绿色发展的关键要素。德国在《国家生物经济政策战略》中提出，通过大力发展生物经济，实现经济社会转型，增加就业机会，提高德国在经济和科研领域的全球竞争力。在美欧等政府的引导下，全球资本市场越来越青睐生物领域，风险投资、上市融资、并购重组金额屡创新高。依托发达国家科研机构和人才密集的优势，波士顿基因城、莱茵河畔生物谷等一批现代生物产业集群，已成为全球生物产业创新发展的策源地。面对激烈的全球竞争环境，我国要发挥好资源优势、市场优势、人才优势和经济规模优势，抓紧建设生物经济强国，在新一轮全球产业竞争中谋得有利位势。

从国内讲，"十二五"以来，我国生物产业复合增长率达到 15% 以上，2015 年产业规模超过 3.5 万亿元，在部分领域与发达国家水平相当。我国基因检测服务能力在全球处于领先地位，出口药品已从原料药向技术含量更高的制剂拓展；超级稻亩产突破 1000 公斤，达到国际先进水平；生物发酵产业产品总量居世界第一；生物能源年替代化石能源量超过 3300 万吨标准煤，处于世界前列。我国生物产业还不能满足人们对健康、生态、环境等方面的需求，产业生态系统依然存在制约行业创新发展的政策短板，开拓性、颠覆性的技术创新还不多，要成为生物经济强国依然任重道远。

---

① 根据国家《"十三五"生物产业发展规划》(2017) 整理。

2. 战略目标

以打造生物经济为核心,以服务民生需求为根本,夯实产业基础,改革管理规制,加大战略投入,优化产业布局,加速生物产业在生产、生活、生态各领域的广泛应用,推动生物产业开展全球合作,促进产业迈向中高端,加速形成经济新支柱。具体包括:

(1)创新能力显著增强,国际竞争力不断提升。研发投入占销售收入的比重显著提升,重点企业达到10%以上,形成一批具有自主知识产权、年销售额超过100亿元的生物技术产品,一批优势生物技术和产品成功进入国际主流市场。

(2)产业结构持续升级,产业迈向中高端发展。生物技术药占比大幅提升,化学品生物制造的渗透率显著提高,新注册创新型生物技术企业数量大幅提升,形成20家以上年销售收入超100亿元的大型生物技术企业,在全国形成若干生物经济强省、一批生物产业双创高地和特色医药产品出口示范区。

(3)应用空间不断拓展,社会效益加快显现。通过生物产业的发展,基因检测能力覆盖出生人口50%以上,社会化检测服务受众大幅增加;粮食和重要大宗农产品生产供给有保障,科技进步贡献率进一步提升,农民收入持续增长,提高中医药种植对精准扶贫的贡献;提高生物基产品经济性10%以上,利用生物工艺降低化工、纺织等行业排放30%以上;生物能源在发电供气供热燃油方面实现规模化替代,降低 CO_2 年排放量1亿吨。

(4)产业规模保持中高速增长,对经济增长的贡献持续加大。到2020年,生物产业规模达到8万亿~10万亿元,生物产业增加值占GDP的比重超过4%。其中现代生物制造产业产值超1万亿元,生物基产品在全部化学品产量中的比重达到25%,与传统路线相比,能量消耗和污染物排放降低30%;生物农业总产值1万亿元,2家以上领军企业进入全球种业前10强;生物环保产业产值超过2000亿元。

3. 战略内容

(1)构建生物医药新体系,包括新药创制和产业化、发展精准医学新模式、医药产业转型升级。

(2)发展新型医疗器械,提供现代化诊疗新手段。

(3)加速生物农业产业化发展,构建现代农业高效绿色发展新体系,在生物种业、生物农药、生物兽药、生物饲料和生物肥料等新产品开发应用方面取得重大突破,提升生物农业竞争力。

(4)提高生物制造创新发展能力,推动生物基材料、生物基化学品、新型发酵产品等规模化生产与应用,推动绿色生物工艺在化工、医药、轻纺、食品等行业的应用示范。

(5)创新生物能源发展模式,规模化发展生物质替代燃煤供热,促进集中式生物质燃气清洁惠农,推进先进生物液体燃料产业化。

(6)推动生物环保技术应用,包括采用生物技术治理水污染、污染土壤的生物修复。

(7)培育生物服务新业态。包括:建设标准化基因检测、基因数据解读、液体活检、中药检测等专业化独立第三方服务机构,以及基因治疗、细胞治疗、免疫治疗等专业化服务平台;发展符合国际标准的转化医学、合同研发、合同生产、第三方检测、健康管理等服务,以及生物产品检测评价认证机构。

(8)实施生物产业惠民工程,推广基因检测、细胞治疗、高性能影像设备、生物基材料、生物能源、中药标准化等新兴技术应用。

4. 战略措施

(1)构建生物经济各类基础、技术、服务平台。

(2)构建行业管理新规制,包括市场准入、招标采购、行业监管等政策。

(3)发挥市场配置资源作用和政府引导作用,为生物产业发展提供财政、税收、金融、人才等支撑。

(4)加强部门联动、行业协同、区域协调。包括:加强本规划与国家相关科技专项的衔接;发展一批服务于行业企业的公益组织、组建行业联盟,推动制定产业的行业、国家或国际标准,推动产品认证、质量检测等体系的建立和完善。

第七节 其他代表性国家生物经济战略与政策

以上梳理了国际生物经济发展概况,概括了欧盟、OECD、德国、芬兰、美国、中国等的生物经济发展战略与政策,并对有关代表性国家的生物经济领域演变、特点、优劣势以及典型案例进行了深度解析。

除英国、爱尔兰、奥地利等正在制定生物经济专项战略外,世界主要发达国家和主要发展中国家都已制定专项或相关领域、区域的生物经济战略与政策。本节再分别选取分布于亚、非、拉、北美、欧等各洲其他具有特色与代表性的国家,对其生物经济战略与政策或发展状况做扼要归纳。连同此前对国际生物经济政策或发展状况的解析,共同寓意:新兴的生物经济发展带有全球性,但以发达国家特别是北欧的战略与政策最为给力;中东、东欧、北非相对落后,显然与其生物资源相对贫乏、科技与创新能力相对薄弱有关。

一、印度生物经济战略与政策

印度在继重视信息技术并取得令世界瞩目的成绩之后,对生命科学与生物技术又非常重视。2007 年颁布《国家生物技术战略》,提出了未来十年印度生物技术及产业发展的国家目标和政策措施;2012 年印度发布《生物能源路线图》(Bioenergy Roadmap);2014 年发布《国家生物技术战略 2014》(Biotechnology Strategy II)。

与 2007 年版战略相比,《国家生物技术战略 2014》充分借鉴和吸收了国际生物技术发展的重要共识,包含了众多重要思想,是印度生物科技界 300 多名相关人士历时两年多、反复多次磋商的重要成果。

2014 新战略的总目标是:将印度建成世界级的生物制造中心。使命是:第一,为实现重新认识生命过程并利用这些知识和工具为人类服务提供动力;第二,对生物技术产品、工艺及技术的更新进行大规模投资,从而提高农业、食品安全、可负担的医疗、环境安全、生物制造领域的效率、生产力、安全性和成本效益;第三,为生物技术的研发和商业化提供完善的基础设施,培育强有力的生物经济。

二、南非生物经济战略与政策

2014 年 1 月,南非发布《生物经济战略》。

战略背景:南非拥有世界上近 10% 的已知植物物种和 15% 的所有已知的沿海海洋物种,是世界第三富有生物多样性的国家,发展生物经济具有得天独厚的资源优势。

战略目标:到 2030 年,将生物经济打造成南非国民生产总值的重要贡献领域。该战略提出,应该把国家开发生物技术的重心从能力开发转移到生物经济上,而生物技术部门将与信息技术行业、环保机构和其他部门联合起来,创建一个世界级的生物技术的创新体系,为健康、工业、农业领域应用创造整体解决方案。

战略内容:将农业生物经济、健康生物经济、工业和环境生物经济三大领域作为发展重点。该战略认为,"生物经济"这一术语包括转化为经济输出的生物技术活动和过程,尤其是与工业应用相关的部分。这些活动和过程包括利用技术和非技术开采的自然资源,如动物、植物生物多样性、微生物、矿物质,来改善人类健康、解决粮食安全,从而促进经济增长和提高生活质量。

主要措施:专注于为参与者创造有利环境,参与者包括政府部门、工业、风险资本和更广泛的公众;同时专注于与生命科学参与者、学者、研究人员和私营企业家互动创造价值。

三、巴西生物经济发展的成就与政策

巴西是土地资源和生物资源大国,拥有巨大的农业潜能,是生物燃料和转基因农产品生产强国,生物医药、生物农药、生物塑料等领域发展也具有良好的基础。巴西在生物经济领域有着诸多世界顶级"头衔",例如:仅次于俄罗斯的世界第二大森林面积拥有国;仅次于美国和阿根廷的世界第三大转基因作物种植国;仅次于美国的世界第二大生物乙醇生产国;世界唯一不供应纯汽油的国家,唯一大比例利用可再生清洁能源来满足能源需求的发展中国家;世界最大的农产品出口国之一,糖、乙醇、牛肉、家禽、咖啡、橘子汁等出口量位居世界之首,同时还是世界第二大大豆出口国。

巴西生物乙醇开发应用始于 20 世纪 70 年代,产量曾一度雄居世界第一。目前在一次能源消费结构中可再生能源占到总量的 45%,生物乙醇的消耗量已超过汽油总消耗量的 50%。不仅减少了温室气体排放,减轻了大气污染,对环境保护作出了巨大贡献;也优化了能源结构,降低了对进口石油的依赖,保证了国家能源安全;同时还创造了"绿领"就业岗位。

取得上述成就的原因主要是:①资源优势。巴西土地资源丰富,人均耕地面积约为 30 公顷。因为农民一般采取甘蔗与粮食作物间种的方式来解决食物问题,因而避免了"与粮争地"问题,以甘蔗为主要原料的生物乙醇对粮食价格影响不大。巴西生物质资源非常丰富,主要分为甘蔗、玉米等富含糖或淀粉的作物,油料作物和其他油脂,木质纤维生物质,以及有机废弃物等四大类,为生物燃料及其他生物基产品的深度开发提供了雄厚的资源基础。②政策引导。巴西政府一直

将生物燃料作为能源发展的重要组成部分。在 20 世纪 70 年代石油危机的外在冲击和本国资源条件的内在激励之下,政府先后启动了旨在确保国家能源自给的《国家生物乙醇计划》(1973)和《国家生物柴油计划(PNPB)》(2004)以及《替代电力能源激励(PROINFA)计划》(2002),成功壮大了以生物乙醇为代表的新能源产业,实现了国家能源独立和能源安全。

巴西于 2007 年制定了《生物技术战略》(Biotechnology Strategy)。2008 年开始实施将农作物转化为生物能源的《农业能源计划》,把农业与能源结合起来,开拓了"能源农业"新业态。2010 年,世界首家"生物绿色塑料"规模化工厂在巴西投产,标志着巴西生物基产业向绿色化发展又迈上了一个新台阶。这种绿色塑料以甘蔗乙醇为原料生产聚乙烯,再通过加温、脱水、提纯、压缩、清洗、浓缩等工序制成,即通过甘蔗的光合作用,由从大气中捕捉到的碳炼制而成,因而具有巨大的环保效益:生产 1 吨甘蔗乙醇聚乙烯,可消除大气中 2.5 吨 CO_2。

2012 年 8 月,第 28 届世界农业经济学家国际会议(International Conference of Agricultural Economists)在巴西召开,其主题是:全球生物经济(The Global Bio-economy)。一方面折射出新兴的生物经济与传统的农业经济的关系——生物经济可望成为农业经济在更高层次上的回归(将在第八章阐述);另一方面表明,巴西的生物资源优势及以此为基础的生物经济独具特色,且在生物燃料等领域居世界前列。2016 年巴西政府发布修正版《科学、技术与创新国家战略》,生物经济为其优先领域之一。

四、加拿大生物经济战略与政策

1. 概况

作为 OECD 和 G7 成员国之一,加拿大生物经济直接受到 OECD 以及美国的影响与促进,加之其土地和森林资源丰富,且具有充满活力的生物技术及其产业,包括转基因农业,生物经济发展达到了世界先进水平,具有明显的区域特色。

2002 年,加拿大成立生物质创新网络(CBIN),旨在将生物能源、生物产品、生物过程技术及相关的国家产业组织整合为同一个工作平台。2003 年,加拿大产业部会商联邦内部其他部门、一些加拿大顶尖公司及相关研究组织,发布了加拿大《生物原料、生物燃料和生物工业产品的创新路线图》。虽然加拿大尚未制定国家生物经济战略,但省地方政府或联邦政府部门先后出台了多项生物经济区域战略或生物经济领域战略。2004 年以来,加拿大出台的生物经济区域战略包括:多伦多生物基产品战略(Ontario Bio-product Strategy)、阿尔伯塔省生物经济战略(Bio-Economy Alberta)、不列颠哥伦比亚省生物经济战略(British Columbia Bio-Economy,2011)。出台的生物经济领域战略包括加拿大生物技术战略(The Canadian Biotechnology Strategy,2005)、生态能源创新计划(EcoENERGY Innovation Initiative,2009)、未来增长计划(Growing Forward,GF2,2013)、森林创新计划(Forest Innovation Program,FIP,2013)等。其中 GF2 是生物经济相关农业及食品领域的五年(2013—2018)发展政策框架,由农业部负责实施。

2.《加拿大森林生物经济发展框架》要素解析

2017 年,加拿大森林部长理事会(CCFM)提出了《加拿大森林生物经济发展框架》(以下简称"框架")。框架得到 CCFM 合作伙伴(包括联邦、省和北方领地政府)的共同认可。以此生物经济领域战略为例,从要素上进行简析。

(1)战略环境与背景。加拿大森林拥有世界上规模最大的生物质储备,为生产可再生生物能源、生物材料和其他生物产品提供了坚实的物质基础。越来越多的加拿大人开始寻求清洁技术、可再生能源和生物产品,限制或减少碳排放,同时保护生物多样性。林业科学技术和森林可持续经营,为加拿大森林生物经济发展提供了有力支撑。

(2)目标与意义。加拿大森林生物经济代表未来可持续发展方向,不仅能够提供创新的低碳解决方案,而且有利于提升森林在经济和文化遗产方面的作用;可再生森林资源的利用有助于推动创新、投资、科研以及合作伙伴关系的发展。

(3)主要内容。森林生物经济关系到森林和生物质供应链管理、建筑设计、社区恢复能力、消费者行为以及森林生态产品和服务的可持续生产。

(4)战略措施。加大投资力度,促进森林生物经济发展,为农村社区和青年带来更多的绿色工作岗位,并扩大与原住民的合作。为解决森林生物经济发展中存在的问题,该框架着重强调以下四个方面:社区关系;森林资源和森林生物产品的供应;对森林生物产品和服务的需求;创新支持。

五、瑞典生物经济发展战略与政策

1. 北欧创新能力与可持续竞争力的代表

瑞典与芬兰、挪威、丹麦(含格陵兰)和冰岛一起,被我界定为生物经济"北欧五杰"。之所以在详细论述了芬兰生物经济之后,还在五大洲其他具有代表性的国家中再次选取北欧中的瑞典,这是因为,北欧的生物经济在全球生物经济中,与德国、美国一起居于领先水平,在生物经济乃至整个经济社会发展中具有引领示范价值而特别值得推崇。

北欧国家非常重视创新,重视发展可持续的生物经济及其蓝色生物经济。在最近一次的全球最具创新力的国家排行中,瑞典、芬兰、丹麦分列第 4、5、7 名;在《2016 年度欧盟创新榜单报告》中,瑞典连续 12 年排名第一,紧随其后的是丹麦和芬兰。据全球可持续发展管理咨询公司 SolAbility 发布的《2016 年度全球可持续竞争力指数》报告,在全球 180 个国家和地区中,瑞典名列榜首,挪威、芬兰、丹麦和冰岛依次排在第 2 至第 5 位——呈"垄断性"前列,可见北欧国家的可持续竞争力之强。北欧国家因其发达的经济水平、优良的社会福利制度、强大的创新能力以及对可持续发展的重视程度而享誉世界,其经济发展模式与发展方向值得关注。最新的发展方向之一就是:新兴的可持续的生物经济,及其蓝色生物经济——指基于可持续和智能利用可再生水产自然资源的商业活动,包括诸如渔业、鱼类加工和水产养殖;基于水专业知识和技术的商业活动;基于水和水环境的旅游和娱乐以及水生生物质的利用等活动。

2. 瑞典生物经济发展战略

瑞典国土面积约为 45 万平方公里,是北欧土地面积最大的国家,2016 年人口为 990 万;森林资源丰富,覆盖率达 54%;耕地面积约 260 万公顷,占国土面积的 6%,但农产品自给率高达 80% 以上,部分产品还可供出口。瑞典的生物科技及其产业,特别是其中的生物制药、生物农业与生物能源高度发达,生物技术公司数量与能力均名列欧洲乃至世界前茅,为生物经济发展提供了领先而雄厚的技术平台。政府研发投入、种子基金、风险投资为生物科技创新及产业发展奠定了良好的投融资保障。

2012 年发布《瑞典生物经济研究和创新战略》(Swedish Research and Innovation Strategy for a Bio-based Economy);2013 年推出《生物基经济——为了新商业聚焦可再生资源的战略研究与创新议程》。2012 年的生物经济战略,由瑞典政府于 2011 年授权多个部门联合制定,提出了研发计划、创新激励机制,以及加强研究资助机构、企业、研究人员之间的合作与协调等措施。生物经济研发计划与措施包括:

（1）用生物质原料替代化石原料计划。优化生物质获取方式的措施包括:营养和肥料优化;农作物和家畜育种及多功能培育;生物质特性改良。

（2）更加智能的产品和更为智能利用资源（smarter products and smarter resource usage）计划。通过生物技术研发创新,促进生物产品的智能生产与资源的智能利用的措施包括:废弃物资源化回收利用;为了生态友好和高效（eco-friendly and resource-efficient）利用生物质,发展生物炼制等技术。

（3）改变消费习惯和态度计划。如倡导绿色生产与消费理念,树立将来多数消费产品（如食品等）、能源和燃料、化学品及材料应通过可再生的原材料（renewable raw materials）来生产的观念,推行绿色消费模式与行为。

第五章

新型农业体系

新型农业体系(New Agriculture System)是在常规农业系统的基础上发展而来的农业综合形态,是对现代农业领域和功能的拓展,意味着未来农业由当代范畴拓展到与生物质相关的传统"非农"范畴。新型农业体系并非孤立存在,而是生物经济、生物经济时代、新型农业体系、第二次绿色革命、农业易相发展理论"五位一体"思想体系的核心组成部分,是面向生物经济时代的农业变化与绿色转型的目标愿景。

第一节 问题导向:农业可持续发展面临新的挑战

中国当代农业,在人均水土资源相对短缺的条件下为农产品供给作出重大贡献的同时,也存在一系列环境与生态问题,面临着如何由目前相对粗放的增长模式向未来可持续的绿色增长模式转型的问题。特别是在经济社会跨过温饱并进入中等收入阶段后,在由数质并举且以数量增长为主向"高质量"发展转变的过程中,农业可持续发展面临新的挑战。

一、农业相对粗放的增长方式不可持续

气候变化对环境和农业的影响广泛而巨大,因为极端气候通常毁掉大片庄稼和农田。据联合国机构预测,2049 年世界某些地区的作物产量将减产 50% ,而同期全世界人口将达到 90 亿,2100 年达到 110 亿,增加人口的大部分出生在缺少应

对危机的发展中国家,农业与粮食危机又一次摆在世界面前①。

就中国而言,农业及其关联产业的"高投入、高能耗、高污染"发展模式导致:耕地过度垦殖和质量退化,包括土壤侵蚀、酸化、盐渍化、沙化、农药残留;农村与城市的环境污染相互叠加,江河湖、近海及水田等水资源受到严重污染;有机废弃物未得到有效利用,农业大区如华北、东北的秸秆处理及其相关的雾霾问题,而雾霾还直接导致植物吸收光热的质量下降。以粮食为例,总产的"十二连增"是建立在人工和化肥农药等化学品高投入、水体及土壤大面积污染的基础上,即便"增长"是连续的,但其增长方式不可持续。

1978—2014 年,中国粮食产量从 30477 万吨增长到 60703 万吨(统计数据未包括台港澳地区,以下同),增加了 0.99 倍,而同期化肥使用量从 884 万吨增长到5996 万吨,增加了 5.78 倍②。与国际水平比较,近年来中国的化肥施用量为世界平均水平的 3~4 倍,如 2014 年单位面积施用量为世界平均水平的 3.9 倍,相当于占世界 7% 的耕地施用了世界 35% 以上的化肥,而产出的粮食只占世界粮食产量的 20%;2015 年中国水稻、小麦、玉米三大粮食作物的化肥利用率为 35%,远低于发达国家③。

化肥与粮食分别在农业投入与产出中具有典型代表性。以化肥与粮食产量为例,表明中国农业相对粗放型增长方式与生产模式不可持续(图 5 - 1)。化肥投入与粮食产出的这一相对趋势,同样反映在其他化学品如农药、农膜、激素等投入与相关农产品产出的相对趋势中。

由此可见,中国粮食的"十二连增"是建立在化肥、农药等化学品以及人工的高投入,水体及土壤大面积污染的基础上。也就是说,即使以粮食为代表的农业"增长"是连续的,但由于环境污染严重、农产品成本与价格普遍高于国际市场、供需结构性矛盾突出,因而从总体上讲,当代中国农业相对粗放的增长方式不可持续。

---

① 　Julie Borlaug. What would the father of the Green Revolution tell the world at COP20. [2014 - 12 - 15/2017 - 11 - 11]. http://www. agrogene. cn/info-2034. shtml.

② 　国家统计局. 中国统计年鉴 2015. 北京:中国统计出版社,2015.

③ 　韦本辉. 探寻绿色农业发展"良方". 中国科学报,2016 - 01 - 27(5).

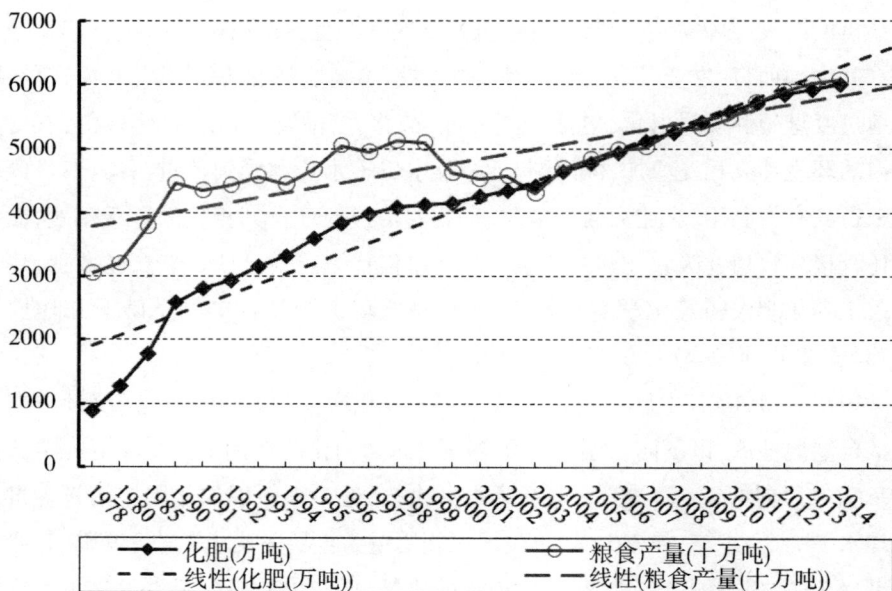

图5-1　粮食产量与化肥用量的增长趋势

资料来源:《中国统计年鉴》(2014,2015)。

二、未来农业走向何处:国内外纵横向比较背后

1. 国际横向比较,"三农"指标相对落后,农业劳动生产率亟待提高

农业产值占国民生产总值(GDP)比重、城镇化率、农业劳动力占总劳动力比重,可作为宏观反映农业发展质量及问题轻重程度的三个指标(简称"三农"指标)。相较于发达国家,中国的"三农"指标普遍落后;部分指标也落后于其他发展中国家如巴西(表5-1)。指标隐含的信息表明:中国仍有数量众多、比重过大的农民被束缚在有限的耕地上,在劳动生产率和土地生产率较低的状态下"搞饭吃";农民的农业收入增长空间极为有限;城镇化任务依然艰巨。

表5-1　"三农"指标的国际比较

指标	年份	中国	美国	法国	英国	德国	日本	印度	巴西
农业产值/ GDP 比重	2012	9.90	1.09	1.76	0.57	0.74	1.16	16.41	4.45
	2011	10.04	1.15	1.70	0.61	0.71	1.15	16.33	4.65
	2010	10.06	1.09	1.64	0.61	0.71	1.17	16.76	4.54

续表

指标	年份	中国	美国	法国	英国	德国	日本	印度	巴西
城镇化率（城镇人口/总人口）	2012	51.78	82.63	86.26	79.77	74.08	91.73	31.66	84.87
	2011	50.51	82.39	85.75	79.64	73.95	91.14	31.30	84.61
	2010	49.23	82.15	85.23	79.51	73.82	90.55	30.93	84.34
农业劳动力/总劳动力比重	2012	33.60	1.46	2.90	1.20	1.50	3.46	47.20	14.89
	2011	34.79	1.51	2.90	1.20	1.60	3.59	49.39	15.30
	2010	36.70	1.60	2.90	1.20	1.60	3.70	51.09	15.70

资料来源：根据联合国统计司、粮农组织、世界银行、中国国家统计局等发表的数据整理。

2. 国内纵向比较，农业强度相对指标"双下降"背后折射出的深层次问题

如何将农业增长方式从不可持续转变为可持续，涉及到农业如何实现绿色增长与转型问题。从世界范围讲，农业产值占 GDP 比重、农业劳动力占总劳动力比重的两条时间序列曲线，一般都随着时间的推移而向下延伸并渐趋于时间横坐标，但中国农业发展的这两种趋势更加突出。中国的农业产值占 GDP 比重、农业劳动力占总劳动力比重一直偏大，所对应的两条时间序列曲线，都随着时间的推移而向下延伸并趋近于时间横坐标（图 5-2）。

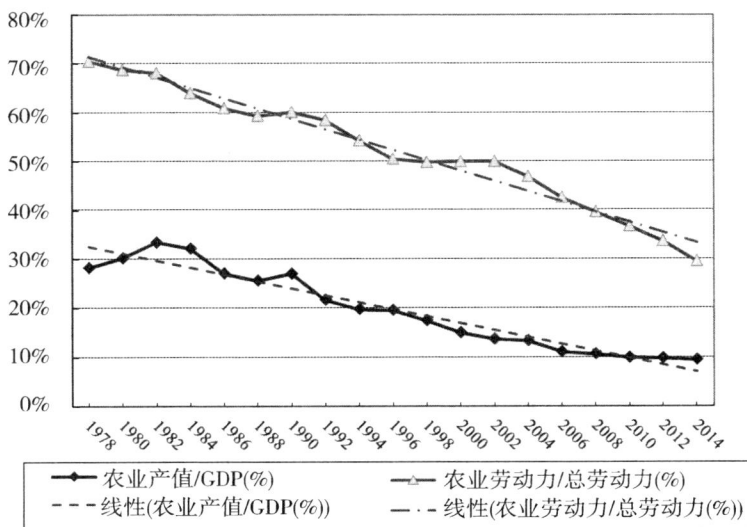

图 5-2　两个农业相对指标的变化趋势

资料来源：《中国统计年鉴 2015》。

这两条指标曲线背后隐含的问题是:未来农业会不会趋于"消失",还是部分演化为其他某种农业形态? 农民会不会终结,还是演变成为某类"新型农民",大量农业劳动力又将转移至何处? 这些属于农业哲学意义及其层面上的问题:农业发展问题的本质是什么;未来的农民什么样。只有发展新型业态,实现农业绿色转型,才可能破解该曲线折射出的农业趋于"消失"问题。

这种农业相对指标普遍性"双下降"背后折射出的深层次问题就是:未来农业走向何处?

也就是说,这种世界普遍性兼具中国突出特色的现象背后隐含着两个更深层次的追问:①当今农业形态是否会"消失"? 还是可能演进为其他综合形态(假设一)。②传统的常规农民是否被"终结"? 还是主体部分演变成为某类"新型农民"(假设二)。如何规避农业和农民的占比不断趋近于横坐标的"可怕"后果,既涉及对未来农业和农民的重新定义,也涉及全球而不仅是中国的农业发展观及认识论和方法论的问题,因而,这两个追问属于农业哲学层面上的问题。

"农业相对粗放的增长方式不可持续"和"未来农业走向何处"两大问题一脉相承;前者涉及农业如何实现绿色转型,后者涉及农业绿色转型后的目标愿景。前者比较具体,亦即问题的本身,后者相对抽象,系实证基础上的思辨,二者的出发点与归宿在本质上是一致的。

第二节　生物经济时代农业发展新机遇

国内粮食及相关畜禽产品生产成本高、价格明显高于国际市场,是现有发展模式的直观反映。如果实施农业减"肥",执行"到2020年化肥和农药使用量的两个零增长"以至"负增长"政策方案,那么,要想在不影响国家粮食安全的前提下促进农业可持续发展,就必须改变以往"大肥、高药"的所谓"高产"发展观及以数量为主的增长模式。

正在兴起的生物经济,为"如何转型"提供了生物经济与农业相结合发展的契合点,为农业发展观转变、减"肥"降耗、农业拓展及绿色转型提供了新的时代机遇。

一、生物经济引领农业迎来"双基础"时代

农业是通过人工培育,利用生物的生活机能,实现物质与能量的转化,以取得产品的生产部门,是生物学应用最重要和最广泛,并且直接关系到食品及营养、健康、资源、环境、生态等全球性重大问题的基础性产业。

农业过去是工业乃至国民经济的基础,当代农业仍然是它们的基础,未来将进一步演变为生物经济的"双基础"——农业是可再生的生物质的基础,而生物质又是可持续的生物经济的基础。在生物科技推动和经济社会绿色发展需求拉动下,随着生命科学与生物技术的群体性进展及其在农业、能源、生物制造、医药、环保以及生态服务等领域的广泛应用,农业在生物经济中的这种"双基础"地位将更加突出。

与传统的常规农业不同的是,包括农业主副产品、农业与城市固体废弃物以及藻类等各种形式的生物质,可以作为系列生物基产品的生产原材料(feedstock),生产从高端医药,到中端生物能源、生物化学品、生物基材料,再到初级供热发电、农产品以及生态服务,从而形成玉米、大豆、稻米、畜禽、藻类等不同系列、多层次的植物化工产业链或生物质循环产业链。

二、农业与其他生物质产业互联大融合

生物经济正在促进农业与其他生物质产业互联大融合,以至出现"全生物质农业"、能源农业、化学品农业等新型业态。基因是生物存在的本质基础,储存于其中的遗传指令帮助生物协调其整个生命系统。生物、信息、物质大融合,是生物质产业互联融合的物质基础。生物质相关产业融合意味着产品及服务价值增加、产业链延长与调整、物质与能量的循环利用。

随着生命本质高度一致性的被揭示与工程化应用,农业与部分工业尤其是其中的食品工业、化工制造、能源、医药,以及旅游、生态服务等第三产业的界线渐趋模糊,边界趋于淡化;农业正发展成为与其他生物质产业有着广泛联系并相互影响的一个综合部门,食品、营养、健康医疗、能源及其他生物基资源、材料、环保、观光与休闲旅游、生物多样性及生态系统服务(BES)等都与农业有着越来越密切的关系。即便传统农业的比重在下降,多种农业新型业态也会促进农业领域与功能的进一步拓展。

第三节　农业拓展与形态演变的动力机制

农业为什么拓展,农业形态之所以演变,无非是外生动力(exogenous driver)和内生动力(endogenous driver)共同作用的结果。外生动力也叫外在动力,是经济社会及环境可持续发展的需求;内生动力也叫内在动力,主要是科学技术尤其是生物科技。与第二次绿色革命的动力(第六章第五节)稍有不同的是:农业拓展与形态演变不一定需要借助国际社会的共同努力及其政策的共同推动。

一、外生动力

五大全球性问题或其潜在危机的出现,以及由此引发的经济社会及环境对相关产业发展的绿色需求,客观上要求作为生物质相关产业基础的农业必须拓展、变革与转型,因而成为农业拓展与形态演变的外生动力。

农业变革的外生动力可分解为五项因素:

(1)粮食、纤维、食油以及为工业增值服务的原材料需求,后者包括为生产清洁可持续能源、化学品、生物基材料而兴起的对能源作物、藻类、农林水主副产品及其废弃物的需求。

(2)为缓解水土资源紧张状况,提高淡水资源、土地资源特别是耕地利用率的需求。

(3)农业新功能需求,包括:功能食品需求;与食品相关的营养需求和健康医疗需求;增强作物抗性(抗病虫害、节水、耐旱、耐盐碱等)需求;生物多样性及其他生态需求。

(4)为应对全球气候变化、减少化石能源消耗的节能减排(低碳)需求,包括消纳处理城市固体废弃物的需求。

(5)为解决当代面临的食品及营养、健康医疗、资源、环境等全球性问题而采取的政治与公共管理需求。

二、内生动力

科学技术特别是其中的生物科技推动了农业新型业态的形成,是农业拓展与形态演变的内生动力。例如,新一代基因编辑技术 CRISPR - Cas9 正在成为植物育种的革命性技术,因其可能摆脱"外源基因"的说辞而促进"新型"转基因农业的发展。再如,互联网等信息技术催生了"互联网 + "农业新业态的形成。

相对于由经济社会及环境外在需求(拉动)构成农业拓展、变革与转型的外生动力,以分子生物学及基因工程为核心的生命科学与现代生物技术,则成为(推动)农业拓展、变革与转型的内生动力。

生命的本质是复杂的化学作用,自然界所有生命具有本质上的高度一致性。这种一致性主要表现为:

(1)生命特征的基本组成物质和生物界遗传物质的共性——即所有生物的蛋白质都是由相同的 20 种氨基酸以肽键连接,核酸都是由相同的 4 种核苷酸以核苷酸链构成。

(2)基因规律在所有生物体内的表达(语言)机制是相同的。

(3)遗传密码的通用性——即几乎所有的生命都共用一套遗传密码,为"人为改变生物性状"提供实现可能性。

(4)生命有共同的起源,不同生物体的细胞中的很多结构如细胞核、线粒体、高尔基复合体等具有相似性。

(5)所有生物的生化反应都是由酶来催化的——基本的生化相似性,物质和能量代谢过程很相似。

分子生物学与基因工程揭示出生命本质的高度一致性,使得基因能够在不同生物体之间转换表达,来自两种生命形态的基因可以融为一体,由此自然界物种之间的界限或称种间隔离(基因隔离)被彻底打破,各种生物的基因可以通过修饰或编辑在分子水平上实现通用,基因在跨界的不同生物体之间转换表达从理论变成实践、从可能化为现实,从而让生物表现出以自然处理方式(含杂交育种)难以获得的对人类有益的性状,正在从根本上导致农业与其他生物质产业的融合及边界淡化,进而增强农业的可拓展性。因此,生命本质的高度一致性,既构成新一轮农业变化拓展的物质基础,也成为新型农业体系形成与发展的理论基础。

第四节 农业形态演变趋势及其特征

当代农业正面临信息技术革命、第二次绿色革命或其系列亚革命,正在改变农业发展模式,并催生一批新的农业形态。农业形态是随着科技进步与经济社会需求而逐渐演变形成的,具有某种技术特征的农业表现形式。有的称之为农业类型、农业模式或农业业态。在每一个经济时代,农业发展表现出的形态既有所不同,又相互传承与交叉,从而形成异彩纷呈的农业形态组合(群)。在同一个经济时代,各类农业形态通常表现出相对稳定的基本特征。

从狩采经济时代、农业经济时代、工业经济时代,到目前的信息经济时代,以至将要来临的生物经济时代,农业具有不同的主导功能及功能组合。每个经济时代推动农业发展的科学技术(内生动力)、经济社会及环境可持续发展对农业的外在需求(外生动力)也有所不同。从农业主导功能及其驱动力两方面来归纳,农业形态可以归纳为五种类型:

(1)资源型:以最大限度开发利用自然资源为主。

(2)经济型:以追求最大化产量和经济利益为主。

(3)技术型:以科学技术的内生推动为主。

(4)城乡协调型(简称"协调型"):以城镇化发展为导向、城乡环境协调发展为主。

(5)人本型:以提高人类生活质量,注重以人为本、人性化和个性化发展为主。

分别以"农业形态类型"和"经济时代"为纵、横坐标归纳,可以得出农业形态演变趋势(图5-3)。

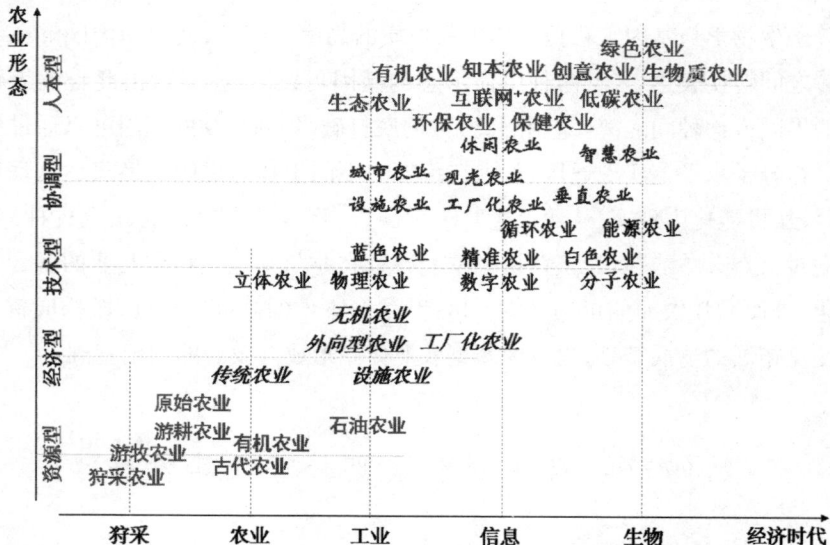

图5-3 农业形态演变趋势示意图

以上归纳并非分类,而是从宏观上整体考查农业形态的演变趋势,因而部分形态可能重复列于不同的农业形态类型或经济时代。例如设施农业,既追求最大化经济利益和产量,又以技术推动为主,并兼顾城乡环境协调发展,因而横跨经济型、技术型、协调型三种类型;再如有机农业,从"被动"供给发展到"主动"需求,分别经历农业经济时代和工业经济时代乃至信息经济时代。

归纳是从观察得到的资料或事实出发,加以概括,从而解释所观察到的事物之间的关系。随着经济时代的演进,农业形态总体上由过去的以资源导向、以片面追求经济利益为主,转向以技术导向、以追求人与自然协调发展为主,亦即越来越趋向以提高人类生活质量为主的"人本化"发展方向。因此,可将农业形态演变趋势亦即各种形态之间的关系,进一步归纳为:

(1)农业形态类型总体上沿"资源→经济→技术→协调→人本"主导型的方向演进。

(2)农业形态向多功能化和以提高人类生活质量为主的人本化方向演变。

(3)工业经济时代的农业形态横跨并具备所列全部五种类型,体现出农业工业化、工农融合发展趋势。

(4)面向生物经济时代的即未来农业发展的主流方向和重点,处于信息经济时代和生物经济时代的交叉域,分属技术型、协调型、人本型。

综上,农业形态演变具有以下时代特征:集成当代最新技术(如现代生物技术及其与互联网、大数据等信息技术的集成);绿色环保低碳与可持续;生物相关产业融合与边界淡化;农业功能多元化;城乡协调发展;注重生活质量及人本化。

转基因食品(genetically modified food,GM food)研发与生产是生物科技融汇发展的结果,转基因农业不等同于现代化农业,而是常规现代农业的延伸与拓展。所谓"田园般农业"与崇尚自然的"小农"系列形态,是建立在针对大量人口的现代化规模农业营造出的大批量物美价廉的农产品丰裕的基础上;否则,因为小农生产的农产品量少、规格与质量参差不齐、价格高,而导致地球上至少现有人口的一半是"吃不饱、穿不暖"的。试想,如果没有现代化、规模化农业作为基础和保障,哪有物美价廉的农产品?哪有多少机会一边欣赏"田园般风光"一边奢谈休闲农业与有机农业?还不是国民大多数人去搞饭吃、找衣穿?

换言之,所谓"返璞归真"式的自然农业、休闲农业、城市农业以及有机农业等农业形态,都是建立在规模化、集约化的现代农业解决农产品大宗需求的基础之上,否则就可能成为"乌托邦"式的田园臆想。在生活节奏加快、普遍存在紧张感的现代社会,"小农"的确有几分浪漫和情调,也有存在的空间与必要,但它们与现代化规模农业并非水火不容或完全对立,而是各取所长、相互补充。各类"小农"形态可以作为现代农业体系中的"业余调剂"、"拾遗补缺"或"锦上添花",但并非如一些人士所标榜的"用有机农业去取代规模化的现代农业",如同传统手工制药或制醋不可取代工业制药或制醋一样。

第五节　农业第三次拓展与新型农业体系

一、归纳与实证的研究方法

1. 文献调研与观察

通过对农业形态及其演变的文献调研与大量观察发现以下现象和趋势:当代农业正在从传统的常规农业系统拓展到包含常规农业系统在内并包括新食品、营养、健康医疗、生物基资源、环境与生态服务,以及传统与现代并存的休闲旅游、观光疗养等新的领域。

2. 调查与考察

近年来先后对在农业领域与功能拓展方面具有代表性的北京昌平农业嘉年华、小汤山农业科技园、延庆德青源生态农场(简称"德青源")、平谷大桃园、大兴留民营生态农场,河北石药集团(CSCP)部分药厂车间及中草药基地、遵化板栗生产基地、怀来县葡萄基地、大午农牧集团,山东龙力生物科技股份有限公司(简称"龙力")、浙江中国科学院湖州应用技术研究与产业化中心、安吉谈竹庄竹纤维公司,广东广州市澳洋饲料有限公司,上海张江科技园,天津津南农业科技园等,进行了实地调查与考察研究。

3. 提出假说

在文献调研与观察、调查与考察的基础上,重点对龙力、荷兰皇家帝斯曼集团(DSM)等中外生物质涉农企业(biomass & agriculture-related company)的产业链与经营模式及其"拓展－生物质"因果联系进行了系统分析和归纳推理,综合提出"新型农业体系"假说。

4. 验证假说

德青源、龙力、益海嘉里、大北农、中粮集团,以及杜邦旗下的杰能科、荷兰DSM、美国塞内克斯能源与农业公司等众多国内外生物质涉农企业的研发与经营实践(相当于科学试验中的"观察")正进一步验证:新型农业体系的理论预言即假说已经或正在成为现实。

通过对以下典型案例的归纳推理与实证研究表明:新型农业体系能够解释当代农业领域与功能正在拓展的事实现象(内符),又能够预见并指导未来农业发展方向(外推),因而可望成为生物经济时代未来"现代农业"的愿景。

二、农业拓展的实证案例

1. 玉米产业链

无论从播种面积还是从产量上来衡量,玉米均为中国第一大粮食作物。以中外玉米生物质产业链为例进行分析,具有典型代表性。

(1)龙力玉米全株产业链。作为国内代表企业,龙力成立于2001年,是以玉米、玉米芯及秸秆为原料,采用现代生物技术生产功能糖、淀粉及淀粉糖,利用废渣生产燃料乙醇和高分子材料等系列产品的生物质综合企业。其产品及服务的领域包括(图5-4):①上游的传统种植业——玉米种植及农业生态园;②以低聚

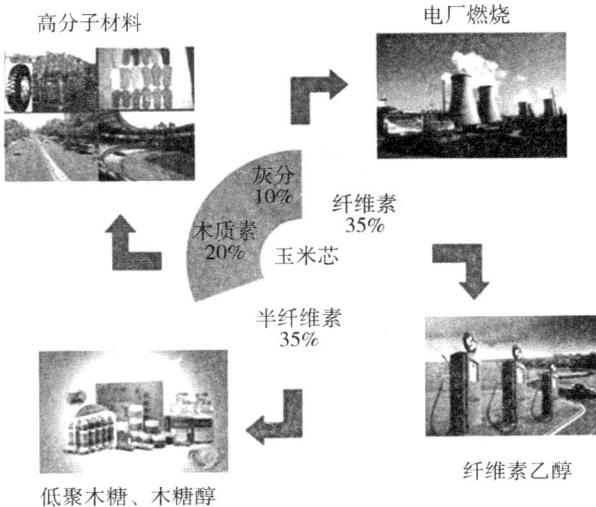

高分子材料　　　　　　　　电厂燃烧

灰分 10%
纤维素 35%
木质素 20%
玉米芯
半纤维素 35%

低聚木糖、木糖醇　　　　　　纤维素乙醇

图5-4　龙力中下游产品涉及领域

资料来源:山东龙力生物科技股份有限公司。

木糖、木糖醇为核心的新食品、营养及健康保健品;③由燃料乙醇、沼气及其发电构成的生物能源;④通过酶解木质素生产的高分子材料和利用纤维废渣生产的石墨烯高性能材料;⑤通过改变秸秆焚烧习俗、综合利用有机废弃物而创造出的有利于环境的生态产品(如有机肥料)及服务。

可见,其涉及的领域与农业拓展后形成的新型农业体系假说及其6个子系统的框架基本吻合,其中的"生物基资源"子系统包括由燃料乙醇、沼气及其发电构成的生物能源和生物材料等两个分领域(图5-5左)。

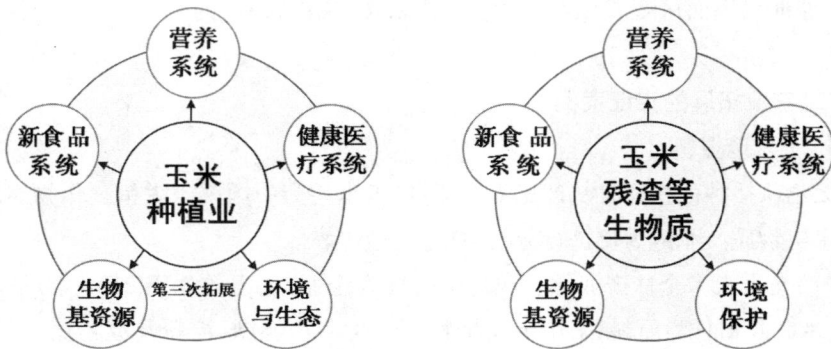

龙力玉米全株产业链　　　　DSM生物质产业链

图5-5　农业拓展的案例归纳——生物质农业拓展产业链(1)

(2)DSM生物质产业链。作为国外代表企业,DSM是一家致力于可持续发展的生命科学与材料科学的跨国公司。其产品及服务的类型包括:维生素与抗生素、保健品、涂料与油漆、饲料成分、生物能源(纤维素生物燃料和生物气)、生物基材料、化学品结构单体(生物基琥珀酸等),以及个人护理、医疗设备、生命防护等健康医疗服务,涉及新食品、营养、健康、能源、材料、环保等领域(图5-5右)。

DSM将生物经济作为创造可持续发展未来的综合平台,运用先进的生物科技手段和基于生物过程的可持续发展理念——以可再生的非化石型替代解决方案来满足日益增长的需求,以玉米残渣等生物质(包含农业、工业及生活的有机废弃物)为原料,生产环保、高效、可再生的生物基系列产品,并创造新的就业机会,增加农民收入,减少温室气体排放。

(3)玉米产业链的意义。作为生物经济与农业相结合发展的经典案例,龙力玉米全株产业链和 DSM 生物质产业链具有示范价值与普适意义。第一,具有重要性,玉米是中国也是世界主要的农作物,秸秆重量约占全株 3/4,生物量巨大。第二,具有可持续性,能源与环境问题属于全球性问题,玉米生物质的循环利用,能够为能源与环境问题的化解提供新的可持续发展途径与方案。第三,具有可复制性,玉米产业链为其他农作物如大豆、小麦、高粱、水稻等的综合开发利用提供了可资借鉴的经验和模式。如果农业生产能够做到废物利用、循环发展,则可以减少农业污染与碳排放,改善农业生态,从而实现农业低碳环保与可持续发展。

2. 德青源生态农场

(1)德青源生态产业链。德青源生态农场,即北京德青源农业科技股份有限公司,创立于 2000 年,是以鸡蛋为主导产品的新型农业企业,位于北京延庆县,占地约 1000 亩①。

德青源已形成"种植—养鸡—食品加工—能源—环保"的生态产业链,拥有300 万只蛋鸡及蛋品系列加工产品。产业链的核心是包括蛋鸡和雏鸡在内的养殖业;产业链的上游是种植业,包括自有的 500 亩有机蔬菜和水果,以及分布在周边农村的 10 万亩玉米的订单农业种植基地;下游是沼气发电与有机肥料——该产品又循环成为下一轮种植业的上游产品。

沼气发电项目成功并网发电,成为德青源跨入清洁能源领域的里程碑。这是因为,沼气发电不仅解决了传统养殖业存在的畜禽粪便等废弃物的环境污染问题,而且能够为周边村庄提供清洁能源——每年 1400 万度电,同时通过其副产品沼液和沼渣为附近农民的种植业提供有机肥料——年产 16 万吨的液态及固态有机肥,收到既解决环境问题又带动当地农村经济发展的"多赢"效果,标志着德青源循环经济和可持续发展模式进入新的发展阶段。

德青源不仅实现了自身"有机种植—生态养殖—食品加工—清洁能源—有机肥料—订单农业—有机种植"的良性循环,而且其模式辐射推广到安徽滁州市等地。这些复制或推广项目还包括德青源与美国 Smithfield 公司的合作项目。该项目不仅能够生产沼气并发电,而且可以化解 Smithfield 公司所属 2600 多家猪场废弃物的资源化利用问题。

---

①　本节德青源数据系根据作者实地调研和德青源生态农场网站(http://www.dqy.com.cn/index.html)整理。

从农业领域及其拓展角度来看,德青源生态产业链可分解为以下四个子系统:①以种养业为核心,并包括其上游产品——有机肥,及其下游系列产品及生态服务等在内的常规农业系统,该系统包括有机蔬菜、果品、玉米等在内的食品系统;②以优质蛋品及其系列加工产品为主的营养系统;③以沼气及其发电为内容的生物基可再生能源系统;④以清洁环境及生态服务为特征的环境与生态系统。由此可见,除可供拓展的⑤健康医疗系统(动物健康医疗已涉及)外,与上述新型农业体系及其六个子系统的框架基本契合(图5-6左)。

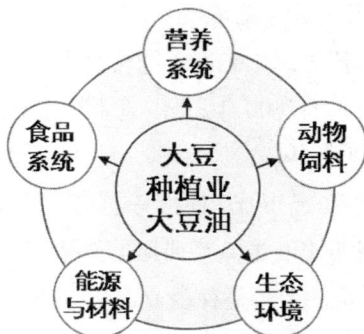

图5-6　农业拓展的案例归纳——生物质农业拓展产业链(2)

(2)德青源产业链的意涵。目前我国农业总体上仍属于"高投入、高能耗、高污染"发展模式,容易导致水体及土壤大面积污染、土壤侵蚀、酸化、盐渍化、沙化、农药农膜残留,相对粗放的增长方式不可持续。秸秆等有机废弃物如不能得到有效利用,反而会给城乡及农业环境造成沉重负担。

未来农业发展要求绿色环保、可持续、多功能、高品质。以德青源为代表的生态产业链,通过生物质循环利用,不仅能够实现产业链增值,而且为能源与环境问题的化解提供可持续方案。各类农业生产如果能够做到废物利用、循环发展,则可以减少农业污染与碳排放,改善农业生态,从而实现农业低碳环保与可持续发展。这正是德青源模式有利于克服传统农业模式主要弊端的意义所在。

德青源已构建的新型农业生态循环模式和正在形成的与周边休闲旅游相结合的科普教育示范基地,以及创造出的"能源农业"、"循环农业"新业态,与农业形态变化和绿色转型的目标要求高度契合。

3. 塞内克斯大豆产业链

以塞内克斯能源与农业公司(位于美国明尼苏达州)为代表的大豆产业链,创造了大豆作为"神奇农作物"的经典传奇[①]。该公司产品涉及领域包括:①以大豆种植业及其主产品大豆油为核心的常规农业系统;②由大豆及其副产品加工而成的豆制品、大豆粉、酱油、卵磷脂等组成的食品与营养系统;③由精炼过程中产生的副产品脱脂豆饼加工形成的动物饲料;④以大豆生物柴油为核心的生物能源系统;⑤以大豆塑料、泡沫等组成的生物材料系统;⑥以大豆天然固氮为代表的生态环境系统(图5-6右)。

4. 生物质产业链的共性特点

由以上案例可见,生物质产业链具有以下共性特点:

(1)利用可再生的生物质,生产绿色环保、可持续的生物基系列产品及相关生态服务。

(2)注重生命科学与生物技术的研发创新,如 DSM 采用先进的生物科技手段和基于生物过程的可持续发展理念,将生物经济作为创造可持续发展未来的综合平台。

(3)所生产的生物基产品绿色环保、可降解,资源可循环利用,直接或间接减少温室气体排放。

(4)与农业主副产品生产相结合,创造新的就业机会,直接或间接增加农民收入。

除上述 4 家企业外,中粮集团、大北农集团、益海嘉里(稻米—大豆产业链)、浙江安吉谈竹庄(竹产业链)以及杜邦旗下的杰能科、丹麦诺维信等国内外众多生物质涉农企业,其主体领域同样具有上述共性特点,表明以生物资源为基础的全生物质(whole of biomass)产业链的研究开发及其产业化,正在形成生物经济绿色发展浪潮,引领或推动包括农业在内的众多产业的绿色转型。

5. 生物质产业链的综合效益与实证意涵

(1)生物质产业链的综合效益。在全球性不可再生的化石资源逐渐枯竭、成本上升,城乡经济需要绿色转型的时代背景下,生物质产业链具有长远的综合效

[①]　作者根据 CCTV - 纪录频道 2014 年 12 月 22 日 13:00 - 14:00 的报道《现代奇迹——豆子》整理。

益。从经济效益上讲,将常规农业拓展到新型农业体系,延长了产业链,实现了生物质(如玉米)系列加工产品的多级增值;从民生及社会效益上讲,改变传统农业的就业形态与人们的健康观念,创造了农业新业态与绿色产业模式以及新的营养健康的生活方式,增加了"绿领"就业,提高了农民收入;从生态效益上讲,物尽其用,变废为宝,在增加可再生能源及其他生物基产品绿色供给的同时,减少农林剩余物的浪费与生活有机废弃物的排放,能够化解困扰多年的秸秆与生活垃圾处理等问题,并消除由秸秆焚烧带来的大气污染。

(2)生物质产业链的实证意涵。作为生物经济与农业相结合发展的案例,上述生物质产业链具有借鉴、推广价值以及普适性意义。首先,自然界生物质来源广泛,数量巨大,生物质的循环利用,能够为能源与环境问题的化解提供新的可持续发展途径。如果农业生产能够做到废物利用、循环发展,则可以减少农业污染与碳排放,从而实现农业低碳环保与可持续发展。其次,丰富多样的生物质类型及高效的生物工艺过程,为生物质的深度开发提供了物质基础与技术手段,进而为生物制造及相关产业的绿色转型提供了可持续的解决方案。第三,全生物质产业链,既可以由单个企业(集团)主要领域组成,如中粮集团的食品领域与其旗下的中粮生化能源有限公司的能源领域;也可以由不同企业从事相关上下游不同环节来体现,如塞内克斯大豆产业链,未包括凯斯纽荷兰国际公司(农机巨头)利用大豆副产物生产的大豆塑料板——用作联合收割机挡板,具有重量轻、易成型、坚固耐用、绿色环保可降解等优点。

不同类型的案例,能够从微观层面折射出新型农业体系所具有的时代特征:绿色、可持续、可再生及生态循环、多功能性。众多生物质产业链的形成,表明农业正在拓展,农业与相关"非农"产业[1]正进一步融合,界线趋于淡化。可见,当代农业不仅依然呈现"活着的农业"(living agriculture)现象,而且农业的功能与内涵更加丰富,领域范畴也在进一步拓展。农业这一普遍性变化与拓展的共同点是:更加绿色、低碳、环保、可再生、可循环、可持续。沿着"生命本质的高度一致性—物种间的界限被彻底打破—农与非农融合、边界淡化—农业可拓展—农业新业态"的逻辑路线(参见图1-3),有助于理解生物质产业链对于生物相关产业融合

---

[1] 这里的"非农"产业是针对当代农业划分的。在未来生物经济时代新型农业体系的框架下,与生物机能及生物质相关的部分"非农"领域属于新型农业体系范畴。

与农业拓展的革命性意义。

三、农业第三次拓展应时而生

回溯过去,随着经济时代的演进,农业的概念、领域一直在拓展,如从原始狩猎与采集拓展到农业经济时代的原始种养业;从农林牧渔拓展到工业经济时代的农产品系列深加工;从过去粮食概念到当代的"大食品＋营养"概念。每次拓展赋予农业新的功能。概括地讲,自农业经济时代以来,农业领域及功能经历过两次规模化整体性拓展:

(1)第一次拓展主要发生(即"成为现实")在农业经济时代,是指由狭义的农业即种养业(俗称"小农业"),拓展到包括种植业、林业、畜牧业、渔业以及与农民生产生活直接相关的副业(统称"大农业")。

(2)第二次拓展发生在工业经济时代和当今信息经济时代,是指由"大农业"拓展到除包括种植业、林业、畜牧业、渔业外,还包括为农业提供生产资料的农业前部门和由农业主副产品加工、储藏、运输、物流、销售及有关服务所构成的农业后部门。经过第二次拓展,农业已广泛渗透到第二产业和第三产业。

把握当下并前瞻未来,农业是生物学应用最重要和广泛的产业,农业与生物质产业之间具有共同的生物学基础,生命科学与生物技术正在从根本上改造传统农业。在生物经济的成长阶段,农业拓展与形态演变的内生和外生动力正在分别推动和拉动农业第三次拓展(图5-7)。

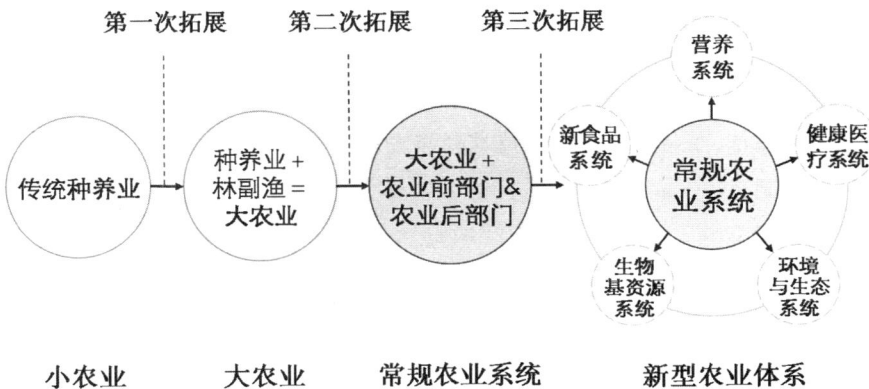

图5-7 农业第三次拓展

（3）农业第三次拓展，是指由"大农业、农业前部门、农业后部门"构成的"常规农业系统"，拓展到包含常规农业系统在内，并包括新食品、营养、健康医疗、生物基资源、环境与生态等生物质相关的共六个子系统在内的新型农业体系（俗称"超农业"）。

通过农业形态演变宏观层面上的归纳（第四节）与四个案例微观层面上的实证（第五节）的相互印证，进一步明确新型农业体系假说可望成为农业形态变化与绿色转型的目标模式，由此新型农业体系堪称"革命性未来农业"。

至此，"新型农业体系"从感性认识上升到理性认识，从假说正式升华到理论性概念。至于如何完成认识论的"感性认识—理性认识—实践"的"两次飞跃"——即再返回到实践，那是在第七章中将要涉及并探讨的内容。

"经者，常也"。常—经，即不变；无常—易，即变化。常规农业系统是相对于农业新的革命所产生的将要拓展（变）的部分而言，相对保持不变（经）的部分。新型农业体系与常规农业系统的关系，可用下图示意：

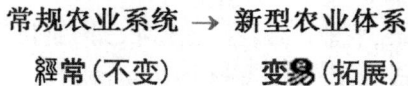

常规农业系统 → 新型农业体系

經常（不变）　　　变易（拓展）

图5-8　新型农业体系与常规农业系统的关系

农业第三次拓展在时空上的表现是：传统农业在很大程度上受季节时间和地域空间的限制，现代生物技术使生物物质和能量转化的内容、形式及节奏都发生了变化，从而大大拓展常规农业或传统农业生产难以达到的时空范围。具体包括：①加快了生物机能转化与生物性状转变的进程，如传统农业需要长期杂交才能培育出新品种，而通过基因工程技术能够使育种时限大为缩短。②不断突破生长环境的限制，过去需要在气候适宜地区生长并大量占用良田的生产方式，现在和将来可以在室内工厂和其他更广泛的自然条件下进行。③增强了生物的功能与性状（value-added traits），如研制第三代转基因作物，可以提供包含生物燃料、生物药品、口服疫苗、特种及精细化工产品等在内的新型农业产品。

显然，在当前的信息经济时代，新食品、营养、健康医疗、生物基资源、生态与环境等五个子系统中大部分仍分别属于食品工业、医药工业、能源工业等"非农"领域，但在生物经济时代，它们将成为未来"现代农业"——新型农业体系——的拓展部分。也就是说,无论是从农业历史还是从前瞻性角度,但只要从农业本质特征上衡量,未来农业是拓展的"活着的农业"。所谓农业的本质特征,就是同时满足以下三点:利用生物的生活机能;实现物质与能量的转化;人工作用以取得产品。

以上的案例分析同时表明:新型农业体系涉及的领域内容及其结构,虽因国家、地区或企业的不同而千差万别,复杂多样,但可以归纳或抽象简化为"五轮模型"(参见图5-7或图1-2);其功能除包括满足人们温饱和营养需要、为工业增值提供原材料等基本功能外,还包括增进人类健康、满足生活情趣、享受优美生态,以及与提高生活质量相关的服务等多元化功能。

第六节 新型农业体系的主要内容

综上所述,新型农业体系是基于生物经济的未来农业发展的综合形态,由当今时代背景下的常规农业系统以及面向生物经济时代正在拓展的新食品、营养、健康医疗、生物基资源、环境与生态等五个子系统在内的共六大子系统组成。

六大子系统相对独立与完整。子系统之间相互关联,如新食品系统与营养系统密切关联,而且它们与健康医疗系统又有着密切的关系;生物基资源与环境以及生态的关系也非常密切,以至于经常将它们并称在一起,如资源环境、生态环境。但是,每个子系统所包含的领域或部门又具有类似的相对一致的功能。

一、常规农业系统

常规农业系统由"大农业",加上农业前部门、农业后部门组成。其中的"大农业"也就是通常所说的"农林牧副渔"——其中的"农"即种植业。

农业前部门是指为农业提供生产资料的部门,包括种业、化肥(特别是生物肥料)、农药(特别是生物农药),以及农业生产技术咨询等"软件"。

农业后部门是指由农业主副产品加工、储藏、运输、物流、销售及有关服务所构成的部门,后者包括保险、电商、广告。

新型农业体系与当代的常规农业体系是包含与被包含的关系,新型农业体系向下兼容。也就是说,新型农业体系及其相应的农业易相发展理论(第七章)具有包容性,是对常规农业系统及传统农业发展理论的一种拓展、补充和扬弃,并非替代。

二、新食品系统

1. 概况

为区分常规农业系统中的传统食品,此称新食品。凡同类中新的品种出现,则原有的品种就成为常规或传统,如新型导弹对应常规导弹、新型航母对应传统航母。新食品是指利用现代科技特别是基因工程开发研制的食品,国际上一般称之为"新颖食品"(novel food),国内也称"新资源食品"。利用光、磁、辐射以及太空微重力环境等选育而生产出来的食品,也可以列入新食品系统。

新食品系统的内容包括转基因食品、新型功能食品、新型保健品、免疫食品、新型甜味剂等。其中的转基因食品是研发前景广阔、市场容量大,而又受谣言困扰最多的新食品,因而此后对其稍作展开分析。

功能食品(functional foods)、保健品(health foods)早已有之,通常指利用传统技术生产出的食品;而新食品系统中的功能食品和保健品是指利用现代生物技术开发的新型食品,如低聚木糖、木糖醇。为此,功能食品分为传统功能食品和新型功能食品;保健品分为传统保健品和新型保健品。

的确有点绕,因为它们之间本来就相互交叉。何为传统功能食品与新型功能食品? 分别例如:①国外较少见到如中国的白米饭主食,而往往是在普通大米中添加了各种其他食品或养料,从而使之兼有更多的营养或保健功能,这样的混合食品,属于传统食品或功能食品;日本乐天公司研制并已投放市场的记忆力口香糖,是在传统口香糖中添加了"银杏叶黄酮配糖体"和"银杏叶萜内酯",使之具有维持中老年人记忆力或延缓记忆力衰退的功能。②运用营养基因组学(nutrigenomics)原理开发的功能性食品,就属于新型功能食品,此类食品往往具有个性化特色。

2. 转基因食品的界定

转基因食品一般是指利用基因工程,将某些生物的基因转移到其他物种中,通过改造遗传物质,使其在性状、营养品质等方面向人类所需要的目标转变,以转变后的生物产品为直接食品或为原料加工生产的食品。

转基因食品,最早源于英文"transgenic food",因其含义不确切,现已很少使用;其次源于"Genetically modified food",简称"GM food",中文意译为"转基因食品",直译的意思是"遗传修饰食品"或"基因改造食品",此为目前中外比较常见的用法。此外,也有将转基因食品改称生物技术食品或作物(biotech foods or biotech crops)、遗传工程(genetically engineered,genetic engineering)或生物工程(bio-engineered)食品;前者如国际农业生物技术应用服务组织(ISAAA)、孟山都公司等,后者如在美国、加拿大出现的转基因食品常见的标识之一。利用新型基因编辑技术(如 CRISPR - Cas9)或基因沉默(gene silencing)技术研发生产的食品,是否属于"传统的"转基因食品并纳入目前的转基因食品监管体系,尚在学术界讨论或政策界拟议之中,但在美国和加拿大等已出现不必对其进行转基因食品标识的实例,如由加拿大公司 Okanagan Specialty Fruits 研制、能够延长苹果切开后保鲜时间的、于 2017 年秋在美国中西部和南加州上市的北极苹果(Arctic Apple),该新食品运用了基因沉默技术,屏蔽了使常规苹果切开后容易褐变的基因。

3. 转基因技术对农业绿色转型的益处

人口增长、耕地面积减少、人均水土资源下降、气候变化与环境恶化等全球性问题迫使农业必须在增加供给的基础上实现绿色可持续发展。而转基因技术因其目的性强、定向改变生物性状,至少能够给农业绿色转型带来以下益处。

(1)改善品质、营养、口感、成熟度。

(2)抗病虫害、抗除草剂,以减少农药等化学品施用量,从而有利于环境。

(3)通过便于田间管理与收贮、免耕等方式,以减少生产成本,并降低温室气体排放。

图 5 - 9　同等水土条件下小麦抗逆对照

（4）直接或间接提高农作物单位面积产量，满足日益增长的人口需要，并减少对可耕地总量的需求，从而间接保护了森林及生物栖息地。

（5）通过培育节水、耐旱耐盐碱等抗生物逆境作物品种，以充分利用水土资源。

4. 转基因作物及其食品的研发与监管环节

转基因作物研发环节包括：分离提取目的基因；构建基因表达载体，常用方法是将目的基因与农杆菌等载体结合；将目的基因导入受体植物细胞；目的基因的表达和检测。即便研发出新品种，还要经过田间释放试验、安全证书、品种审定等监管环节，才能规模化生产与上市销售。不同国家的监管环节略有差异，但研发环节相同；本质上应是保持前沿高技术研发与产业化规制之间的适度平衡。可见，只要明确目的基因的功能，遵循操作规范，加强研发与生产过程的政策监管，便能够确保转基因食品安全——具有与传统食品实质等同的安全性。

5. 转基因食品的安全性

中外转基因食品的研发、生产与消费的实践同样证明：自转基因食品问世20多年来，没有出现因食用转基因食品的安全事故。以最先（1996年）将转基因食品推向市场的美国为例，目前其主要农作物包括玉米、大豆、油菜、甜菜、棉花，转基因品种的种植面积达到或超过相应农作物种植总面积的90%，市场上的包装食品估计约70%含有转基因成分，却没有发现一件转基因食品有害的实例。迄今世界几乎所有的食品安全管理机构和权威研究组织，如世界卫生组织（WHO）、欧盟食品安全局（EFSA）、美国食品与药品管理局（FDA）、美国科学院、英国皇家学会以及中国的食品安全管理部门，都认为经政府批准上市的转基因食品是安全的。

三、营养系统

营养系统与新食品系统紧密相连，以致有人习惯地将它们并称"食品营养"或"营养食品"，但二者的侧重点有所不同。如同新食品系统不局限于人类食用、同时包括动物饲料（如部分转基因玉米、类似转基因主产品加工后的副产品、转基因牧草）一样，营养系统的产品也包含一些动物饲料。

该子系统的内容包括：动植物营养改良品种、单细胞蛋白、植物"人造肉"、生物高效饲料、新型饲料添加剂等。其中植物营养改良品种，在人们生活从小康转向富裕之后，或在营养缺乏贫困地区，或针对先天性营养缺乏的某类人群，将发挥越来越重要的作用。例如,通过基因工程研制的富含维生素 A 和胡萝卜素的"黄金大米"(golden rice),势必将在某些地区率先获准生产。

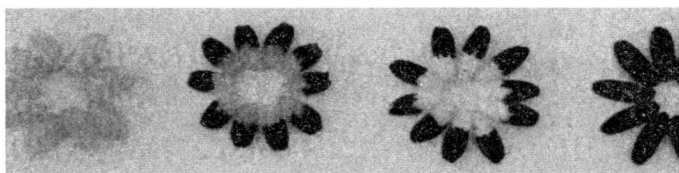

左一:黄金大米(只含 β-胡萝卜素);左二:黄金大米与黑米的杂交中(去掉一半种皮,暴露的米心为黄色,同时富含 β-胡萝卜素和花青素);左三和左四:普通黑米(去掉一半种皮,暴露的米心为白色,只含花青素)

图 5-10　转基因黄金大米与杂交黑色黄金水稻对比

资料来源:华中农业大学. 黄金大米与黑色黄金水稻——

由黑米品种"黑帅"与华中农业大学自主研发的黄金大米 GRH

杂交培育而成. 基因农业网等,2016.

四、健康医疗系统

健康是人类永恒的主题,生物医药与转基因食品、生物能源一起,是生物经济的三大主题。

健康医疗系统内容包括:生物医药、生物治疗、分子诊断、新型疫苗、水果疫苗、生物反应器(如利用转基因造血水稻生产人血清白蛋白,利用动植物基因工程生产药用蛋白)、动植物组织和器官克隆、抗体工厂、新型胰岛素与生长激素、中药标准化。从农业本质特征的角度理解,诸如此类属于目前"非农"的领域,随着生命伦理与农业伦理的进化,也可望变革性地成为新型农业体系的一部分或新型农业相关交叉领域。

其中的生物医药,除种植中草药属于所谓"药农"外,通常属于"非农"领域,但如果从农业的本质特征——利用生物的生活机能;实现物质与能量的转化;人工作用以取得产品——的角度理解,生物医药中的大部分,包括其中的中草药精细化研发与应用,将可以被纳入到新型农业体系之中。植物是可持续的天然化合物来源,目前超过一半的药物是天然产品或直接由天然产品提取的化合物,其中很多是植物代谢产物。

随着人们物质生活水平的提高、生产效率的提升以及休假时间的增多,农业疗养、休闲农业、"农禅"山庄等正在兴起,日益拥有广阔市场,预计将成为具有相当规模的产业,此类健康新产业也可以归入此子系统,或属于该子系统与相关服务业即第三产业的交叉领域。

五、生物基资源系统

1. 概况

生物基资源系统是指生物能源、生物材料以及与生物质相关的其他产品,包括为生产这些产品而提供的原料,故又可称为生物质资源系统。

该子系统的内容包括:生物能源、生物材料(含木质素、生物塑料)、生物复合材料(biocomposite)、生物化学品、生物酶、新型生物催化剂、工业原料替代作物(包括能源作物)、生物遗传资源——生物银行(biobank)、生物多样性、新型物种、植物找矿与细菌冶金、微生物采油。

生物能源,是该系统最重要的产品门类,是生物经济的三大主题之一,堪称现代生物经济发展的初衷或称"发祥"领域之一①,因而对其稍作展开论述。

2. 生物能源的优势与作用

生物能源是一个既古老又现代的庞大体系,从直接用作燃料的生物质本身的初级生物能源,到由生物质加工制备的次级生物能源。随着现代技术的发展,生物能源的概念也在进化,现在主要是指次级生物能源,即通过对生物质加工制备而获得的生物能源,包括以下五大类型:生物乙醇;沼气及生物制氢;生物柴油;生物丁醇;生物质发电与供热。其中的生物燃料,是可再生能源领域唯一可以转化为液体燃料的能源;按照减排百分比分为:常规生物燃料(如生物柴油),先进生物燃料(如生物丁醇)和纤维素生物燃料。

生物能源的优势与作用包括:

(1)作为替代化石能源的可再生资源,生物能源能够减少对石油的依赖性,促进能源利用多元化及能源战略安全;

(2)减少 CO_2、SO_2 等有害气体的排放,有利于保护环境;

---

① 以 1999 年克林顿签发的第 13134 号总统令《开发和推进生物基产品和生物能源》(President Clinton's Executive Order on Bio-based Products and Bioenergy)为标志。

（3）调整农业产业结构，促进生物质循环利用，拓宽农民就业渠道，促进农民增收；

（4）生物燃料是唯一能够大规模替代石油燃料的能源，而水能、风能、太阳能、核能等新能源只适用于发电和供热。

生物能源的优势与作用决定了其在实现化石能源替代战略中的作用和不断提升的地位。开发利用生物能源，对于减少环境污染、弥补化石能源不足，实现能源消费多元化及能源安全，促进农业拓展与农民就业等都具有重要的战略意义。

3. 生物能源研发与市场化的制约因素

（1）可能的"与粮争地"和"与畜争饲"，特别是以粮食为原料的第一代生物燃料开发，受到一些发展中国家的质疑或抵制。此所谓"可能"是指在特定地区与特定条件下也可以避免此类矛盾，如发展第二代和第三代生物燃料。

（2）技术与生产标准缺乏，并与现有能源生产和消费的模式与习惯、传统能源的生产与销售体系之间存在一定的冲突。

（3）成本价格劣势，这也是外部经济性强的绿色技术或在新兴技术产业化前期阶段普遍性存在的问题。

（4）法律与政策的先期支持及配套问题，如绿色产品采购政策。

（5）其他因素，包括石油能源的便捷性与勘探潜力、生物能源技术研发及其产业化时间等，也决定了生物能源的战略替代不可能一蹴而就。

（6）生物能源与常规农业存在互补共生的一面，也存在相互冲突的一面。除了前面提及的与粮争地问题，植物生产营养元素的取予平衡也是一个重要问题。随着第二代生物能源的兴起，作物秸秆等生物量不断从土壤中大量抽走，如果耕作、施肥不当，极易造成土壤营养元素失衡，并导致环境恶化。此外还存在土地用途的改变及可能由此造成对食品价格的影响，以及因单一种植造成的生态问题。

4. 生物能源的政策基点

生物能源的未来，与现有能源体系、国际能源市场以及政府对新兴绿色产业的激励政策密切相关。

在生物经济时代到来之前，包括太阳能、水电、生物能源等在内的可再生能源的消费所占比例仍然很低。即使考虑到对可再生能源的政策支持因素，生物能源也难以成为能源消费的主力军，不可能成为主流。这一判断应成为目前生物能源开发利用、能源政策调整、多元化能源战略实施的认识基点，即：生物能源优势与作用突出,环境友好,前景乐观,但必须经过长期不懈的技术与管理创新,才有可能成为未来能源消费的重要组成部分;从现在到 2030 年期间生物能源不占主流,化石能源仍然充当主力军角色,生物能源必须与传统的化石能源及其他可再生能源一起,共同担当起多元化能源战略的历史使命。

生物能源是生物经济时代能源开发与消费的一支重要生力军。客观而冷静地认识到这一基点,对于能源战略调整和政策改革,从而保障未来能源产业健康稳步发展具有基础性作用。

5. 能源农业是多元化能源战略的基础

在狩采经济时代和农业经济时代,以木柴及木炭为主的能源与农业关系密切;在工业经济时代和信息经济时代,能源主要以煤炭、石油和天然气为主;在未来生物经济时代,农业又将通过能源作物种植与加工及生物炼制而为生物能源提供基础保障,出现一种农业与能源工业相辅相成、共生共荣的新格局,并由此诞生出"能源农业"新的概念和业态。

生物能源的一、二代研发已超越自由探索阶段,未来的关键在于:提高能源作物(包括新兴的藻类)的生物质产量,降低包括原料成本在内的生产成本;对酶基因工程、分离萃取与纯化等技术的集成与协同攻关以及技术的熟化与工程化,从而提高转化率。

针对上述制约因素,需要从研发上对植物的能源性状予以改进,从政策体系上予以协调,才能减少生物能源开发利用可能造成的负面影响,从而保证常规农业与生物能源互补共荣、协调发展。主要包括:开发非粮作物并利用非耕地;在生物能源生产环节中,减少 CO_2、硫化物等有害气体的排放,以及与常规农业共需资源(如水资源)的消耗;在攫取土地生物量过程中,注重对土壤环境及生物多样性的保护;完善生物能源技术及生产标准,注重生物能源生产、加工、销售系统和化石能源相应系统的衔接与转换,如 2017 年由国家发改委、国家能源局等十五部门联合推出的"全面推广使用车用 E10 乙醇汽油"的政策。

六、环境与生态系统

1. 概况

环境与生态相互影响、紧密相连,以致有人笼统地将它们并称"生态环境"——就像并称科学与技术为"科学技术"一样;其实,二者之间有明显的区别——就像科学与技术有着明显的区别一样。

环境分为自然环境与社会环境,其中自然环境包括生态环境、生物环境和地下资源环境等。"生态环境"(ecological environment)显然不等同于"生态与环境",而是作为自然环境的一种,指的是"由生态关系组成的环境",即由生物群落及非生物自然因素组成的各种生态系统所构成的整体。

该子系统的内容包括:抗性植物或植物抗性(plant resistance)育种、生物治理与降解、生物肥料(菌肥)、生物农药与生物防治、生物安全与入侵防治、自然遗产保护、基因污染防治、生态服务,以及现代生物伦理等。其中的生态服务,包括自然旅游、休闲型狩猎和休闲型捕鱼,与健康医疗系统有一定程度的交叉。

2. 抗性植物研发的现实意义

抗性植物或称胁迫抗性植物,源于植物抗性,或称植物逆境胁迫抗性。例如 ToTV 抗性植物,指的是一种番茄植物,其基因组内部具有赋予番茄灼烧病毒(ToTV)抗性基因的至少一个等位基因。

植物抗性是指植物适应逆境的能力。植物周围的环境经常变化,干旱、过湿、盐碱、高温、低温、霜冻、水土污染、病虫害等不利条件统称逆境或环境胁迫。抗性可分为抗旱性、抗涝性、抗冷性、抗热性、抗盐(碱)性、抗冻性、抗污染性、抗病性等。

植物抗性育种,是指通过植物抗性基因工程,培育具有特定抗性的植物新品种,使植物具有抵抗不利环境的某些性状。植物抗性基因工程包括植物抗虫基因工程、抗除草剂基因工程和抗逆基因工程。例如,我们早已耳熟能详转基因抗虫棉、正在研发中的"海水稻",就属于此类。

植物的抗性有其限度,因而还需要采用品种外的其他措施,以避开或减轻逆境的胁迫。如因地制宜调整作物种类或品种的布局;采用薄膜或其他方式(如果园生草)覆盖,以保持适宜的小环境;建设林带或林网,以改善农田小气候。

我国南北纬度广,土地类型多样,植物生长环境差异明显,耕地紧张且拥有大量的盐碱地,植物抗性育种为缓解此类环境问题或矛盾提供了扩大种植面积和提高单位面积产量的策略。经过不同环境条件下的长期演化,植物对环境产生了不同类型和不同程度的适应。例如,高纬度地区生长的水稻品种的抗冷性比低纬度地区生长的强,利用此类特点,对引种时选择高抗性品种和育种时选择具有高抗性的亲本有指导意义。

第六章

第二次绿色革命

回顾近现代农业革命特别是绿色革命的成功经验与教训,探讨第二次绿色革命(second green revolution)的缘起、必要性、形成条件、特点、动力机制以及可能存在的问题,前瞻性比较两次绿色革命的异同点,并展望第二次绿色革命的功能定位与愿景,对于把握第二次绿色革命的方向,运用其或其系列"亚革命"科技手段,促进农业绿色转型和新型农业体系建设,具有前瞻性理论意义和实际应用参考价值。在"五位一体"思想体系中,第二次绿色革命或其系列亚革命是实现未来农业目标愿景的综合技术手段。

第一节　近现代史上的四次农业革命

对于相对保守的人来说,"革命"似乎是略带贬义的一词。其实,我要在此表明的是:革命是一个带有进步色彩的词汇,特别是从广义而非仅从政治上来理解。

革命与"变"(change)密不可分。从工业上理解:工业革命就是"工业上的完全变化:商品制造由人力变为由机器"(a complete change in industry:a change from goods made by hand to goods made by machine)[1]。农业革命(agricultural revolution)可以被通俗地理解为"农业上的完全变化"(a complete change in agriculture)。从科技哲学上讲:"革命是世界观的改变"[2]。在此将要探讨的便是科技革命,科技

---

① Deborah Short, Margaret Seufert-Bosco, Allene G. Grognet. Of the people: U. S. history. Delta Systems Co. ,Inc. 1991(reprinted in 1995). 97.

② 托马斯·库恩. 科学革命的结构. 北京大学出版社,2003:101.

革命与产业革命是联系在一起甚至是密不可分的。

科技革命具有层次性。一项重大的科技革命,往往是由一系列互相关联的亚革命(sub-revolution)引起的,如20世纪60年代晚期和70年代初期连接酶、限制酶、质粒等的发现,在1973年整合导致DNA重组技术的重大突破,进而引发分子生物学革命;相对于后者,前者有的可以称为局部领域的亚革命。再如CRISPR – Cas9,它极有可能成为农作物育种领域的一次重大革命,而这项革命如果放在经济时代背景下,又只是农业形态转变与绿色转型中的与医学等领域交叉的一次亚革命。

在19世纪和20世纪先后发生过四次农业革命:

(1)19世纪90年代农业"机械革命",为农业机械化、规模化开辟了道路;

(2)20世纪初的农业"化学革命",为化肥等农用化学品应用、农业增产立下了汗马功劳;

(3)20世纪前半叶"杂交育种革命",为农产品增产提供了良种基础;

(4)20世纪下半叶出现并完成的绿色革命,为发展中国家粮食产量提高、减少饥饿与贫困做出了重大贡献。

这四次农业革命均发生在工业经济时代(1760s之后),目前农业正在经历信息化变革,诞生了精准农业等亚革命——与上述四次革命相比,无论是变革的内容还是影响的范围,均低于至少一个量级;随着互联网、大数据等技术在农业领域的推广应用,"智慧农业"亚革命正在兴起(表6 – 1)。

表6 – 1 经济时代与对应的农业革命

经济时代	狩采经济	农业经济	工业经济	信息经济	生物经济
农业形态	自然攫取	小农业	大农业	常规农业系统	新型农业体系
农业领域或部门	狩猎与采集	种植业、养殖业	农林牧副渔	农林牧渔、农业前部门、农业后部门	常规农业系统 + 生物基相关五个子系统
农业革命的动力因子	人力、动植物自然性状	人力、畜力、动植物选育性状	原子、元素、机械、杂交	比特(bite)	基因(gene)

经济时代	狩采经济	农业经济	工业经济	信息经济	生物经济
农业革命形态	石器革命、弓箭发明	由攫取过渡到"生产"革命	化学革命、机械革命、杂交育种革命、绿色革命	农业信息化、智慧农业革命	农业第二次绿色革命或其亚革命
相应的产业革命		传统生物学革命	化学革命、工业革命	工业自动化、信息革命、"互联网+"革命	基因革命、医学革命、生物基产业革命

类似于原子与元素之于工业经济,引发化学革命和工业革命,比特之于信息经济,引发信息革命一样,基因之于生物经济,正在引发基因革命、医学革命和新的农业革命。生命科学与生物技术的发展,同时导致其他领域如工业、能源、环保等也在进行不同层次的绿色革命,但农业的绿色革命是相关生物基产业革命的基础。从主体与核心角度讲,发生在农业领域的基因革命即本章将深入讨论的第二次绿色革命。

以上四次重大的农业革命,尤其是其中距今较近的绿色革命的历史经验告诉我们,农业重大革命之所以形成,必须具备以下三个条件(其可以称为农业革命三要素):

(1)农业出现重大问题,特别是全球性食品危机出现。

(2)技术及生产工具取得突破性进展,农业相关科技日益成熟,需要传播与扩散。

(3)政策导向的利好推动。国际社会关于粮食增产与全球稳定、国际减贫等问题形成共识,而且政府与非政府组织积极支持并参与农业重大问题的解决,技术主导大国(如绿色革命期间的美国)调整政策,为农业革命提供技术条件和政策支持。

第二节　第二次绿色革命的缘起

一、绿色革命的由来与基本共识

1. 绿色革命的由来及其含义

"绿色革命"(green revolution)一词,由美国国际开发署(USAID)主任威廉姆·高迪(William Gaud)博士于1968年10月首次提出,用以描述我们可以通过提高绿色植物的生产效率来提高粮食产量[①]——USAID 在年度报告中将印度次大陆的粮食增长现象称为"绿色革命"——他在对 20 世纪 50 年代以来的全球农业领域发展进行评价时提出："这是一次新的革命,既不是苏联那种激烈的红色革命,也不是伊朗那样的白色革命,我称之为绿色革命。"[②]

所谓绿色革命——为区分"第二次绿色革命",有时称"第一次绿色革命"——本质上是指新的高产品种(High Yielding Varieties)、灌溉、机械化和大批量施用的化肥,以及重要的与之相关知识的转移。

显然,绿色革命的发生早于"绿色革命"一词正式出现的时间。第一次绿色革命起源于 20 世纪 40 年代,是为解决人口和粮食供求矛盾而引起的饥荒问题,由美国洛克菲勒基金会首先发起,世界银行、联合国粮食及农业组织(简称"粮农组织")、联合国国际发展署等共同参与推动的,主要针对发展中国家粮食增产的农业新技术传播推广活动。

第一次绿色革命盛行于 20 世纪 50—60 年代,于 70 年代达到鼎盛并基本完成。在绿色革命接近完成之时,就有美国学者总结写道:

"饥饿的幽灵仍然在世界大部分地区游荡徘徊,为了借助于现代科学技术来增加农作物产量,进而消除饥饿,国际水稻研究所于 1962 年在菲律宾应运而生。该研究所的研究成果只是世界作物研究成果的一方面,世界作物研究成果不单指水稻,而且还包括小麦以及其他粮食作物。该研究所在繁育新的高产品种方面已经取得显著的成果,凡是广泛采用了新品种的地区,作物产量都有不同程度的增长,某些地区甚至获得了巨大的增长。这些全部成果即所谓的绿色革命。"[③]

2. 第一次绿色革命的标志性内容

(1)新的高产品种。20 世纪中期,一些发达国家和墨西哥、菲律宾、印度、巴基斯坦等众多发展中国家,开展利用"矮化基因",培育和推广矮秆或半矮秆、耐肥、抗倒伏的高产水稻、小麦、玉米等新品种为主要内容的生产技术活动,目标是解决发展中国家的粮食问题。当时有人认为这场改革活动对世界农业生产所产

---

①　M. S. Swaminatham. 新生物学与常绿革命. 世界自然保护联盟通讯,第 6/7 期,1999 – 05 – 18.

②　Clifton Ross. The Second Green Revolution. Race Poverty & the Environment, 2009, 16 (2): 78 – 81.

③　Jesse H. Wheeler, J. Trenton Kostbade, Richard S. Thoman. Regional Geography of the World. Holt, Rinehart & winston, 1976:414.

生的深远影响,犹如 18 世纪蒸汽机在欧洲所引起的产业革命一样,故称之为"绿色革命"。

(2)大量施用化肥、除草剂等化学物质。在取得作物增产的同时,产生了比较严重的污染,在环境可持续方面产生了负面影响。

(3)新型农田灌溉与机械化。对技术和经济上要求比较高,投资过大。

(4)绿色革命的发起者。

自 20 世纪 40 年代,一直到 70 年代,兼具农业科学家、植物病理学家、遗传育种专家的诺曼·布劳格(Norman Borlaug)采用现代育种技术培育出高产小麦品种,并借助化肥等配套措施,极大地提高了粮食产量,从而挽救了成千上万第三世界国家穷人的生命,并因此获得了 1970 年诺贝尔和平奖——既是对个人成就的肯定,也是对绿色革命取得成功的认可,被称为"绿色革命之父"。此外还有其他一些代表人物也发挥了区域关键作用,如印度遗传学家斯瓦米纳坦,自 20 世纪 60 年代起,通过改良小麦和水稻品种,实现粮食大幅度增产,使印度摆脱饥荒困扰并实现粮食自给有余,被称为印度的"绿色革命之父";中国的袁隆平从 70 年代开始杂交水稻育种,使中国粮食产量跃上了新的台阶,被誉为世界的"杂交水稻之父"。

作为组织者,洛克菲勒基金会发挥了首创作用,参与推动的机构还有世界银行、粮农组织、联合国国际发展署以及相关国家的政府部门等。1942 年,洛克菲勒基金会开始与墨西哥农业部展开一个合作项目,以解决该国因小麦秆锈病造成的大量饥荒;布劳格参与该项目,共同促使 1956 年墨西哥的小麦产量翻了一倍,达到自给自足的水平;1963 年,墨西哥 95% 的小麦作物都是布劳格的新品种小麦,小麦收成是 1944 年布劳格刚到该国时的 6 倍——墨西哥最终成为一个小麦出口国。1961—1962 年,在美国农业部的支持下,布劳格的矮生春季小麦开始在世界各地小范围测试。1963 年,洛克菲勒基金会在原来项目的基础上,成立了国际玉米小麦改良中心(CIMMYT),作为负责人的布劳格受命前往巴基斯坦和印度;从 20 世纪 60 年代开始,这两个国家的小麦增产超过人口增长,饥荒得到了控制。

到 80 年代,洛克菲勒基金会将战略方向转到生物技术农业领域,布劳格也呼吁继续用生物技术抗击饥荒。1986 年,布劳格创立世界粮食奖,专门授予为提高世界粮食产量、质量及食物可供应性而做出重大贡献的人;2004 年,袁隆平荣获了这一素有"农业诺贝尔奖"之称的世界粮食奖。如今,新的农业问题出现,与农业相关的环境与全球气候变化问题迫在眉睫,对此,在纪念布劳格诞辰 100 周年之时,2014 年 4 月 11 日,美国前总统奥巴马写信给朱莉(Julie Borlaug)称:"我赞同诺尔曼·布劳格先生关于加大生物技术投资的观点,这对于解决地球上一些急迫的农业问题非常重要。""通过我们的新区域气候变化中心,我们将使用你祖父发明的各种技术帮助农民和农场主去面对气候变化的挑战。"此为后续,暂且不表。

3. 第一次绿色革命的基本共识

尽管事后也有不同的看法,但就当时的情况总体而言,对第一次绿色革命的后评价还是形成了"成功远大于失误"的基本共识。

首先,第一次绿色革命在世界四个不同类型的地区获得了成功。这四类地区是:拉丁美洲、中国和东南亚、印度和南亚、英国,其中前三个地区属于发展中国家类型。这里所定义的"成功",是指提高了作物产量,减少了营养不良,而未涉及环境、社会经济公平等方面的问题,因为,在当时的发展水平下,提高粮食产量是这些地区的最高优先领域,也是彼时的当务之急。

其次,分阶段来看,第一次绿色革命在初期取得了较大的成功,直接缓解了许多发展中国家粮食产量不足的问题。然而,随着时间的推移,越来越多的学者认识到其带来的负面影响,主要包括:环境污染;由生物种类简化造成的生物不稳定性上升;扩大了发展中国家贫富差距,即所谓的公平问题。也就是说,第一次绿色革命基本解决了一些发展中国家如印度的吃饭问题,但并未解决粮食安全、农业可持续发展和农民整体贫困等三大问题。

第三,在生态与环境可持续发展方面产生了一定的负面效应。这些负面效应主要是由于过量使用化肥、除草剂等化学物质而对环境造成破坏,以及由于农作物品种单一化而引起的农业种质资源减少及农业生态系统退化。这一问题也恰是第二次绿色革命将要重点解决的问题。

二、第二次绿色革命的缘起

农业革命及其他产业革命,往往在"革命"称呼之前,就已经开始,如绿色革命酝酿开始于 20 世纪 40 年代,出现"绿色革命"概念一词却在 1968 年及之后。

在 20 世纪 50—60 年代绿色革命如火如荼并于 70 年代发展到鼎盛后不久,特别是随着 1973 年重组 DNA 技术得以整合发展以来,以基因工程为核心的生物技术快速发展,并开始应用于农作物改造,人类经济社会就开始展露"第二次绿色革命"的曙光。以基因工程为核心的农业革命,或称为农业基因革命,与第二次绿色革命虽然称呼不同,但在本质和主体上是一致的。

综合《知网》收录的以"第二次绿色革命"为篇名的文献分析表明:1973 年以来即大约在第一次绿色革命刚刚完成不久,学术界就开始探讨第二次绿色革命,如有科学家反思"绿色革命"通过增施化肥潜力有限,提出从植物生理学入手,提高农作物对太阳光能的利用效率,以提高农作物产量。20 世纪 80 年代中期以来,学术界对第二次绿色革命的探讨较为热烈且深入,焦点也开始集中在基因工程育种和创造新的品种上。自 21 世纪初起,以美国研发"生物基产品"和中国研发"绿色超级稻"为标志,开始将基于基因工程的第二次绿色革命与农业绿色转型、环境可持续发展结合起来。

作为一项政策动议,第二次绿色革命最早由世界粮食理事会第 16 次部长会议于 1990 年首次提出①,当时设想的主要目的在于:运用国际力量,为发展中国家培育既高产又富含维生素和矿物质的作物新品种。

但是,将第二次绿色革命作为政府农业发展战略与政策,印度提出较早,而且次数最为频繁,政府最为重视。自 2004 年瓦杰帕伊总理正式提出第二次绿色革命政策动议起,到曼莫汉·辛格政府,以及此后历届政府都提出将第二次绿色革命作为印度农业发展战略。

21 世纪初以来,来自中国(如中国科学院院士、水稻基因工程专家张启发)、印度(如著名遗传学家、印度"绿色革命之父"斯瓦米纳坦)、美国(如前能源部长、著名科学家、诺贝尔科学奖获得者朱棣文)以及联合国及其粮农组织(如前任秘书长潘基文)等的科学家、机构或政府的官员,呼吁发起或倡导第二次绿色革命的动议越来越频繁,从动议到计划、再到行动的力度也有所加大。例如:2006 年 9 月 12日粮农组织总干事迪乌夫(Jacques Diouf)呼吁国际社会发起第二次绿色革命,以满足人口不断增长对食品的需求,同时保护好自然资源和环境②;2008 年 5 月 14日联合国秘书长潘基文呼吁国际社会共同努力,推动新一代技术和耕作方式的开发利用,使第二次绿色革命成为可能,以便在促进农业生产的同时,确保环境和可

---

① 宋健. 现代科学技术基础知识. 科学出版社,1994:349 - 350.
② 联合国网站新闻中心. 粮农组织呼吁各国进行第二次"绿色革命". [2006 - 09 - 12/ 2017 - 08 - 28]. http://www. un. org/chinese/News/fullstorynews. asp? newsID = 6412.

持续发展目标①。

近现代农业发展史表明：当农业发展面临重大问题或危机，适逢科技取得重大突破与群体性进展时，如果再加上国际社会采取相应的政策支持与行动，农业就会发生革命性变化。第二次绿色革命就处于全面酝酿、部分领域亚革命先行突破的过程之中，即处在全球性规模化革命形成的前夕。第二次绿色革命预设目标及实现手段，从技术层面讲，大多与科技特别是以基因工程为核心的现代生物技术相关；从民生层面讲，仍然与粮食安全、减贫有关；从可持续发展层面讲，与农业绿色转型、环保、气候变化乃至未来能源相关。与第二次绿色革命含义与目的相近的其他称呼还有"新绿色革命"、"常绿革命"等。

2008 年，曾海燕、邓心安根据生物经济正在兴起的时代背景、农业发展面临的新问题——即农业拓展变化与绿色转型问题，以及环境可持续发展需求，在综合分析相关文献的基础上，对第二次绿色革命作出了规范性定义：

第二次绿色革命是指，通过国际社会共同努力，运用以基因工程为核心的现代生物技术，培育既高产又富含营养的动植物新品种以及功能菌种，促使农业生产方式发生革命性变化，在促进农业生产及食品增长的同时，确保环境可持续发展②。这一定义涵括了农业革命通常必须具备的三要素：针对食品与环境相关重大问题、运用现代生物技术、国际社会共同政策与行动。

第三节 第二次绿色革命的必要性与形成标准

现代生物技术的发展为农业革命提供了必要条件，而农业发展又面临重大问题，这样才有革命酝酿、发生与发展的必要。内外因素共同作用，才可能促使革命形成。第二次绿色革命怎样形成？目前发展到了哪一阶段？下一步怎样推进？要回答这些问题，首先涉及农业革命的必要性与形成标准。

---

① 新华网．潘基文呼吁国际社会发起"第二次绿色革命"．[2008 – 05 – 15/2016 – 12 – 29]．http://news. xinhuanet. com/newscenter/2008 – 05/15/content_8172663. htm.

② 曾海燕,邓心安．第二次绿色革命：开启现代农业新时代．科学新闻,2008(17):37 – 39.

1. 第二次绿色革命的必要性

世界特别是发展中国家随人口增长出现的粮食危机，与生物能源、淡水资源相关的资源危机，食品安全及与营养相关的健康问题，全球气候变化对农业乃至人类生存环境的影响，环境与生态等全球性问题，农业生产体系的可持续性等，共同构成第二次绿色革命的必要性。

2. 第二次绿色革命的形成标准

关于形成标准，可以借用兰德公司的研究成果。该研究认为，从历史经验来看，由必要性发展成为真正的农业革命运动需要具备以下五项标准[①]：

（1）该运动能够激发农民的生产动力，新技术给农民带来了纯利。

（2）运动大大促进了农业生产，提高了食品营养，或者兼而有之。

（3）人们普遍愿意在文化上和经济上适应新的技术，而且消费者能够接受农业革命运动的产品。

（4）技术提供者、管理者和使用者之间彼此合作。

（5）运动是可持续的，在中后期最终无需公共补助。

从地区层面上讲，转基因作物基本符合上述全部五项标准，具有进步性和革命性。如在美国、加拿大、巴西、阿根廷的某些作物，包括大豆、油菜、棉花、玉米等转基因作物的面积已占相应作物的 80% ~ 90%，因此，作为第二次绿色革命主体和核心的"基因革命"，从区域层面上讲已在进行之中；但从全球层面上讲，第二次绿色革命尚处在酝酿之中，其亚革命有的正在发生。

第四节　第二次绿色革命发生与形成的条件

第二次绿色革命之所以酝酿、发生并可望形成，必须同时具备三个条件：重大问题或危机出现；科技特别是生物科技取得重大突破与群体性进展；国际社会的共识与努力。

---

① Felicia Wu, William P. Butz, The Future of Genetically Modified Crops – Lessons from the Green Revolution. RAND Corporation, 2004.

一、问题或危机出现

当今世界,人口不断增长,人均资源特别是耕地面积不断减少,气候变化与极端天气加剧,食品安全与生活质量受到新的威胁,农业生产体系出现不可持续性。具体而言,当代农业发展出现以下重大问题:

(1)农产品产量、营养及品质共同提高问题;

(2)农业可持续发展的资源尤其是水资源短缺问题;

(3)农业可持续发展的环境问题;

(4)农业功能多样化以满足日益扩大的物质与精神需求问题。

以上是全球性问题。此外,中国农业还存在一些比较有特色的问题,包括:

(5)城乡人口流动与农业劳动力如何职业化与部分转移问题;

(6)农用地特别是耕地的碎片化以及权属关系问题;

(7)农村与城市的基础设施与收入差别问题。

这七大问题涉及农业、农村、农民,概括起来也就是所谓的"三农"问题。

农业发生革命性变化的重要前提,无疑是农业发展出现重大危机性问题,否则就没有必要进行农业重大变革。此为第一个条件或第一要素,显然已经具备。

二、科技取得重大突破与群体性进展

上述问题,与生命科学和生物技术的研发及其产业发展直接或间接相关。分子生物学使认识基因的物质基础和作用机制成为现实,如20世纪70年代初以后限制性内切酶、连接酶等技术的突破,导致80年代植物转基因革命。换句话说,以分子生物学及基因工程为核心的现代生物技术的突破、发展与应用,为化解农业相关全球性问题提供了技术手段。

第二次绿色革命所需的科技进展主要集中在生物科技和信息科技领域。生物科技新的发现与应用,将导致农业、食品、营养、医药、健康、能源、环保等产业发生重组和融合,进而导致世界经济发生深刻变化。生物科技对转基因作物和生物能源的革命性影响正在导致农业转型,即农业可能转型为既生产食物、纤维、饲料,又生产生物燃料及其他生物基产品的新型农业。

借助系统生物学、合成生物学及组学等手段,能够突破过去研发中生物信息不完整、需要多重假设(hypothesis)的局限,以合成生物学、基因编辑技术为代表的现代生物技术正在取得重大突破与群体性进展。此为第二个条件或第二要素,已经初步具备。

三、国际社会的共识与政策支持

第二次绿色革命相关的领域亚革命,如转基因技术革命或植物基因革命,已经率先在部分国家发生并形成;分子生物学与基因工程已取得突破性重大进展,并正在农业、医学、能源与环保等领域迈向规模化应用。但由于对转基因技术的疑虑、争议、误解、谣言或贸易策略等,国际社会并未达成一致,延滞了其产业化进程与应用范围。例如,欧盟特别是其部分成员国,虽然积极鼓励发展绿色可持续的生物经济,但在有关核心领域如转基因食品方面举棋不定或力度不够。又如,欧盟、中国等积极推动联合国通过《巴黎气候协定》,但作为主要国家的美国,其新一届政府宣布退出或计划重新谈判——2017 年 10 月美国宣布废除《清洁电力计划》是这一变化趋势的见证与行动落实,从而间接影响到农业第二次绿色革命的国际共识与推进。

可见,第二次绿色革命的第三个条件尚不具备。正如联合国两位前高级官员——粮农组织总干事迪乌夫和秘书长潘基文分别于 2006 年和 2008 年呼吁国际社会发起第二次绿色革命的局势一样,要想促使第二次绿色革命真正形成,还需要在全球层面上做出共同努力。

第五节 第二次绿色革命的动力机制

与农业拓展的动力机制略有不同,第二次绿色革命除了必须具备外生动力和内生动力之外,还必须借助国际社会共同努力及其政策的共同推动。

一、第二次绿色革命的外生动力

外生动力是从外部拉动第二次绿色革命形成的条件。第二次绿色革命的外生动力,就是经济社会及环境可持续发展的需求。与第一次绿色革命主要来自发展中国家的需求不同,第二次绿色革命同时来自发达国家和发展中国家的需求。这些需求与农业发展面临的全球性重大问题或危机直接关联。

二、第二次绿色革命的内生动力

内生动力是从内部推动第二次绿色革命形成的条件,也是农业第二次绿色革命的另一个必须具备的前提条件。以分子生物学及基因工程技术为核心的科学技术,是第二次绿色革命发生与发展的内生动力。

正如农业史上曾经发生过的机械革命、化学革命,以及杂交育种革命和绿色革命,分别由以"原子与元素"为基本因子的物理、化学,以及以"物种遗传"为基本因子的传统生物学来推动;农业信息革命和正在进行的"互联网＋农业"变革由以"比特"为基本因子的信息科技推动一样,正在酝酿中的第二次绿色革命及其已经发生或正在发生的系列亚革命,正由以"基因"为基本因子的分子生物学及基因工程来推动(参见表6－1)。

基因是 DNA 上具有遗传效应的一个片段,其作用是转录产生 RNA,并通过 RNA 转译合成蛋白质。转入一个外源基因,只能产生一个 RNA,合成一种蛋白质。由于"基因"的概念之于第二次绿色革命实在是太重要且比较复杂,因而特选用一个比较直观的示意图加以说明(图6－1)。

基因是以一段段的方式存在的。图中的"插入序列"就是非编码的 DNA,在信使 RNA 中不负责编码的插入序列被删除;真正负责蛋白质编码的序列是"表现序列",即基因具有实际功能的部分,在信使 RNA 中不会被删除。

分子生物学是促进基因工程诞生和发展的理论基础,也是生物种间杂交乃至界间基因转移的理论基础。分子生物学及基因工程揭示出生命本质的高度一致性,不仅深化了对生命活动机制和生命本质的认识,为生命的起源提供启发和线索,而且深刻影响到农业、健康医疗、工业及环保等领域的发展。因此,更确切地讲,由分子生物学及基因工程所揭示并应用于生物质涉农产业的生命本质的高度一致性,构成了新的农业第二次绿色革命的内生动力(参见图1－3)。

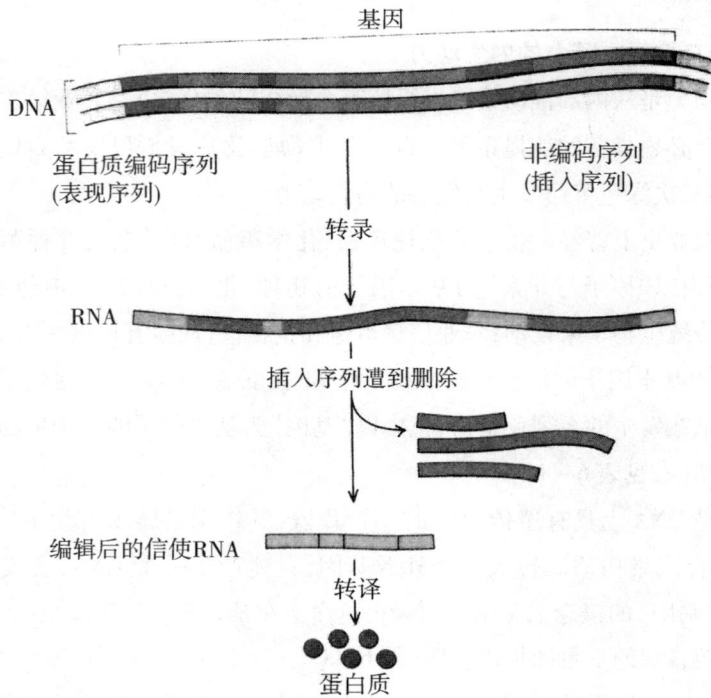

图6-1　基因片段及其与蛋白质的关系

资料来源:詹姆斯·沃森,安德鲁·贝瑞.DNA:生命的秘密.
上海世纪出版集团,2011:90.

三、国际社会的共同努力与政策推动

第二次绿色革命由包括植物基因革命等在内的一系列亚革命组成,由于其层次性和复杂性,因而是一项巨大的涉及全球包括科技发达国家和经济落后国家的系统工程。与20世纪的绿色革命、《21世纪议程》、21世纪《巴黎气候协定》一样,如果没有国际社会的共同努力及国际社会政策的协调行动——第三项动力,仅仅具备内生和外生动力,第二次绿色革命仍然难以顺利推进,甚至不可能从整体上成功实现。

此外,以上三项动力,如何在不同地区、绿色革命的不同层次之间协调与匹配,也是需要预先探讨并需要在行动实践中进一步探讨的难题。如第一次绿色革命一样,在第二次绿色革命的不同层次与内容的推进过程中,关键人物即所谓"之

父"级的科学家、联合国相关机构以及许多国家的政府部门的作用也不可或缺。

第二次绿色革命的作用和影响,将是深远并潜移默化的。由于三项必要条件特别是第三项条件的限制,即便整体上的革命难以察觉甚至难以实现,但是一系列亚革命已然或正在并将继续形成。

第六节 绿色革命比较:特点、问题与借鉴

一、第二次绿色革命的特点——与第一次绿色革命的比较

依据兰德公司的研究报告①,绿色革命在问题背景、发展目的、技术进步及其传播、政策与培训等方面具有相似之处:①人口与食品供求关系的巨大矛盾;②以解决农业及食品危机为主要目的;③利用新的科学技术来开发作物新品种,这些品种在其增产、地区适应性方面优于以往品种;④政策与农技培训对于绿色革命的范围和最终成功与否具有至关重要的影响。

与第一次绿色革命相比,第二次绿色革命最显著的特点是绿色增长与转型、多元化与可持续,即在增加食品保障与安全,促进农业向高质量、多功能性、人本化方向发展的同时,促进环境可持续发展。具体从以下六个方面进行比较。

1. 时代背景与目标导向

第一次绿色革命发生在经济社会主流已经进入的工业经济时代,当时发展中国家仍处于农业经济时代;第二次绿色革命面对的是信息经济时代和生物经济成长阶段。

在即将到来的生物经济时代,农业的功能,除满足人们温饱基本需求、为工业增值提供原材料外,还将体现在增进人类健康、提高营养品质和生活质量、满足人们消费多元化和崇尚生活情趣、个性化定制食品和药物,以及供人们以回归自然与绿意享受等,即突出绿色环保、可持续发展、注重营养品质、产品人性化与个性化等"人本化"功能。未来农业目标不仅在于粮食等农产品产量增长,更在于农产

---

① Felicia Wu,William P. Butz. The Future of Genetically Modified Crops – Lessons from the Green Revolution. RAND Corporation,2004.

品质量的提升,与其他生物质产业融合发展,同时确保环境美化可持续。也就是说,相对于第一次绿色革命的目标导向主要是增加粮食产量而言,第二次绿色革命的目标导向是多元的,即在追求粮食产量增长的同时,更加关注生活质量的提升和环境可持续发展(参见表6-2)。

表6-2　两次绿色革命比较

	第一次绿色革命	第二次绿色革命
时代背景	农业经济时代,工业经济时代	信息经济时代,生物经济时代
目标导向	增加粮食产量	增加粮食产量,提高生活质量,环境可持续发展
涉及农业形态	常规农业系统	新型农业体系
主要农作物产品	小麦、水稻、玉米等植物产品	除包括粮食作物外,还包括经济作物、藻类、动物及微生物产品
主要技术及配套技术	常规育种与杂交育种;灌溉、化肥、除草剂等	常规育种与杂交育种,基因工程育种;生物肥料、生物农药等绿色技术;智能化信息技术

2. 领域与地域范围

第一次绿色革命针对的是农业,第二次绿色革命所针对的也将是"农业",但后者是拓展与绿色转型的"新型农业",即大量涉及目前产业划分的生物质相关"非农"领域。

相对于第一次绿色革命针对的主要是粮食尤其是小麦、水稻,第二次绿色革命将发生在水稻、玉米、小麦、大豆、棉花、油菜、能源作物等植物,以及动物、微生物乃至跨品种之间。食品、营养、健康、资源、环境、生态等共同构成了第二次绿色革命的领域子系统,其中转基因作物、能源农业是众多子系统的交叉领域。鉴于水稻在中国及世界的重要地位及其基因研究的坚实基础,绿色超级稻的选育将是第二次绿色革命的主攻领域。

从地域上讲,第一次绿色革命主要针对部分发展中国家;第二次绿色革命则不拘于国家发达与否,而且由于生物经济技术系统科技含量高等特点,第二次绿色革命或其系列亚革命可能率先在发达国家实现,然后辐射或推广到其他国家。

3. 技术系统

第一次绿色革命依托的主要技术是植物常规育种和杂交育种,以及与高产品种配套的灌溉系统、化肥和杀虫剂的广泛使用。技术系统的层次相对单一。

第二次绿色革命依托的技术主要是以分子生物学及基因工程为核心的现代生物技术,以及其他配套的有利于环境可持续发展的绿色技术,如生物肥料、绿色环保材料、智能化信息技术。研发这些技术,例如研制转基因作物种子所需的科学技术,比创造第一次绿色革命农业进步所用的科学技术更为复杂,所要求的实验手段更为先进或精准。正是由于技术系统的层次多样,因而第二次绿色革命由系列亚革命组成。

4. 政策环境

第一次绿色革命被认为是在特殊的政策环境中实现的,这种政策环境包括人口过剩、担心饥荒、慈善事业、"冷战"政治因素等。这一时期,农业科技进步被积极鼓励,政策法规相对宽松,有助于农业革命。在第一次绿色革命期间,新的高产良种比农民用传统方法培育的种子昂贵,加之需要相应的化学投入,但由于制定了成本减免计划,建立了贷款体系,从而克服了良种等成本和农民购买力之间的矛盾。

第二次绿色革命不存在来自意识形态领域的影响,但有关转基因食品等的政策法规更加严格;非政府组织、公众意识和舆论已形成重要的政治力量,各利益相关者的关系更加错综复杂;互联网等信息技术的发展又使得公众的关注度和知情状况发生改观,从而使转基因、基因编辑等技术的推广应用面临更多的挑战。

5. 知识产权界定及其相关障碍因素

第一次绿色革命的作物新品种主要由公共部门投资研制,除技术本身及资金外的障碍因素相对较少。第二次绿色革命与之不同,首先在于知识产权的界定和研发部门的复杂和多元化趋势。以转基因种子为例,国际转基因种子主要是由私营公司尤其是由兼营种子与化学工业的跨国公司研制;而在中国,转基因技术主要由国家科研院所与大学等公共机构研发,如抗虫棉、转基因水稻、植酸酶玉米,也有涉农企业参与其中。

第二次绿色革命的障碍因素包括:知识产权界定;研发成本与发展中国家农民购买力差异;转基因等生物技术产品的规制环境;利益相关者关系,包括由此产生的漫无理性的转基因谣言。

6. 负面效应

第一次绿色革命在生态与环境可持续发展方面产生了负面效应,包括由于过量使用化肥、除草剂等化学物质而对环境造成的破坏,以及由于农作物品种单一化而引起的农业种质资源减少及农业生态系统退化。

第二次绿色革命可能造成的负面效应包括:食品安全争议、生命伦理以及生物多样性问题。由于革命的核心内容——基因工程作物种植导致化肥、除草剂等化学物质使用量的减少,已被多数特别是科学界主流认为有益于环境,这一观点与事实,随着基因工程及其产业化发展,很可能在不久的将来成为国际社会的共识。

二、可供第二次绿色革命的借鉴之处

根据两次绿色革命的时代背景、目标导向、政策环境等异同点,第二次绿色革命可望得到的借鉴之处包括以下四个方面。

1. 强调农业对全球性问题的重要性,通过公共政策促进利益相关者之间的合作

绿色革命的利益相关者包括各级政府、公共机构、企业、非政府组织、农民。在对待以基因工程为核心的生物技术的态度上,各利益相关者应当从农业及食品安全、营养与健康、环境可持续发展等方面,形成农业发展对全球性问题重要性的共识。

在"二战"后的 30 年间,有关政策制定者认为农业发展对于世界和平来说绝对必要,为此美国、亚洲及拉美的决策者从一开始就支持第一次绿色革命。而在当代世界,农业发展对于维持全球稳定、食品安全及可持续发展的重要性依然存在,特别是对相关产业绿色转型、减少碳排放以应对气候变化的需求更为迫切。因此需要加大公共政策的支持,以促进各利益相关者合作,共同推进第二次绿色革命。

2. 加大公共部门投资,建立公共部门与私营企业研发的伙伴关系

在第一次绿色革命期间,由于技术研发及其成果几乎全部来源于公共领域,因而不存在知识产权障碍。而当代生物科技的投资来源复杂多样,知识产权保护

非常重要,以致有人称"知识产权问题是基因革命的核心"①。如何在知识产权保护和生物技术扩散之间建立起适度的平衡,从而使转基因等技术得到规模化应用,是第二次绿色革命的重大挑战。因而,加大公共部门投资,建立公共部门与私营企业研发的伙伴关系,将有利于生物技术的产权保护和传播。

3. 制定适度的规制标准

第一次绿色革命的规制环境极为宽容,科学家可以在各国自由活动,帮助育种和种植高产品种作物,对这些由传统育种技术生产出的食品不必标识。而第二次绿色革命所针对的问题不同,各国或地区对待基因工程的法规制度也有所不同。总体而言,美国相对宽松;欧盟相对严格;中国大体介于二者之间,但有关转基因食品的规制,如定性强制标识制度,是否过于严苛或缺乏操作性? 有待于进一步或另行探讨。总之,采用严宽适度的规制标准,能够兼顾转基因工程育种等技术的现实利益和所谓的"潜在风险"。

4. 消除环境负面效应

第一次绿色革命带来的因过量使用灌溉用水和化肥、除草剂等化学物质而造成的环境负面效应,应引以为戒。为避免可能造成的负面效应,第二次绿色革命应当注重研发优质绿色新品种(如绿色超级稻)与其他环境友好的绿色技术,并倡导绿色消费方式,在实现农产品高质量增长、多功能发展的同时,促进环境可持续发展。

第七节 第二次绿色革命的功能定位与愿景

一、第二次绿色革命的功能定位

新兴的生物经济与正在来临的生物经济时代,为第二次绿色革命创造了可持续的综合平台与新的时代背景。

根据农业发展相关的五大全球性问题、生物经济的时代机遇,特别是环境可

①　Felicia Wu, William P. Butz. The Future of Genetically Modified Crops – Lessons from the Green Revolution. RAND Corporation, 2004.

持续发展需求,第二次绿色革命的功能定位是:在促进农业及食品的高质量增长、农业功能多元化发展的同时,确保环境可持续发展。简言之,就是农业绿色转型与升级。

二、第二次绿色革命的愿景:新型农业体系

第二次绿色革命的外生动力和内生动力,以及国际社会的共识与努力,将促使现代农业发生革命性变化,从而实现绿色转型升级,并构建起以"绿色、健康、可持续"为特质的新型农业体系。按照上述功能定位,食品、营养、健康医疗、资源、环境、生态等共同构成了第二次绿色革命的重点领域,这些领域与新型农业体系的子系统高度契合。因此,新型农业体系可望成为第二次绿色革命或其系列亚革命后、未来生物经济时代"现代农业"新的框架模式和战略愿景。

第二次绿色革命由植物基因革命、生物能源革命等一系列亚革命组成——与"丝绸之路"并非一条,而是由陆上、海上的许多主干与分支组成类似。明确这一基本判断,有利于理解第二次绿色革命的层次性和复杂性,进而理解第二次绿色革命将会是一个网络式、潜移默化的长期过程,而非如第一次绿色革命那样目标与地域相对集中、过程相对"一蹴而就"。

哪有革命能随便成功? 正在发生的第二次绿色革命及其系列亚革命的"前途是光明的,但道路是曲折的"。倒过来讲就是:"道路是曲折的,但前途是光明的"。一字未改顺序变,境界气概两不同。

第七章

农业易相发展理论

农业易相发展理论是关于农业变化和绿色转型的系统概括与指导思想,是生物经济"五位一体"思想体系的重要组成部分。系统探讨农业易相发展理论的缘起、动力机制、研究方法与实证依据、相关概念与内容,"五轮模型"的功能,理论的政策含义和现实意义以及与其他理论的关系,对于进一步完善该理论并促其推广应用,进而促进农业绿色转型,具有重要的现实意义和前瞻性理论意义。

第一节 农业易相发展理论的缘起

一、问题导向与发展范式转变

食品短缺、营养不良、健康医疗不足、资源短缺与过度消耗、环境污染等全球性问题,与生物经济的基础——农业及其相关可再生生物资源密切相关,使现代农业同样面临着绿色转型升级的重大挑战。随着人口的增加、不可再生资源的绝对或相对减少,以及人们对物质与精神需求增加,特别是对生活质量要求的提高,上述全球性问题,如果应对不当,很可能演变成重大"危机"(global crisis)。2015年联合国通过的应对全球气候变化的《巴黎协定》,就是将世界各国纳入保护地球生态、推动绿色发展的新举措。对于发展转型期的中国而言,现有粗放型经济增长方式与农业发展模式不可持续,必然要发生变革。

危机同时意味着机遇;有"危"(挑战)必须有"机"(机遇)来应对。在危机时期,研究问题常常需要转向哲学分析①。应对农业发展战略问题,应当从农业发展理念与农业哲学意义上的问题入手。也就是说,面对危机与机遇,首先需要从发展理念与发展观上做好思想上的准备。正如解决农业问题不能仅仅着眼于农业内部而应首先从外部着眼一样,化解涉及农业、农村、农民的"三农"问题,必须首先有新的"非农"发展理念与思维方式。农业发展模式不可持续的严峻现实要求必须采取超前的思路,寻找到一些非传统和非常规的方法。

生物经济时代的来临正好为农业发展提供了范式转变的机会。

二、农业易相发展理论产生的时代背景

1. 农业易相发展理论产生的基本前提

农业易相发展理论产生的重要前提:一是农业发展所面临的全球性重大问题;二是正在兴起的生物经济和即将来临的生物经济时代。

人类经济社会历经了狩采经济时代、农业经济时代、工业经济时代,目前正处在信息经济时代的鼎盛时期,未来生物经济将取代信息经济而成为经济社会发展的主流,即所谓的"第四次浪潮"。人类基因组破译的完成、合成生物学与基因编辑等技术的突破,表明生命科学与生物技术正在取得群体性进展,标志着生物经济进入成长阶段;以生物基产品的廉价且普遍应用为标志,预计人类经济社会将在 21 世纪 30 年代初期进入到生物经济成熟阶段亦即生物经济时代(见第三章第二节)。

经济时代演进关系特别是其中关于生物经济时代正在来临的推断,是农业易相发展理论产生的基本前提和时代背景。

2. 农业革命与农业发展理论相伴而生

回顾历史,农业曾发生过多次重大科技革命;每个经济时代都为农业发展带来了革命性变化和历史性机遇;每次革命,都伴随着农业发展理论或学说的产生与指导,如农业经济时代的农业区位论、工业经济时代的改造传统农业理论、信息经济时代的智慧农业理论。

生物经济是可持续的应对全球性问题的综合平台,为生物基产业特别是作为其基础的农业的绿色转型带来新的机遇,意味着未来农业必然会作出适应新时代

---

① 托马斯·库恩. 科学革命的结构. 北京大学出版社,2003:81.

的调整与变革。为顺应生物经济时代的需求,促进农业向绿色、可持续、多功能的方向拓展,需要率先从思维观念即发展理念上转变,并为应对第二次绿色革命或其系列亚革命预先做好思想上的准备。

"科学发现既是范式变化的原因,又是范式变化的结果"①。农业第二次绿色革命与农业发展范式的转变,也将伴随着农业发展理论的突破。农业易相发展理论正是在经济社会及农业面临重大问题甚至危机,生物经济正在成长、生物经济时代正在来临的背景下,伴随酝酿中的第二次绿色革命而诞生的新理论。

三、农业易相发展理论应时而生

什么是农业易相发展理论(Yi-theory of Agricultural Development;Theory of Changing-phase Development of Agriculture)②? 用一句话来概括就是:

农业易相发展理论是基于生物经济与农业变化(拓展)的理论,是指将传统的农业范畴拓展到"非农"范畴,通过"非农"来促进农业的发展,以致达到农与"非农"共生共荣、整体和谐发展状态的系统知识。

何以称"系统知识"? 是因为农业易相发展理论并非孤立存在,而是生物经济、生物经济时代、新型农业体系、第二次绿色革命等"五位一体"思想体系的不可分割的组成部分。何谓"非农"? 包括分别与农业、农村、农民对应的非农产业、城镇、非农从业者等三个方面(参见图7-3),由此,当代的部分"非农"特别是其中的生物质相关产业,将成为未来新型农业体系的拓展领域。

该理论的核心是农业拓展与易相发展的"五轮模型"。"五轮模型"是农业拓展与形态演变的系统概括和抽象,是指现代农业由传统的常规农业系统拓展到基于生物经济的五个新的领域。"五轮模型"假设和描述的新型农业体系是基于生物经济的未来农业发展的目标愿景(图5-7、图7-1所示)。

---

① 托马斯·库恩. 科学革命的结构. 北京大学出版社,2003;61.

② "Yi-theory of agricultural development"为意译,特指"农业易相发展理论",而非由"易相"直译而来;"Yi-theory of agricultural development"简洁于直译"Theory of Changing-phase Development of Agriculture"。

图 7-1　农业拓展与易相发展的"五轮模型"

　　农业易相发展理论及其"五轮模型",是在结合现代可持续发展理论和中国传统哲学思想特别是《易经》中关于"变化"与"整体"的思想的基础上,运用观察法、实地考察法、科学归纳推理法而创建起来的。

　　正是在现代生物技术推动与经济社会绿色发展需求拉动的双重作用下,农业易相发展理论应时而生。分子生物学与基因工程的发展应用,导致农业与"非农"产业边界淡化和相互融合,从而从根本上增强了农业的可拓展性。该理论解释了农业正在拓展的事实,正在潜移默化地揭示并可望引导现代农业发展方向,如农业绿色化、农业多功能化、"三农"融合协调发展、未来农业人本化、"农业是未来生活的中心"①。

四、农业易相发展思想的渊源

1. 何为"易相"

　　农业易相发展思想起源于"对立统一、相互转化"的辩证思想。农业易相发展理论运用了源自《易经》中关于"变化"与"整体"的哲学思想,并直接借用《易经》中的"易"(Yi 或 change)和哲学与物理学中的"相"(phase)的概念,并联合作为理论名称的核心词。可见"易相"含义之于该理论乃至本书的重要性。

---

①　衣、食、居、行、休闲、健康、环保等都与农业有着紧密的联系。参见 Norman R. Scott. 加强国家农业发展中大学系统的研究、教育和推广领域的国际合作. 载于左天觉,何康主编. 真知灼见 透视中国农业 2050. 中国农业大学出版社,2004:211.

易相（changing-phase）是指根据事物对立统一相互依存不断发展的规律而改变状态，也就是利用事物或问题的对立面，促其转化、循环转换或终结。易相是一个系统概念，蕴含中国传统哲学中的"变化"与"整体"之道。

其中："易"，源自《易经》，指"变易"（change），亦即"变化"（changing）；"相"，源自哲学和物理学中的概念，指"位相"（phase）与状态（state）之意。简言之，易相就是因应对立统一关系而改变状态之意。这里的"相"与哲学中的"共相"、"形相"等概念中"相"所代表的"理"之含义有相通之处①，但更着重"变化"之道和相互依存与转化的状态，因而与物理和化学中"位相"和"物质状态"的含义更为相近。

自然界的许多事物具有阴阳两极性，"万物负阴而抱阳，冲气以为和"，易相思想不仅在非生命现象中无处不在，而且在与动植物相关的产品及产业以及人体健康医疗中也是如此，如乾坤、天地、日月、阴阳、有无、经纬、寒暑、昼夜、黑白、正负、内外、分合、张弛、刚柔、动静、生克、作息、奇正、城乡、农—非农、常规—新型。

打一个通俗的比喻，如山西大同"跳出古城建新城"：在不同的空间里兼顾传统与现代，把对立统一、看似矛盾不可调和的双方协调起来；既保护古城，又迎接城市化浪潮，使古城与新城二者之间相互促进。古城是一个很小的空间，所占土地面积的百分比不大，修旧如旧，与空间规模较大的新城相得益彰。此"易相"之喻，"虽不中，不远矣"，不一定精准，但有助于理解其含义。

2. "易相"思想应用于农业发展

绕过古代哲学，渐渐回到当代农业的主题了。

"易相"应用于农业发展上就是指农与"非农"相互依存与转化、共生共荣的状态。好比武的最高境界是"止戈"、"谁控制海洋谁就能控制陆地"、"要反对原子弹就必须掌握原子弹"一样，农业的最高境界是农与"非农"和谐发展、共生共荣。因此，化解农业发展问题，就是利用"非农"来促进农与"非农"相互转化，即减少传统农业，发展新型农业；促进农村城镇化或社区化；减少或终结传统农民，培育新型农民。用"化解"而非"解决"，也正是体现"易"的整体、变化与和谐的思想。

在工业经济时代和信息经济时代，城乡统筹发展、以工补农，以及面向生物经

---

① 冯友兰. 中国哲学简史. 生活·读书·新知三联书店,2009:97-98,184.

济时代的经济社会政策中正在出现的农业概念领域与功能的拓展、城乡等值化，均是农业易相发展思想在经济社会发展中的战略与政策体现。从人民公社时期的用于农民自给消费的家庭副业，到联产承包制时的农户多种经营收入，再到现在的农民外出务工或从事服务业的工资性收入，以及政府取消农业税、工业反哺农业等，都是以"非农"促农，以至二者互补、共生共荣的表现形式。从农业为工业提供原材料，到目前的农业休闲旅游，再到正在兴起的能源农业、利用植物生产医药蛋白以及将来可能形成规模的农疗庄园等，则是以农促"非农"的表现形式。预计在生物经济时代，农与"非农"将进一步融合：农业与"非农"产业的界线将更加模糊；乡村与城镇的边界也将淡化；农民作为一种职业的内涵也将发生深刻变化，更多的传统农民将成为新型农民——新型农业体系的从业者。

3. "三农"问题研究的理论化是实用化的延伸和深入

有关"三农"问题的应用研究与基础性研究年复一年，参与其中的机构与人员众多，为研究的系统化与多元化以及深度发展提供了丰富的素材。"三农"问题研究的理论化不可避免也非常必要，否则，极有可能使问题研究停留在实用化阶段，而使研究成果的应用范围和深度大打折扣或受到局限。

"三农"问题研究的实用化与理论化，本身就是一种"易相"的关系，即对立统一的辩证关系，二者相辅相成。

以中国传统数学研究为例，来说明"理论化"是多么"最后一公里"般的重要——

首先承认中国传统数学取得了很大的成就，如刘徽的《九章算术》，但是，中国传统数学始终未能成为纯理论性的科学，何也？原因主要是重实用而轻理论化工作。

中国古代数学的存在为历法、建筑、水利、运输、赋税、商业等实用而设，抽象的观念、逻辑的证明，并没有得到官方和民间的鼓励，如宋代的沈括，仅《梦溪笔谈》便有"梦学"之称，多领域发明更是不计其数，可以说其发现与发明不亚于西方的伽利略，但未能在"量化"的数据上建立起自己的理论架构，惜哉！中国几何学与古埃及、巴比伦一样，均是以实用为主。

当数学转移到古希腊哲学的手中以后，数学便从实用的术（工具）变成讲求理论的科学。泰勒斯、毕达哥拉斯、柏拉图、亚里士多德、欧几里得，都是哲学家或教师，问题从他们那里走向了深入的哲学思辨。古希腊思想家认为：大自然是按照数学定律所设计,应该用数学理论来为自然界现象进行解释。诚如亚里士多德的观点:数学研究的对象是从物理实体上面所引出来的抽象观念。

中国古代数学多是天文、工艺和商业以及帝王私人活动的附庸。从中国对"数学"的称呼:算术、算经、珠算、算法等,便可见其实用之一斑。割圆术、内插法、逼近量化,等等,表明没有经过哲学思辨,无法抽象化,更不能上升到纯理论层次,终究无法从问题中导引中国数学发展出一套抽象化、形式化(即公式)的理论架构,以致我们今天所用的数学公式绝大多数是"舶来"的定理、定律。

这并非特殊的个案,天文、物理、化学、植物学在中国的发展也是如此,如中国炼丹术不能导致化学,《农桑辑要》《本草纲目》没有进一步上升到理论层面。中国传统数学的"实用化有余而理论化不足"具有代表性,所折射出的缘由是中国传统科学乃至当代部分科学研究的一种普遍性的过分"重实用"的文化现象。如何透过普遍性的文化现象找到深入的本质,需要"从哲学上去找原因"。

农业易相发展理论就是在"三农"应用研究和农业易相发展理念的基础上的"最后一公里"。农业易相发展是基于生物经济的农业发展新视角。分子生物学及基因工程正在推动并引发第二次绿色革命或其系列亚革命,从根本上改变传统农业生产方式,改变以往的农业发展观念。新的生物经济时代需要多元融合的发展观,将强调实验及定量表达的西方现代方法论和注重整体、过程及关系的中国传统哲学自然观结合起来,特别是将现代可持续发展理论与中国传统哲学尤其是其"易"的整体、变化思想结合起来,便能够产生农业易相发展的理念。也就是说,由分子生物学及基因工程所揭示的生命本质的高度一致性,以及由此导致的农业可拓展、产业多元融合及边界淡化,催生了农业易相发展理念。

五、"易相"思想在各学科领域中的应用举例

如果说,以上为"易相"之原义,那么以下便是"易相"之别解。"易相"思想在各学科领域中的应用举例如下。

武学:武的最高境界是"止戈"(止戈为武——用军事制止战争,孙子);侠的最高境界是"无侠"(金庸)。

医学:"冬病夏治"、"上病下治"(黄帝内经);中医治疗脾虚,不仅在于治疗脾脏本身,而更应注重从脾外即从肝脏源头加以治疗(中医"肝克脾")。

管理学:管理的最高境界是看不出管理。

社会学:救助的最高境界是无须救助。

军事:"以正合,以奇胜",奇正互补(孙子兵法)。以攻为守,以战促和。"要反对原子弹就必须掌握原子弹。""谁控制了海洋,谁就能控制大陆;谁控制空间,谁就能控制地球。"①

文学:"汝果欲学诗,工夫在诗外。"(陆游)

艺术:无意于工而无不工。

书法:既在法度之中,又出法度之外,即看上去无法度,法度自在其中(如王羲之的《兰亭序》、苏轼的《寒食帖》等书法上品)。

中式处世哲学:"处世让一步为高,退步即进步的根本;待人宽一分是福,利人实利己的根基。"(洪应明)

中国古典哲学:"己欲立而立人,己欲达而达人。"(论语)

科技哲学与科学史:反对伪科学的最佳方式是发展真科学。掌握未来最好的方式,就是创造未来。科学研究的最高境界是"玩"科学。

农业哲学:农业发展的最高境界是"非农"发展——"非农"不是农业消失,而是农与"非农"边界淡化相互融合——是更高层次的"超农业",亦即农与"非农"相互依存与转化、共生共荣、和谐发展。

六、"易相"概念读书解

在日常生活的不经意中,是否经常遇到过类似的"易相"思想? 例如:休息是为了工作,无为而无不为,欲擒故纵,以退为进,盛气凌人往往是内心脆弱的外现,解决韩朝统一问题的关键在美国,等等,不胜枚举。前不久,读唐之咏史诗,感悟"读书—不读书"可作为"易相"之通俗一解。

1945 年 7 月,傅斯年访问延安,与毛泽东聊及从"五四"风云的北大校园到"抗战"后延安毛泽东集团的崛起,感慨世事轮回、斗转星移,彼一时此一时也。傅斯年自况道:"我们不过是陈胜、吴广,你们才是项羽、刘邦。"②在傅斯年即将返回重庆前,毛泽东书唐人咏史诗一首条幅赠傅,中有"坑灰未冷山东乱,刘项原来不读书"③。耐人寻味的是,其实毛泽东是最爱读书的。

---

①　邓心安.21 世纪初科技发展趋势与我国科技政策的战略选择.新华文摘,2000(5):144-147.

②　岳南.陈寅恪与傅斯年.陕西师范大学出版社,2008:230-232.

③　焚书坑.唐诗鉴赏辞典.上海辞书出版社,1983:1315.

这里的"读书—不读书"充满了对立统一、相互转化的辩证思想,正是"易相"概念之别解。

赠诗是说,秦始皇害怕书危及其江山,故与读书人出身的李斯搞了一个"焚书坑",然而在坑后第四年就爆发了全国性大起义,秦帝国随即土崩瓦解。说明在秦帝国被推翻过程中起作用的并不在于书和读不读书,因为刘邦、项羽都不爱读书。

"享年高者不服丸散,为大将者不读兵书"说的是同样一个道理。也印证了"尽信书不如无书";"秀才造反,三年不成";然一旦善读书者与"大老粗"结合,则可能成就大事等古老道理。但不能就据此说,丸散和兵书分别对于治病和用兵没有用处,所谓"兵无常势,水无常形","运用之妙,存乎一心"也。

"读书—不读书"表面上是对立相反的关系,但如果像刘项一样将"不读书"变为读社会、读军事之"无字书",则成为对立统一的关系。"读书—不读书"就是这么一对辩证统一的双方,从每个人有限的时间和空间出发,是否同样处于共生共荣、相互依存与转化的状态?"此中有真意,欲辨已忘言",但可意会亦可言传。

此"易相"之解,辅助理解其含义。

第二节　研究方法

理论通常是由实践概括出来的关于自然和社会知识的系统结论。理论的研究方法多种多样,如引发地学革命的魏格纳大陆漂移学说,采用观察法和实地考察法;具有生物学革命意义的孟德尔遗传定律,采用田间试验法;导致生物学乃至多学科革命的达尔文进化论,采用野外考察法和观察法;引发天文学重大革命或"亚革命"的日心说、哈勃定律,采用仪器观测法;引发生命科学重大革命的 DNA 双螺旋结构发现,采用实验观察法和模型法。以上列举的是自然科学的研究方法。社会科学的研究方法与自然科学的研究方法有所不同,但二者之间越来越具有相通之处,特别是针对一些跨学科问题的研究。社会科学的研究方法主要包括:实地调查法、文献研究法、问卷调查法、访谈法、典型案例法、实证分析法、归纳演绎法、计量模型法、比较分析法、数学分析法等。

农业易相发展理论针对的问题带有跨学科性质,涉及生物学、农业经济学以及哲学,所采用的方法主要是实地考察法与实证归纳法,其中实证归纳法,在相当程度上类似于产业集群的钻石模型方法——即不一定通过数学建模而是通过实证归纳不断修正的方法。

1. 观察与文献调研

通过对农业形态演变及其新业态的观察,以及对现代农业领域与功能拓展进行文献及资料调研,以获得对农业形态变化与拓展的初步理性认识。

2. 实地调查与考察研究

为了增强对现代农业拓展的感性认识,在对常规农业的宏观发展及农业拓展相关的文献资料进行分析并获得初步理性认识的基础上,选择对农业领域与功能的拓展具有代表性的北京昌平农业嘉年华、小汤山农业科技园、延庆德青源生态农场、平谷大桃园、浙江安吉谈竹庄竹纤维公司,河北遵化板栗生产基地、大午农牧集团,山东龙力,广东广州、东莞、深圳部分饲料与畜产品企业等进行了实地调查与考察研究,并对以龙力、DSM 等为代表的中外生物质涉农企业的产业链与经营模式进行了系统分析。

3. 实证与归纳

运用实证与归纳推理的方法,系统研究并综合提出了"新型农业体系"假说——"五轮模型",以及以"五轮模型"为核心内容的农业易相发展理论(分别简称"NAS 假设"和"Yi-理论",图 7 - 2)。

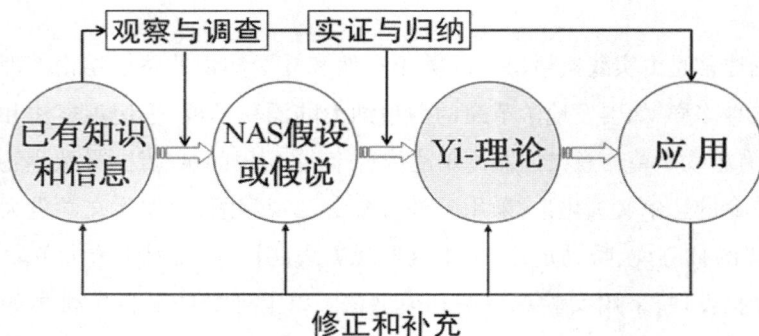

图 7 - 2　农业易相发展理论的诞生过程

由此进一步提出化解"三农"问题的农与"非农"对立统一、互补共生关系的推断:农业易相发展是指将传统的农业范畴拓展到"非农"范畴,反过来通过"非农"来促进农业的发展,以致达到农与"非农"共生共荣、整体和谐发展的状态。农业发展政策中的"以工补农"、"两个趋向"①、"城乡统筹发展"、培育职业新型农民等均是这种关系在农业发展上的体现。

4. 验证

结合农业拓展、转型与变革的外生与内生动力,从动力机制与实践方面对理论模型进行验证。

(1)从外在需求拉动角度。新型农业体系的常规农业系统以及拓展中的新食品、营养、健康医疗、生物基资源、环境与生态等五个子系统,与经济社会发展正面临的食品及营养、健康医疗、资源、环境、生态等五大全球性问题基本契合。

(2)从内生动力推动角度。分子生物学及基因工程作用于农业所涉及的领域方向主要包括:动植物的基因工程育种与新型菌种培育;增加或改善农作物种子的营养价值;提高农作物抗病虫害、杀虫剂及除草剂的能力;提高植物的固氮能力与光合作用效率;增加生物次生代谢产物如药物、酶制剂及其他生物化学品的产率。这些领域方向可以分别或组合纳入新型农业体系"五轮模型"的六大子系统(图7-1)。

(3)从实践与检验标准方面。生物基产业边界淡化与融合、农业领域和功能的拓展、生物农业的兴起、农业新业态涌现等,可作为农业易相发展理论的证据。农业拓展的实践及农业形态演变的趋势进一步验明"新型农业体系"假说的正确性,"五轮模型"乃至农业易相发展理论的创立,符合科学研究"观察—推断—假设—验证—理论"的基本规律,且具有简洁、对称、多元、包容等特点。由此可见,农业易相发展理论及其"五轮模型"符合一般理论所应具备的三个基本标准:经验标准、逻辑标准、美学标准。

第三节 农业易相发展理论相关内容

独创性常常在于发现两个或两个以上研究对象或设想之间的联系或相似之点,而原来以为这些对象或设想彼此没有关系②。农业易相发展理论的提出正是

---

① 2004 年十六届四中全会提出的论断:在工业化初期,农业支持工业,是一个普遍的趋向;在工业化达到相当程度后,工业反哺农业,城市支持农村,也是一个普遍趋向。
② W. I. B. 贝弗里奇.科学研究的艺术.陈捷译.科学出版社,1979:58.

起源于发现生物经济与农业发展之间的联系。农业易相发展理论的主要内容涉及以下五个方面:其中第 1 和第 5 点属于相关的外围内容,第 2 至第 4 点属于重要内容,第 3 点属于重要的核心内容。

1. 生物经济与生物经济时代的相关知识与背景

生物经济与生物经济时代,是构成理论诞生、成长的经济社会及技术的综合环境条件与时代背景。生物经济、生物经济时代、农业易相发展理论、第二次绿色革命、新型农业体系,它们相互关联、相辅相成,共同构成了相对独立与开放的"五位一体"思想体系。其中,生物经济是迈向可持续未来的综合平台,生物经济时代是农业拓展以及其他相关产业绿色转型的时代背景;而农业易相发展理论就是基于生物经济(平台)与生物经济时代的、关于农业变化与绿色转型的指导思想。

2. "三农"易相发展关系

"三农"易相发展关系,是农业易相发展理念乃至农业易相发展理论的认识前提和思想基础,也是下述"4. 农业易相发展理论关系式"建立的认识基础与理解出发点。

"三农"易相发展关系及与之相关的"三农"问题在中国表现得最为典型和突出。"三农"问题是一个大系统,农与"非农"是一个更大且更为复杂的系统。系统的相互作用一般分为"对立统一"和"对立相反"两种,前者如日常生活中工作与休息的关系;后者如神经系统中的交感神经和副交感神经。"对立统一"的关键在于能够相互转化,而"对立相反"不能相互转化。农业—非农产业、农村—城镇、农民—非农从业者,两两之间是对立统一的辩证关系,亦即"三农"与其各自对应的"非农"的相互作用是对立统一而非对立相反的关系,相互之间可以转化。在这三对关系之外的六者之间,既存在相互促进与制约的直接关联,又交叉存在着相互影响的间接关联(图 7 - 3)。

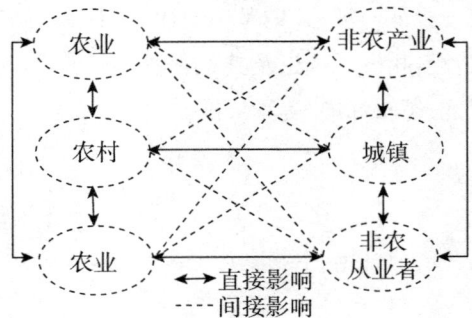

图 7 - 3　"三农"易相发展关系

3. 农业拓展"五轮模型"及相关概念

"五轮模型"是农业易相发展理论的核心,由农业第三次拓展而来。"五轮模型"基于对中外众多的生物质涉农企业经营领域的观察与考察,由实证归纳法得出,并得到生物质涉农企业实践的验证。它不仅提供了一种应对挑战的新视角、思维方式与发展理念,也为农业转型提供了绿色可持续的解决方案。这一模型内含新型农业体系、农业第三次拓展、常规农业系统等重要概念。其中:

(1)新型农业体系,是基于生物经济的农业拓展变化的综合表现形态。

(2)农业第三次拓展,是指农业发展由当代"大农业、农业前部门、农业后部门"构成的常规农业系统,拓展到新型农业体系的过程。

(3)常规农业系统是相对于新的农业革命——第二次绿色革命或其系列亚革命——所导致的正在或将要拓展(变)的部分而言,保持相对不变(常)的部分。由常规农业系统和其他拓展的五个子系统共同构成的农与"非农"共生共荣、协调发展的新型农业体系,揭示出新经济时代农业发展方向以及新食品、营养、健康医疗、生物基资源、环境与生态等领域的相互关系。

农业易相发展理论涉及现有农业发展范式改变。范式转换是一个重新概念化的过程,新理论的建立,必须有一系列基本概念作为支撑。用以支撑农业易相发展理论的初始概念,除上述重要的核心概念外,还有易相、农业易相、农业人本化、新型非农化、新型农民等基本概念。

易相是指根据事物对立统一相互依存不断发展的规律而改变状态,也就是利用事物或问题的对立面,促其转化、循环转换或终结。

农业易相是指农与"非农"相互依存与转化、共生共荣的状态;简言之,就是"改变农业状态",例如"互联网＋"农业、能源农业等新业态,就是对传统农业的一种改变或扬弃。农业易相表明,农业的形态可以变化或拓展,变化中的不变宗旨是绿色、健康、可持续,即农业绿色转型。

农业人本化源于"人本化"理念,后者是生物经济时代最重要的特征之一,是主导未来科技、生物基产业特别是农业发展方向的一个根本性理念。

4. 农业易相发展理论关系式

创新其思,简约其形。农业易相发展理论关系式,是关于农业与其他生物质相关"非农"产业之间关系的数学描述。其初步提出,是基于"三农"易相发展关系的认识与理解以及农业拓展的结果;随着研究的深入,将其进一步修正表达为:

$$A \cup \overline{A_B} \geq \left[\begin{matrix} A \\ A_{max} \end{matrix} \right.$$

式中:A 表示农业,$\overline{A_B}$表示生物质相关"非农"产业,A_{max}表示农业在其与"非农"和谐发展条件下所达到的最大值。

假定$\overline{A}$为"非农"产业,则有:$\overline{A_B} \in \overline{A}$

符号"∪"表示并集,意指拓展;"∈"表示属于。"["表示条件选项,即当农业发展仍然为常规农业系统时,">"成立;当且仅当农业发展为新型农业体系时,"="成立。

科学发展史证明,范式是发现定律与关系式的前提条件[1]。同理,新型农业体系的发展范式,是发现农业易相发展理论关系式的前提条件。

"三农"易相发展关系是农业易相发展理论关系式建立的认识基础与理解出发点。也就是说,农业易相发展理论关系式的提出,是基于"三农"易相发展关系的认识与理解。

农业易相发展理论关系图(图7-4),是农业易相发展理论关系式的直观表现形式,二者在本质上是一致的。

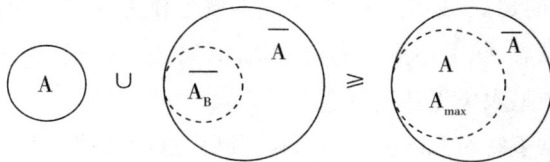

图 7-4　农业易相发展理论关系图

5. 农业易相发展理论的"三农"意涵与功能

农业易相发展理论对于化解"三农"问题的意涵,在于农与"非农"对立统一、相互促进与转化的三个方面:①农业:传统的规模化及产业化、新业态、新型产业化、功能多元化、绿色化、人本化。②农村:传统城镇化、社区化、农场化、均等化、新型城镇化、逆城镇化(或称在农村与城镇间双向流动)。③农民:传统职业化、农民工市民化、新型化。

农业易相发展理论的功能包括指导功能、解释功能、预见功能、分析功能等基本功能(将在第五节重点讨论),以及拓展变化、多元化、绿色化、人本化等特色功能。

----

① 托马斯·库恩. 科学革命的结构. 北京大学出版社,2003:25-27.

第四节　农业易相发展理论蕴含的逻辑思想

1. 农业易相发展理论的路径思想

农业易相发展理论基于以下路径思想:生命科学与生物技术发展—生物经济成长及其时代来临—生命本质高度一致性的被揭示与普遍应用—物种界限从根本上被打破—农业边界淡化功能拓展与产业间融合—农业第三次拓展—新型农业体系(参见图1-3)。

该路径思想逻辑自洽,具有新颖性、创造性等理论特点,已经并正在接受生物经济与农业相结合发展的实践检验,因而还具有可实验的检验性特点。

2. 农业易相发展理论的"非农"发展理念

农业易相发展理论表明:应对农业发展问题,不仅要着眼于"三农"本身,而应同时乃至更加注重从"三农"之外即"三农"各自对立面采取对策与措施。这一系统思想被称为拓展(易)与常规(经)互补共生的"非农"发展理念。据此,农业易相发展理论对于化解"三农"问题的意蕴在于"三农"对立统一、相互转化的三个方面:

(1)农业——产业化经营、新型化、功能多元化及人本化。

(2)农村——城镇及社区化、新型城镇化、农场化、等值化或均等化。

(3)农民——新型非农化、职业化。

发达国家和发展中国家农业发达地区的农业发展历史经验证明:现代农业发达的地区几乎都是"非农"先行发达或农与"非农"同时发达的地区,如中国的"杭嘉湖"、"苏锡常"、"珠三角"等地区。"非农"先行发达或农与"非农"同时发达是现代农业发达的必要条件而非充分条件。这里的"农"指农业、农村和农民;"非农"指与之对应的非农产业、城镇和非农从业者。

从农业易相发展的系统思想和生物经济的前瞻视角来看,农业发展问题的本质是"非农"问题,即如何协调包括农业与非农产业、农村与城镇、农民与非农从业者在内的农与"非农"的地位与差别问题。也就是说,"非农"或"非农化",是过去、现在也是未来农业发展的必然过程或阶段——它不是指农业、农村、农民消失,而是"包容与扬弃、新型与新生",是农与"非农"融合、相互依存与转化、共生共荣、协调发展的一种状态。

正如在 17 世纪到 19 世纪的科学革命开始之前或期间，对物理学本质和标准的争论，有助于新理论的创立一样，在第二次绿色革命之前或其酝酿期间，对有关农业发展问题本质的讨论，同样有助于农业发展新理论的创立。

3. 所依托的现代生物技术的系统思想

农业易相发展理论依托于生命科学与现代生物技术。现代生物技术与传统生物技术的区别在于：后者是直接利用生物功能；前者则侧重于改变、修饰、重构生物功能，即利用基因工程及新一代基因编辑技术、细胞融合技术、合成生物学等来改造生命，使之产生新的生物功能，或地球上本非天然存在的品种或更多的活性物质。

现代生物技术及其与生命科学相互之间并非孤立地各自向前发展，而是彼此不同程度地发生联系，相互促进与制约，共同构成了一个庞大的相对独立和完整的网络系统。①工业经济和信息经济的生产经营所遵循的往往是机械、线性的思维模式；所采用的主流技术以基于物理和化学的定律为主。②生物经济时代的生命科学与生物技术的系统性与整体性更强。系统生物学及相关组学进一步发展，使得基因不再被视作单个部件，生物更不是由无数单个基因组成的装配流水线，不同于机械和 IT 系统的"元件—装置—系统"线性模式，基因之间、细胞之间、生物体内各系统及个体之间乃至生态系统之间彼此相互依存、互相影响，整体的交互作用超过个体的作用之和；生物经济所采用的主流技术以基于生物及其工艺过程（bioprocess）的定律为主。

第五节　"五轮模型"的功能

农业易相发展理论及其"五轮模型"除具有一般理论所普遍具有的指导功能外，更主要在于其对农业变化及绿色化发展所具备的解释功能、预见功能和分析功能。"五轮模型"是关于农业拓展与形态演变的系统概括和抽象，对于农业绿色转型具有指导、解释、预见、分析等四大功能。

1. 指导功能

感性认识—理性认识—实践的"两次飞跃"表明：来自实证归纳的理论，具有对同时代实践的指导功能。指导功能是"五轮模型"最基本的功能。

农业会根据不同经济时代的需求作出相应的转变。面向生物经济时代的农业如何变化或转型?"五轮模型"表明,可以从外生和内生动力角度,概括出适应生物经济时代需求的两个基本指导原则:

(1)从以增产为导向重视量的扩张,到追求品牌质量、注重生活质量的"人本化"原则。

(2)从过量使用化学品的化石经济投入模式,到利用可再生生物资源、注重生物过程的生物经济投入模式的"绿色化"原则。

2. 解释功能

"五轮模型"的解释功能是对农业正在发生变化及拓展的缘由、事实与问题等进行合理的解释,以便对农业发展及其与其他生物质产业的关系以及"三农"问题形成正确的理解和判断。

(1)从农业领域角度讲,农业正在由传统的以农林牧渔为主并包括农业前部门和后部门的常规农业系统,拓展到除含此之外并包括新食品、营养、健康医疗、生物基资源、环境与生态等在内的新型农业体系。由此可以解释:农与"非农"产业正在融合、边界淡化;部分生物质相关的"非农"产业正在成为农业新的领域;农业新业态如能源农业、生物质农业、医疗农业等正在成长;既有的农业形态如生态农业可以借由基因编辑、生物农药等焕发新的生机。

(2)从农业功能角度讲,随着领域的拓展,农业的功能正在进一步多元化,由农业经济时代的衣食"二元"功能占绝对主导地位,到工业经济时代和信息经济时代的以"二元"及其加工增值占主导地位的多功能,再到生物经济时代的进一步多功能化——除具有现代农业基本的多功能如经济、生态、观光等功能外,在内涵上更加注重农业的环保功能、生物基资源功能、健康(康养)功能、创意休闲以及文化功能,因而可称为"新型多元化"。

3. 预见功能

科学理论的价值不仅在于解释,而且更在于预测;或者说,预见功能是科学理论的基本特征。预见功能,又称预测功能。如果说"五轮模型"的解释功能针对的是农业变化及其相关"三农"问题的过去和现在,那么,预见功能所针对的就是未来农业变化及其可能的愿景。

"五轮模型"的预见功能综合表现在:农业与"非农"产业融合、边界淡化;一批与生物质相关的农业新业态正在涌现;新型农业体系将成为未来农业发展的愿景。

由此可以进一步推断预测,在生物经济时代,未来农业的变化不仅表现在或局限于一般性的领域与功能的拓展,而且将深刻影响到农业范畴和范式,即未来农业正在经历第二次绿色革命或其系列亚革命,农业需要重新定义,农业范式面临转变。

4. 分析功能

分析功能是"五轮模型"最具工具价值的功能,表现在以下两个方面,特别是第(2)方面。

(1)"五轮模型"揭示出某一生物质涉农企业经营领域在新型农业体系中的位置及其与其他生物质企业的经营领域上下游之间相辅相成、共生共荣的相互联系。该企业既可以是大型企业集团,如龙力、德青源、DSM、新加坡益海嘉里等,其内部业务涉及新型农业体系的所有相关子系统(图 7-1),子系统(或领域)之间相互联系,价值链循环,共同构成开放的相对独立与完整的结构体系;也可以是一个独立企业,其内部业务涉及新型农业体系中的部分子系统,但与另一些企业的产业链关联,它们在经营领域上形成休戚与共、互补共生的价值链关系,如中粮生化能源有限公司,前身是黑龙江华润酒精有限公司,以玉米为主要原料,生产食用与燃料酒精、高蛋白饲料等系列产品,与中粮集团内外其他生物质涉农企业的产业链互补共生。

(2)新型农业体系六个子系统相关产业,是一种以生物质产业链为纽带的产业集群。正如"集群"概念之于"钻石模型","易相"是"五轮模型"以及农业易相发展理论中的重要概念,同样是一种新的思维方式,此外,它还是一种发展理念,并且是农业绿色化发展的新视角。农业易相表明,农业可以变化拓展,变化中不变的特质是绿色、健康、可持续,即农业绿色转型。

类似于"钻石模型"中的六项因素①,影响某一生物质涉农企业或某一区域农业的变化及未来走向的因素包括:①创新技术与人力资本;②资源,特别是可再生生物资源;③需求市场,特别是绿色化产品市场;④企业战略,包括绿色使命与社会责任;⑤政府,特别是其绿色产品的税收政策、认证制度与采购政策;⑥生物相

---

① 迈克尔·波特. 国家竞争优势. 中信出版社,2012:65-114.

关产业与支持性产业。其中前四项为内部因素,后二项为外部因素,各因素之间具有双向或单向的作用与影响;它们共同构成农业企业或区域农业的绿色化、多元化以及人本化水平,进而形成该企业或区域的绿色比较优势与多元竞争优势。

5. 小结

综上所述,指导功能提出了农业发展"人本化"和"绿色化"的两个基本原则;解释功能分别从农业领域和功能的角度诠释了农业形态的演变和功能的"新型多元化";预见功能描述了农与"非农"关系及未来农业发展愿景;分析功能揭示出生物质涉农企业经营领域在新型农业体系中的位置及其与其他生物质相关企业经营领域之间的关系,并给出影响某一生物质涉农企业或某一区域农业的绿色比较优势与多元竞争优势的六项因素。

第六节 农业易相发展理论的政策含义与现实意义

一、政策含义

1. 从解释功能角度

农业易相发展理论可将现行的"三农"政策统一架构并整合纳入到一个新的农业易相发展思想体系之中。例如,在中国近期出台的有关"三农"的战略与政策中——

(1)相关农业:发展新型业态、农业多功能发展、工业反哺农业;

(2)相关农村:统筹城乡发展、新型城镇化、乡村振兴战略;

(3)相关农民:职业化、培育新型农民。

——均可以通过不同组合的"三农"易相发展关系(图7-3)得以系统诠释与辩证理解。

以2004年以来国家出台的"三农"相关政策为例:

(1)侧重于农业的工农关系"两个趋向"、发展农业新型业态、促进生态友好型农业发展、构建新型农业经营体系、农村一二三产业融合发展,可用农业易相发展理论从"农业—非农产业"或"常规农业—新型农业"的对立统一相互关系中得到诠释或理解。

（2）侧重于农村的统筹城乡发展方略、古村落保护与新农村建设、"记得住乡愁"、构建新型城乡关系、健全城乡发展一体化体制机制、推进城乡基本公共服务均等化,可用农业易相发展理论从"农村—城镇"或"旧农村—新农村"的对立统一相互关系中得到诠释。

（3）侧重于农民的培养新型职业农民、培育新型农业经营主体、推动农业转移人口市民化、构建和谐社会等,可用农业易相发展理论从"农民—非农从业者"或"传统农民—新型农民"的对立统一相互关系中得到诠释。

也就是说,当前正在执行以至未来诸多化解"三农"问题的政策与战略措施,可以被系统地纳入或统一架构到农业易相发展思想体系之中。

2. 从预见功能角度

农业易相发展理论及其"五轮模型"能够为化解经济社会发展中面临的相关食品及营养、健康医疗、能源与水资源、环境、生态等重大问题提供前瞻思维和政策依据,从而有利于构建绿色、健康、可持续的新型农业体系。

3. 从分析功能角度

"五轮模型"可以对某一生物质涉农企业或某一区域农业的绿色化发展走向提供新的思维方式和分析方法,有利于对生物质相关企业或区域农业的绿色转型进行因素分析,从而提出适应生物经济时代的绿色发展需求的竞争战略与对策。

4. 从指导功能角度

农业易相发展是一种理念和思维方式,应对农业发展问题,如果跳出"三农"之外,运用"非农"思路和方式,则往往能够收到农与"非农"互补之效。也就是说,当传统农业、农村发展遭遇瓶颈时,转换一下思维方式,从其对立统一的另一面即"非农"方面着手,往往会找到新发展思路或拓展出新业态,此亦所谓"以正合,以奇胜"。譬如,有一项特色农产品,由于本地市场容量有限而打不开销路,若采用"互联网＋"农业或旅游采摘模式,往往能够另辟蹊径、拓展销售渠道,收到"种一亩地卖不了、种十亩地不够卖"之辩证奇效。

二、现实意义

"三农"问题关系到国民素质、经济发展、社会稳定、国家富强、民族复兴。根据农业易相发展理论的系统思想——应对农业发展问题,不仅要着眼于"三农"本身,而应同时乃至更加注重从"三农"之外,即"三农"各自对立面采取对策,由此可以从对应的三个方面揭示出该理论的现实意义。

1. 农业易相发展理论的经济意义

对应农业:在稳定发展传统的常规农业基础上,加强以现代生物技术为基础的多功能农业开发,促进农业拓展,以及与农业相关的医药与健康、能源、材料、环保、生态服务等生物质产业的绿色转型升级;借此减少传统农业,发展新型农业,实现农业与"非农"产业融合协调发展。

2. 农业易相发展理论的生态意义

对应农村:改善农村生产与生活条件,促进农村城镇化及社区化、农场化、新型城镇化,实现农村与城镇统筹协调发展。城镇化与社区化整合并节约了农业用地,在扩大生产规模、改善生产条件的同时改善人居环境。在广大的农村特别是中国东南部农村地区,只有在基本实现城镇化及社区化的基础上,才有可能实现农场化。全生物质产业链的研发及其产业化,有利于减少包括作物秸秆、餐厨垃圾在内的有机废弃物,不仅可以促进循环生物经济与循环农业发展,而且可以减少污染,美化乡村环境。

3. 农业易相发展理论的社会意义

对应农民:减少以"小农"为特征的传统农民,培育新型农民,促进农民新型非农化、职业化、农民工市民化以及部分地区的农民市民化,实现农民与"非农"从业者平等互补。新型农民包括农业拓展领域的生产者和新型农业经营者(agribusiness worker)。传统农业的人口外流与转型、土地流转或部分农民"失地",为传统农民向新型农民、常规农业系统向新型农业体系转变创造了必要条件。欧盟与美国生物经济发展的实践业已证明:拓展生物质绿色产业新领域、发展农业新业态,有利于增加"绿领"就业岗位。

第七节 农业易相发展理论与其他理论的关系

一、对现代农业发展理论的扬弃和补充

作为面向生物经济时代的农业形态演变与农业拓展变革的综合表现形态,新型农业体系既传承当代农业的基本内涵,又拓展了新的领域和功能,特别是突出

了农业作为生物质生产与开发利用的基础功能,是对传统农业及常规农业系统的扬弃。由其揭示的农业形态演变趋势,以及常规农业系统、新食品、营养、健康医疗、生物基资源、环境与生态等各领域的相互关系,进一步表明农业的可拓性、多功能性和可持续性,表明农与"非农"可以多元融合、共生共荣、协调发展。

"活着的农业"(第五章第五节)表明:农业变化的历史,同时是一部农业拓展的历史。农业自古以来一直在拓展,在拓展过程中产生了诸多理论或学说,如属于传统农业发展理论的农业区位论、农业企业化理论、改造传统农业理论;属于现代农业发展理论的循环农业发展理论、农业产业化经营理论、智慧农业理论。生态农业理论,因其得到现代生物技术的重新"武装"而"古杆新枝"、焕发生机,可分为传统生态农业理论和现代农业生态理论。

如前所述,农业易相发展理论是基于生物经济与农业拓展的理论性概括,属于面向生物经济时代的正在孕育成长的农业发展理论;她结合了中国传统哲学思想特别是"易经"中关于"整体"、"变化"的思想与现代可持续发展理论,具有和谐、开放与包容的时代特征,并以生物经济的"绿色、健康、可持续"特质为使命。

相较于传统和当代其他农业发展理论,农业易相发展理论向前兼容,即具有较强包容性,是对现代农业发展理论的扬弃和补充、丰富和发展,而不是替代(图7-5)。

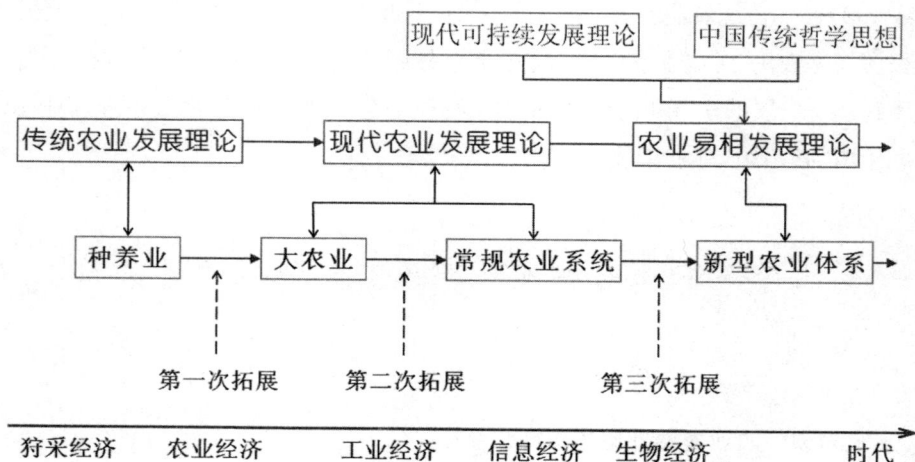

图7-5　农业拓展与农业发展理论的关系

农业易相发展理论和交互对应的新型农业体系,分别是未来农业发展的新视角和新框架,互为因果与条件,属于机理与表象、理念与实体的关系,其最终目标在本质上是一致的。打个比方说,农业产业化经营理论针对的是常规农业系统即当今现代农业;那么,农业易相发展理论针对的是新型农业体系即未来"现代农业"。

二、与李小龙武学理论、钻石模型理论之比较

为增进对新兴农业易相发展理论的理解,分别选取中外两种理论进行比较。这两种理论分别是:诞生于中国香港的李小龙武学理论和美国哈佛商学院的波特钻石模型理论。前者主要在思维方式上、后者主要在研究方法上,分别与农业易相发展理论及其五轮模型有相通之处,因而具有一定的可比性或异曲同工之妙。

1. 农业易相发展理论与李小龙武学理论比较

农业易相发展理论侧重于"农业—生物—哲学"科学领域,李小龙武学理论侧重于"武术—影视—武学"人文领域,两者都蕴含深刻的中国古典哲学思想,在内涵与特征方面存在诸多融通之处。

李小龙武学理论创立于 20 世纪 60 年代,又名"截拳道",即截击对手来拳之道。它将东西方哲学理念运用于武术,守中有攻,攻中有守,体现出阴阳互补的太极思想。其核心是:以无法为有法,以无限为有限。"以无法为有法"是指在博采众家之长的基础上,既将各派招数纳入其中,又不为其形所拘,而是自成法度,看似无法,实则有法。"以无限为有限"是指武术不应该受任何派别与招式的局限,没有固定的形态,形态是可以不断发展变化的,由此实现搏击的高度自由,进而达到"尽其在我,简单是美"的境界。

从理论的思想内涵与发展特征上衡量,农业易相发展理论与李小龙武学理论有异曲同工之妙(表 7 - 1)。

除了应用与学科的领域不同,农业易相发展理论与李小龙武学理论的区别还在于两者所处的时代背景不同:李小龙武学理论诞生并发展于工业经济时代;农业易相发展理论诞生于信息经济时代和生物经济的成长阶段,并可望在生物经济时代达到其成熟与规模化应用阶段。

表7-1 农业易相发展理论与李小龙武学理论比较

内涵与特征方面	李小龙武学理论	农业易相发展理论
思维方式	太极思维:攻与防 在咏春拳基础上汲取百家之长(好比"腾空杯子,重新注水")	太极思维:农与非农 在现代可持续发展理论的基础上,融汇百家(好比"扬弃")
理论思想体系	创建一个新体系:截拳道 没有派别,没有招式,达到没有"形"的境界。不是一个门派,而是一种搏击思想	构建一个新体系:新型农业体系 体现一种现代与传统相结合的"整体"与"变化"的易相思想。农业新业态与常规业态互补共生
创始环境	武术影视发展。 由"无名之辈"创立,在香港、美国等国际化环境中	生命科学与生物技术的群体性进展及其对农业的革命性影响。 由跨学科交叉专业人士首创,主要在中国文化与中文环境中
推广手段	由实战、讲学作为推广手段,以实战为主。实战与理论相辅相成	由论文、网站、学术报告作为主要推广手段。由实证归纳法得出,正在接受实践检验
需要支撑概念与平台	需要"整体"概念,开放国别	需要"整体"与"变化"概念,开放平台、国际平台
发展制约因素	受到中国武术界陈规陋习的阻碍,封闭观念的束缚	囿于中国学术界瞄准跟踪研究意识,缺少原创科学理论成长的文化环境

资料来源:邓心安.巧合还是必然:农业易相发展理论与李小龙武学理论的融通.中国社会科学报(科学与人文栏目),2011-03-17(12).

"美美与共,天下大同";时代不同,物艺相通;异曲同工,万拳一理;"万物虽多,其治一也"(《庄子·天地》)。新的时代需要多元融合的科学与人文发展观。科学与人文是辩证统一的关系,只有相互融合,才能促进社会进步。学科领域与时代背景的不同,并不妨碍两个理论之间的借鉴与启发,特别是李小龙武学理论对于农业易相发展理论的完善与推广的启示。

2. 农业易相发展理论的五轮模型与钻石模型比较

产业集群—钻石理论,也叫钻石理论或钻石模型、钻石体系,揭示出在某一区域的某一特定领域影响生产率和生产率增长的各因素。集群是其核心概念,指在某一特定区域下的一个特别领域,存在着一群相互关联的公司、供应商、关联产业和专门化的制度和协会。

该理论由美国哈佛大学迈克尔·波特(Michael E. Porter)在《国家竞争优势》中提出。该理论认为,一个完整的钻石体系由四项相互关联的重要环境因素和两个关键因素组成。四项环境因素包括:生产要素,需求条件,相关产业与支持性产业,企业战略、结构和同业竞争;两个关键要素是:机会、政府。六项因素相互关联,构成了一个互动的体系,模型的形状宛若一颗钻石(图7-6左)。

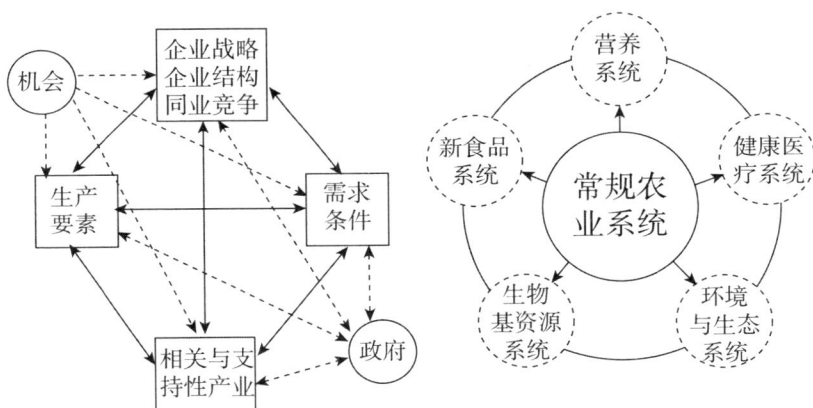

图7-6 五轮模型与钻石模型对比

这两个理论,首先在研究方法上极为相似,都是通过个案观察—案例研究,由实证归纳得出;因体系复杂、统计资料有限,未用到数学化模型,而用模型图高度概括。其次,两者研究的对象同属于产业范畴,钻石模型以工业产业为主,农业易相发展理论以生物基产业特别是农业产业为主。第三,两者都可以作为一种分析工具,钻石模型的分析工具功能被产业界和学术界用得很多了,而五轮模型的分析功能尚在开拓完善之中。

两者的区别:一是应用与学科的领域不同,产业集群-钻石理论针对几乎所有的工业产业,注重集群发展;农业易相发展理论针对生物基产业,特别是其中的基础产业——农业,注重绿色化发展。二是所处的时代背景不同:产业集群-钻石理论诞生并发展于工业经济时代;农业易相发展理论诞生于生物经济的成长阶段,尚有待于进一步发展完善(表7-2)。

表7-2 五轮模型与产业集群-钻石理论比较

内涵与特征方面	产业集群-钻石理论	五轮模型
时代背景	处于工业经济时代,即工业经济发展成熟之后	处于生物经济时代来临前,即生物经济的成长阶段
研究方法	案例研究—产业个案研究,跨国研究;由实证归纳出理论	观察法—实地考察法,实证归纳法;由实证归纳出理论
理论的核心概念	集群(产业集群)、竞争力、国家竞争优势、钻石体系(模型)	易相、农业第三次拓展、新型农业体系(五轮模型)
理论的创新性	系统性强,应用范围广泛;分析功能强—操作工具性强	前瞻性、思想性强;操作工具性有待提升
理论的表现形式	模型图,比较表;无数学化模型	以模型图为主;少量准公式
理论功能与应用价值	用理论与模型去分析、解释产业发展,预测未来产业发展	用理论去解释、分析、预测农业绿色化发展
传播形式与影响范围	英文为主,专著与论文,国际会议报告;全球性影响	中文为主,专著与论文、国内会议报告为主;影响受限
学术环境与背景	拥有全球性包容、接纳、喝彩;个人与团队能力强	一定范围内认可;团队能力有待加强

资料来源:根据以下文献整理:迈克尔·波特. 国家竞争优势. 中信出版社,2012;邓心安,曾海燕. 农业易相发展理论的"五轮模型"及其功能. 农业经济与管理,2017(4):29-35.

第八章

结论与对策

新兴的生物经济和将要来临的生物经济时代,为农业及其他生物质相关产业的绿色转型提供了可持续的综合平台,并带来"绿色、健康、可持续"的时代机遇。作为一项颇具时代前瞻性的政策研究课题,在研究结论、获得启示的基础上,提供问题导向性的对策与建议或前沿性学术思想,是科技战略与政策研究的出发点和归宿。

第一节 研究结论

一、生物经济预示着一个新时代的来临

1. 生物经济的共同属性

自 2002—2004 年中国学者和 OECD 提出生物经济的正式定义后,对生物经济的理解及正式定义如雨后春笋般涌现,并形成以下共同属性:

(1)生物经济由生命科学与生物技术的研发缘起,研发与创新推动了生物经济的发展。

(2)通过生物工艺过程生产可再生与可持续的生物基产品;可再生生物资源或称可再生生物质是生物经济发展的基础。

(3)生物经济与节能减排、绿色可再生、健康福利、产品绿色转换、经济绿色转型、拓展就业岗位等密切相关,具有"绿色、健康、可持续"的基本特质。

(4)生物经济正在兴起,尚处于成长阶段。

生物经济是一种新兴的经济形态,也是系列可持续的解决方案,意味着众多产品的系统转变与产业的绿色转型。生物经济已超越"概念"阶段,成为改变经济社会发展模式,以应对诸如气候变化、产业绿色转型、农村地区发展等问题与挑战的战略与行动。

2. 生物经济时代是让人期待、令人遐想的时代

生物经济预示着一个新时代的来临。这一时代不是从某一角度或具体领域来划分的特定历史时期,而是从整体宏观角度、从经济社会综合领域来划分的"大时代"——生物经济时代。

经济时代是指一种综合经济形态发展到成熟阶段后、以这种经济形态为主导形成的人类经济社会发展的特定历史时期。每一个综合经济形态,如农业经济、工业经济、信息经济等,都可以划分为孕育、成长、成熟、衰退四个阶段。

生物经济时代,与已经出现的狩采经济时代、农业经济时代、工业经济时代、信息经济时代一脉相承并前后叠加,是生物经济(形态)发展到成熟阶段后以其为主导形成的人类经济社会发展的特定历史时期。目前人类经济社会(主流)正处在信息经济时代的鼎盛时期。分别以1953年DNA双螺旋结构的发现和2000年人类基因组破译为标志,经济社会进入了生物经济的孕育和成长阶段;预计到21世纪30年代初期,生物基及生物科技产品得以廉价且普遍使用,标志着生物经济发展进入其成熟阶段,人类经济社会进入真正的生物经济时代。

在迈向生物经济时代的进程中,生物经济正在成为新的绿色可持续发展理念;成为许多国家和地区或国际组织的可持续发展战略;成为一种迈向可持续未来的综合平台,以实现产业与经济的绿色转型。生物经济所具有的自然、绿色、健康、可持续、生物质基础、低碳环保、绿色转型与绿色增长、产业融合、研发创新、人本化、生态文明等特征将展现在经济社会的方方面面。"生物经济是一个整体性的社会经济系统"①,不仅与环境的可持续性有关,而且关系到产业和福利乃至整个经济社会的可持续发展。生物经济正在成为继农业经济、工业经济、信息经济之后,全球经济社会发展的新浪潮——第四次浪潮。

已经或正在经历的前三次浪潮分别是:第一次浪潮,从狩采经济到农业经济;第二次浪潮,从农业经济到工业经济;第三次浪潮,从工业经济到信息经济。正在

---

① 詹姆斯·珀金斯. 前景无限的芬兰生物经济. [2014-08-01/2017-11-25]. http://finland. fi/zh/shangyeyuchuangxin/qianjingwuxiandefenlanshengwujingji.

孕育的第四次浪潮顺理成章就是:从信息经济过渡到生物经济。

在当今的信息经济时代,有三种社会并存:农业社会、工业社会和信息社会。

在未来的生物经济时代,同样有三种社会并存:工业社会、信息社会、生态社会。生态社会,也可称为生物基社会(bio-based society)或生物社会(BioSociety),正在来临,将要诞生,名称虽未定,蕴意已显现。

二、生物经济:可持续未来的综合平台

1. 生物经济赋予可持续发展新的含义

生物经济是一种可持续的经济形态与解决方案。中外生物质产业链案例的实证与归纳表明,生物经济通过生物质产业链转换对相关传统产业产生重大影响:一是为产业绿色转型提供包括技术、政策、基础设施、融资及服务等在内的综合平台;二是为农业可持续发展赋予新的内涵。

农业是可再生的生物质的基础,生物质是可持续的生物经济的基础,因而生物经济赋予农业"双基础"地位,进而赋予农业可持续发展以革命性的新含义。新含义意味着,农业可持续发展不但包括传统意义上的资源节约与循环利用,保护农业资源,减少农药、化肥、农膜等化学品投入及由此造成的环境污染,而且更深刻地表现在:突破传统的农业范畴,拓展农业领域与功能;变革传统的"化学过程"为可持续的"生物过程",从而变革传统的农业及其相关产业的制造模式;运用农与"非农"系统观,推进城乡协调发展,以及污染治理与生态保育。

随着全球性水、土地、能源等资源与环境危机的迫近,以及经济社会普遍性低碳环保意识的增强,传统的化石基工业制造正在被可再生的生物基绿色制造所替代。通过"农业—生物质—生物过程—生物经济"思想与路径,农业、生物医药、生物化工、生物能源、生物材料、生物环保与生物炭利用以及生态服务等利用可再生资源的众多产业互联融合,联结它们之间的共同点就是:绿色健康、低碳环保、可再生与可持续。

2. 生物经济正在成为可持续的综合平台

生命本质的高度一致性、生物经济的技术通用性、跨领域的生物质共性,以及生物经济特质与应对全球性重大问题高度契合等联合表明:生物经济正在成为迈向可持续未来的,包括技术、政策、基础设施、融资及服务等在内的综合平台。

作为可持续未来的综合平台,生物经济以其高度的前瞻性和根本性变革力

量,将全方位促进农业、健康医疗、生物制造及生物能源、环保及生态服务等众多生物质相关产业的绿色转型,因而可望将当前众多的经济形态,如农业经济、生态经济、低碳经济、健康经济、绿色经济乃至循环经济等的主体或代表未来发展方向的主流部分(如生物基循环经济),整合纳入生物经济产业体系之中。

作为可持续未来的综合平台,生物经济正在促进农业与其他生物质产业互联大融合。生物、信息、物质大融合,是生物质产业融合的理论基础。产业融合意味着产品及服务价值增加、产业链延长、物质与能量的循环利用。随着生命本质高度一致性的被揭示及其产业化应用,生物质相关产业呈高度融合趋势,农业与工业尤其是其中的化工制造、能源、医药,以及与旅游观光、生态服务等第三产业的界线渐趋模糊,或边界趋于淡化;农业正发展成为与其他产业有着广泛联系并相互影响的一个综合部门,食品、营养、健康医疗、能源及其他生物基资源、环保、观光与休闲旅游、生物多样性及生态服务等都与农业有着越来越密切的关系。即便传统农业的比重在下降,多种农业新型业态也会导致农业的领域与功能进一步拓展。

农业绿色转型是化解当前"农业不可持续"问题的必由之路。生物经济为农业绿色转型提供了可持续的综合平台,体现在"五生"方面:①生物质及其他生物资源的可再生性,是农业绿色转型的基础;②生命科学与现代生物技术,是开发利用生物过程、实现农业绿色发展的技术手段;③生命本质的高度一致性,是农业绿色转型与新型农业体系构建的内生动力;④经济社会对农业多功能与可持续发展需求,是农业绿色转型的外生动力;⑤发展绿色农业,扩大"绿领"就业机会,是民生及福利社会的需要。

三、新型农业战略是生物经济成长战略的基础

1. 生物经济成长战略

生命科学与生物技术的发展推动了生物经济概念与平台的形成,导致农业、健康医疗、环保、工业制造等产业的生产与消费方式正在发生深刻变革。

欧盟根据生物技术的特点形象地将生物技术按"颜色"划分为绿色(Green biotechnology)、红色(Red biotechnology)、灰色(Grey or Environmental biotechnology)及白色(White biotechnology)生物技术,分别代表农业、医药、环保及工业生物技术。基于生物经济正处于成长阶段的判断,受欧盟分类启示,分别从生物经济

对农业、健康医疗、环保及制造业的影响进行分析,提出了生物经济成长(GREW)战略。作为一个战略体系,GREW 战略包括相互交叉、依存与影响的四个子战略:

新型农业(Green biotech based)战略;

健康医疗(Red biotech based)战略;

绿色环保(Environmental biotech based)战略;

绿色制造业(White biotech based)战略。

也就是说,GREW 战略包括:基于绿色生物技术的新型农业战略、基于红色生物技术的健康医疗战略、基于环境生物技术的绿色环保战略,以及基于白色生物技术的绿色制造业战略——后者包括生物能源战略。

2. "四色"生物技术对产业的革命性影响:绿色为基本原则

(1)绿色生物技术通常是指应用于农业及与食品相关的生物技术。农业是最先受到生命科学与生物技术影响的产业,而且影响最为深刻,进而可望在生物经济时代引发农业第二次绿色革命。基于生命科学与生物技术正在对农业产生的革命性影响,有研究提出构建基于生物经济的新型农业体系设想。预计新型农业体系将发展成为第二次绿色革命或其系列亚革命后、未来生物经济时代"现代农业"新的框架模式和战略愿景。

(2)医药生物技术被称作红色生物技术,将导致第四次医学革命及健康医疗模式变革。预计到生物经济时代,疾病诊断、治疗和预防手段将发生革命性变化,引发医学史上继公共卫生制度建立、麻醉术和疫苗接种、抗生素应用之后的,以基因治疗、再生医学为代表的第四次医学革命。生物药物的研制将进入成熟的使能技术(enabling technologies)阶段,健康医疗方式将由以治疗为主转到以预防为主,即由"有病被动治疗状态"转向"主动参与疾病预防状态",亦即由目前的"疾病护理模式"转向"预防模式"。

(3)与环保产业密切相关的工业生物技术,一般称为环境生物技术。为了将其与其他主流工业生物技术区别开来,欧盟称其为灰色生物技术。环境生物技术属于一门综合技术,代表生物技术在环境保护及环境可持续方面的应用,将促进环保产业发生变革。通过分子生物学及基因工程,能够开发出功能更强、应用范围更广的生物酶和微生物,以及提高植物的抗逆性,不仅直接有利于对受损环境的修复和各种污染物的处理,而且可以扩大植物的种植范围,丰富植物品种类型,提高某些植物的光能吸收或元素吸附的能力,直接或间接地改善生态,美化自然环境。

（4）工业生物技术是一种环境友好型技术，能够"洗白"传统工业技术所带来的弊端，这正是工业生物技术被称为白色生物技术的原因。工业生物技术通过改进微生物代谢、采用生物催化剂替代传统催化剂等新技术、新方法和新工艺，利用可再生资源生产生物基产品与生物能源，不仅减少了有毒废物排放和多余副产品，还节省了加工过程中所需能源，将促进制造业发生变革。主要表现在：引发相关化学制造业发生变革，利于生态及环境可持续发展；促进能源产业亚革命，实现人类能源生产由"黑金"（化石能源）到"绿金"（生物能源）转变。之所以称生物能源为"亚革命"，是因为即便是在生物经济时代到来之后的相当时期内，以生物能源为代表的可再生能源依然不可能取代化石能源主力军的地位，而只能作为多元化能源格局的一支生力军。

正如绿色生物技术（"G"），广义上包含可持续的红色生物技术、环境生物技术以及白色生物技术（"REW"）的部分内容一样，新型农业，广义上也包含与生物基相关的可持续的健康医疗、生物环保、生物能源等部分内容。因而，从逻辑上讲，分别基于这四类（色）生物技术的四个子战略，既相对独立又相互依存，既有交叉又有侧重，分别体现在不同产业领域拓展的组合关系上。这也是本书对其中的"基础"——新型农业战略进行重点探讨的主要原因；另一原因则是其他三大子战略可被相关领域的战略如某领域"十三五"规划所取代，且其知识框架超出了作者的专业背景和能力范围。

3. 生物经济成长战略的时代意义

人类经济社会已进入生物经济的成长阶段，正处在迈向生物经济成熟阶段即生物经济时代的途中。在生物经济的成长阶段，及时提出"生物经济成长（GREW）战略"，对于生物产业发展规划或绿色产业政策制定具有前瞻性意义。同为"成长"，是巧合更是必然；与其说是巧合，不如说是契合。

时代预见性对于发展理念与战略具有深远影响。面对生物经济这样一个崭新的时代，不应局限于对技术及其产业发展事后的理论总结，更应去预测、展望产业与经济社会发展的未来。在农业经济时代，中国曾长期领先于世界；在工业经济时代，我们远远落伍了；在信息经济时代，我们正奋力追赶并局部赶超。面对即将到来的生物经济时代，中国与世界发达国家基本上处在同一个起跑线上，当未雨绸缪，不失时机地谋划生物经济发展战略。这就是在生物经济的成长阶段，研讨生物经济成长战略的时代意义。

四、新型农业体系是"革命性未来农业"

1. 农业形态演变在宏观和微观层面的统一性

农业形态是随着科技进步与经济社会需求而逐渐演变形成的,具有某种技术特征的农业表现形式。随着经济时代的演进,农业形态总体上由过去的以资源导向、以片面追求经济效益为主,转向以技术导向、以追求人与自然协调发展为主,亦即越来越趋向以提高人类生活质量为主的"人本化"发展方向。

从宏观层面上归纳,农业形态演变的基本特征包括:集成当代最新技术;绿色环保与可持续;产业融合与农业边界淡化;农业功能多元化;城乡协调发展;注重生活质量及人本化。

从微观层面上剖析即从案例分析角度讲,德青源(以鸡蛋为核心的产业链)、龙力(玉米产业链)、益海嘉里(稻米—大豆产业链)、安吉谈竹庄(竹纤维产业链)、中粮集团、大北农集团,以及美国杰能科、荷兰 DSM 等国内外生物质涉农企业,是现代农业拓展变革的一个个缩影,共同验证并揭示出未来农业所具有的时代特征:绿色、健康、可持续、可再生与生态循环、多功能性、农与"非农"融合发展协调共生。这些特征与农业形态演变的基本特征具有高度相似性与共同趋向,二者在本质上是统一的。

2. 农业形态转变与绿色转型需要新型农业发展观

生物经济时代的来临,使农业发展进入可再生与可持续的绿色新纪元。小农业(即传统种养业)、大农业、常规农业系统、新型农业体系,分别是农业经济时代、工业经济时代、信息经济时代、生物经济时代等不同经济时代的农业形态演变的综合表现形态。从领域范畴拓展与发展趋势来看,作为生物经济时代的"现代农业"综合形态,新型农业体系可以称为面向未来的超农业(super agriculture)。所谓"超",不仅体现在农业领域范畴与功能的拓展上,更主要体现在农与"非农"融合思想和农业易相发展理念上。

农业形态演变与绿色转型涉及到农业乃至制造业发展范式的转变。也就是说,面对新的生物经济时代,农业不仅需要拓展,而且需要重新定义。事实证明,以物理和化学定律为主的产业模式正在被基于生物过程的"生物范式"所部分取代,后者通过生命科学与生物技术将生物可再生原材料转化为各类生物基产品,并变革传统的"用化学问题处理环保问题"方式——解决一个问题而带来另一个更大的问题。

发展观是未来发展的理念。每个经济时代对应有不同的农业发展观,生物经济时代需要适应该时代的绿色农业发展观。以往的经济时代经历了"小农业"发展观、"大农业"发展观、现代"常规农业"发展观,由此推之,生物经济时代的农业发展观将是"超农业"发展观,即新型农业发展观。该发展观对于农业形态演变与绿色转型具有前瞻意义和现实指导价值,为生物质产业融合发展提供了新的平台思维。

3. 新型农业体系由实证归纳得出

新型农业体系是基于绿色生物技术的新型农业战略研究和生物质涉农企业实证研究的结果。生物质涉农企业经营领域的实证归纳表明:基于生物经济的农业发展研究,拓展了对农业的全新与全方位理解,具有革命意义。

玉米产业链案例表明:生物质产业链将农业与其他生物质产业紧密地联系在一起,促进农业及相关产业的可持续发展;生物科技为农业领域与功能的拓展提供了内生动力,推动农业绿色转型。由此推之,玉米与其他植物产品(如大豆)、畜禽产品(如鸡蛋)等共同构成不同类型和层次的生物质产业链系统,从而形成以生物质为基础的、可再生与可持续的、包含农与"非农"对立统一关系的绿色产业体系。该体系在农业上的综合体现,就是包含常规农业系统在内、并包括生物质相关的农业拓展领域的新型农业体系。

4. 新型农业体系是"革命性未来农业"

新型农业体系除维持并加强传统农业的转型升级之外,还由于通过生物过程来生产生物能源、化学品、生物医药、生物材料,并提供更加多样化的生态服务,因而从根本上减少化石能源的投入。生物科技如新一代基因编辑技术的突破性进展,及其与信息技术等的集成,为农业育种、生物肥料以及作物抗逆性的增强等提供了新的途径,从而相对减少传统农业对土地、水、气候等资源条件以及化肥农药农膜的过度依赖。因此,新型农业体系更具可持续、可再生与生态循环、绿色低碳等特点,符合农业形态演变的绿色环保与可持续的主流特征。

新型农业体系源自面向生物经济时代的农业综合形态的假设。当代农业发展的实践及农业形态演变的趋势进一步验明这一假设的正确性,因为它符合以下三项基本条件:一是具有实践性,能够解释当代农业正在发生的拓展或变化;二是具有预见性,能够预见未来时代农业可持续发展的趋势与业态;三是具有多功能价值,能够逻辑自洽。

国内外生物质涉农企业的实践进一步证明:新型农业体系的理论预言或假说正在成为现实,且能够应用到对具体的生物质关联企业发展领域及其功能演变的解释之中。新型农业体系能够解释当代农业领域与功能正在拓展的事实现象(内符),又能够预见并指导未来农业发展方向(外推),因而可望成为农业绿色转型的目标模式,亦即生物经济时代未来"现代农业"的愿景。

新型农业体系可作为解决传统农业与农民趋于"消失"问题的可持续方案。由此回应了第五章第一节提出的"未来农业走向何处"中的两个追问:①当今农业会不会"消失"? 答曰:不会,而是成为某种"超农业"——新型农业体系;②农民会不会被"终结"? 答曰:不会,而是大部分演变成为"新型农民"——新型农业体系中拓展领域的从业者。

五、第二次绿色革命是农业绿色转型的综合技术手段

重大而从根本上的农业绿色转型意味着农业绿色革命,也就是正在酝酿的农业第二次绿色革命。第二次绿色革命是指运用以基因工程为核心的现代生物技术,培育既高产又富含营养的动植物新品种以及功能菌种,促使农业生产方式发生革命性变化,在促进农业生产及食品增长的同时,确保环境可持续发展。其综合目标,统而言之,就是农业绿色转型。

1. 第二次绿色革命的要素基本具备,但尚缺乏国际社会的共识

农业革命通常需要三个基本要素:农业发展出现重大问题或全球性食品危机出现;技术及生产工具取得突破性进展,农业相关科技日益成熟,需要传播与扩散;政策导向的利好推动,包括国际社会的政策支持与共同努力。

第二次绿色革命的前两个要素条件——农业面临重大危机性问题(外生动力)、生物科技取得群体性重大进展(内生动力)——分别已经具备或基本具备。任何性质的革命,通常不会为常规势力所轻易接受。第二次绿色革命,除需具备上述农业发生重大变革的两个必要条件外,还需要国际社会特别是各国政府与产业界的主观认识和协同努力,即应当具备第三个要素——国际社会的政策支持与共同努力。

第三个要素条件尚欠火候,目前并不完全具备。属于第二次绿色革命的系

列亚革命,如转基因技术革命,已经取得突破性重大进展,并正在农业、医学、能源与环保等领域迈向产业化。但由于对转基因技术的疑虑、争议、误解或贸易策略等,国际社会并未达成一致,延滞了其产业化进程。例如欧盟,虽然积极倡导发展可持续的生物经济,但在有关核心领域如转基因食品方面存在分歧。又如,欧盟、中国等积极推动联合国通过《巴黎气候协定》,但作为主要国家的美国,其新一届政府宣布退出或计划重新谈判,从而间接影响到农业绿色革命的推进。

在第二次绿色革命的不同层次与内容的推进过程中,关键人物即所谓"之父"级的科学家、联合国相关机构以及许多国家的政府部门的作用不可或缺。

2. 第二次绿色革命的领域范围更广,核心是农业基因革命

第二次绿色革命超出现代农业范畴。如果说第一次绿色革命涉及的主要是农作物的常规育种,加之灌溉、化肥、除草剂等,属于常规农业系统范畴,那么第二次绿色革命作用领域则属于新型农业体系,包括常规农业和新食品子系统,以及健康医疗、生物基资源、环境与生态等当代所谓的"非农"领域——未来新型农业体系的组成部分。第二次绿色革命涉及的生物种类不仅包括粮食等农作物,而且还包括经济作物、藻类、动物新品种以及微生物。

第二次绿色革命由系列亚革命组成,"基因革命"是其核心。转基因或基因编辑产品是众多子系统交叉领域和跨产业领域。因此,从主体与核心的角度来衡量,第二次绿色革命有时又被简称为"基因革命";或者更精确地讲,发生在农业领域的基因革命将成为第二次绿色革命的核心。

3. 第二次绿色革命为农业绿色转型提供综合技术手段

第二次绿色革命对农业绿色转型具有重要作用和深远影响。以玉米为例,玉米饲料中存在大量不能为动物直接利用的植酸磷,而工业发酵方式生产植酸酶耗能大且成本高,如不添加植酸酶就造成畜牧养殖业中磷的大量浪费并对土壤水源产生污染。针对此类问题,运用转基因等技术培育转植酸酶玉米新品种,使玉米饲料自身成为"生产植酸酶的绿色工厂",便可以变革饲料生产方式,带来养殖业的一项亚革命。从宏观效益上来评价,植酸酶玉米不仅能够减少使用无机磷,延缓磷矿资源枯竭,显著降低成本;还可以增进牲畜对铁、锌、钙、镁、铜、铬、锰等矿物质元素的吸收;更具可持续意义的是,能够解决传统养殖中使用工业化植酸酶成本高等问题,有效减少牲畜粪便对环境的污染。

植物转基因是第二次绿色革命的主导技术,正在成为农业可持续发展新的革命性手段。农业可持续发展意味着经济、社会和环境三方面的统筹与和谐发展,而转基因植物能够从环境、经济、社会三方面来满足以上条件:一是从环境方面,通过减少农用化学品投入、增加产量而减少耕地总量,从而有利于保存生物多样性(preserving biodiversity),通过免耕、减少因化肥和燃料投入而引起的温室气体排放来保护气候(protecting the climate),通过节水、少耕等来保护资源(conserving resources);二是从经济方面,能够减少生产成本、提高"绿领"就业水平和农产品竞争力;三是从社会方面,通过改善营养、增加食品供应等方式提高生活标准。

在第二次绿色革命中,微生物将扮演重要角色。研究新的微生物并开发新型功能菌种,不仅能够发挥微生物在土壤肥力保育、营养元素循环转化、环境净化与生态系统平衡等传统领域的重要作用,而且通过相关产业的绿色制造,促进农业拓展领域的可持续性。

六、农业易相发展理论是农业拓展与绿色转型的指导思想

理论创新是政策创新和体制创新的先导与基础。建设新型农业体系,率先需要农业发展观的转变与理论创新;农业易相发展理论就是实证归纳基础上的农业可持续发展的理论创新。农业易相发展理论的创立对生物经济与农业发展相结合的研究具有里程碑意义。

1. 农业易相发展理论是新的绿色农业发展理论

农业易相发展理论是基于生物经济与农业变化的理论,是指将传统的农业范畴拓展到"非农"范畴,反过来通过"非农"来促进农业的发展,以致达到农与"非农"共生共荣、整体和谐发展状态的系统知识。农业易相发展理论源于农业易相发展理念;农业易相发展理念源于对"三农"易相发展关系的认识;"三农"易相发展关系,是农业易相发展理论的认识前提和思想基础,也是农业易相发展理论关系式建立的认识基础与理解出发点。

(1)"三农"易相发展关系,是指农业—非农产业、农村—城镇、农民—非农从业者两两之间的对立统一的辩证关系;简言之,"三农"与其各自对应的"非农"的相互作用,是对立统一而非对立相反的关系。

(2)农业易相发展,是指将传统的农业范畴拓展到"非农"范畴,反过来通过

"非农"来促进农业的发展,以致达到农与"非农"共生共荣、整体和谐发展的状态。农业易相发展不仅是一种理念和思维方式,而且是农业绿色转型和生物基产业绿色发展的核心理念。它是基于生物经济的农业发展新视角,从此角度观察表明:应对农业问题,如果跳出"三农"之外,运用"非农"思路和方式,则往往能够收到农与"非农"相互促进、互补共生之效;即当传统农业、农村发展遭遇瓶颈时,转换思维方式,从其对立统一的另一面即"非农"方面着手,往往会找到新发展思路或拓展出农业新业态。

(3)农业易相发展理论关系式(第七章第三节),是关于农业与其他生物质相关"非农"产业之间关系的数学描述,是农业第三次拓展的抽象概括。范式是发现定律与关系式的前提条件,由此推之,新型农业体系的发展范式是发现农业易相发展理论关系式的前提条件。

2."五轮模型"是农业易相发展理论的核心

农业拓展与易相发展的"五轮模型",是关于农业拓展与形态演变的系统概括和抽象,是指现代农业由传统的常规农业系统拓展到生物质相关的五个新的领域,由农业第三次拓展而来。由于分子生物学及基因工程的推动,才促使农业能够突破常规农业范畴,并最终从整体上形成第三次拓展。

"五轮模型"是农业易相发展理论的核心内容,其假设和描述的新型农业体系是基于生物经济的未来农业发展的目标愿景。"五轮模型"基于对中外众多的生物质涉农企业经营领域的观察与考察,由科学归纳推理方法得出,并得到生物质涉农企业实践的验证。它不仅提供了一种应对全球性重大问题的新视角、思维方式与发展理念,也为农业转型提供了绿色可持续的解决方案。

"五轮模型"对于农业变革与绿色转型具有指导、解释、预见、分析等四大功能。指导功能提出了农业发展"人本化"和"绿色化"的两个基本原则;解释功能从农业领域和功能的角度诠释了农业形态的演变和功能的"新型多元化";预见功能描述了未来农业发展的愿景及"三农"易相关系;分析功能揭示出生物质涉农企业经营领域在新型农业体系中的位置及其与其他生物质相关企业经营领域之间的关系,并给出影响某一生物质涉农企业或某一区域农业的绿色比较优势与多元竞争优势的六项因素,具有绿色化分析的工具价值。

3. 农业易相发展理论的特点与创新点

农业易相发展理论的特点包括:

（1）以原创性为指归,是关于农业变化(change)的理论性概括。

（2）基于生物经济及生物经济时代的视角,具有可再生、可持续、绿色低碳、人本化等时代特征,以及指导、解释、预见、分析等四大功能。

（3）结合了中国古代哲学思想与现代可持续发展理念,即将中国传统哲学思想特别是其中的"变化"与"整体"的思想与现代可持续发展理论结合起来。

（4）对现代农业发展理论的包容、扬弃与补充,而非替代。

（5）属于生命科学与生物技术(life sciences and biotechnology)、农业经济、资源经济、农业哲学的交叉领域,阐明了生物经济与农业发展之间的天然纽带与共同生物学基础关系及其同源的公共产品属性。

农业易相发展理论的创新点可以归纳为:

（1）起于当代、前瞻未来的问题意识。

（2）将化解"三农"问题的对策与措施纳入科学合理、逻辑自洽的思想体系之中。

（3）揭示出农业易相发展与农业变革的内在动力机制及其相互关系。

（4）将理论上升至数学描述阶段,提出农业易相发展关系式和关系图。

（5）提出了农业拓展的"五轮模型",并可望将其发展成为农业绿色化分析工具。

4. 农业易相发展理论对于化解"三农"问题的意涵

农业易相发展理论能够为化解经济社会发展中所面临的食品及营养、健康医疗、资源、环境、生态等重大问题提供前瞻思维和生物基产业融合发展观,对于化解"三农"问题的意涵在于对立统一、相互转化的三个方面:

（1）减少传统农业,发展新型农业。表现在:农业新型化、功能多元化及人本化。农业新型化是指在稳定发展常规农业基础上,加强以现代生物技术为基础的多功能农业开发的过程。

（2）改善农村生产与生活条件,促进农村城镇化及社区化。表现在:农村城镇化及社区化、均等化、农场化。城镇化及社区化整合并节约了农业用地,在扩大生产规模、改善生产条件的同时改善人居环境。

（3）减少以"小农"为特征的传统农民,培育新型农民。表现在:农民新型非农化、职业化、市民化。农民新型非农化,是指农业及生物研发与技术推广等专业技术人员被归为"新型农民"范畴,且部分传统农民转而从事"农业后部门"服务

（含农业保险、物流、电商、贸易等有关服务）和新食品、营养、健康医疗、生物基资源、环境与生态等五个子系统产业的过程。

5. 农业易相发展理论的先天优势与局限性

农业易相发展理论及其"五轮模型"，是在结合现代可持续发展理论和中国传统哲学思想特别是《易经》中关于"变化"与"整体"思想的基础上，运用实地考察法与科学归纳推理法而创建起来的。之所以率先在中国诞生，是因为以下两方面的必要条件：

（1）生物经济发展的第四次浪潮，以及生物经济时代即将来临的大势（天时）；

（2）中国典型的"三农"环境，以及以"易经"为代表的中国古典哲学思想文化（地利）。

一般而言，革命性理论往往由少数派或个人提出，如孟德尔遗传定律、哥白尼的日心说、摩尔定律、马克思的剩余价值论，等等。有一些理论由两人几乎同时提出，如达尔文与华莱士的进化论、牛顿与莱布尼茨的微积分，但也是由各人独立研究创造的结果。理论的被认可程度与应用滞后性也是普遍性的，新理论受到冷漠也是常事。从古今中外的社会科学方面的例子来看，徐渭的写意画，为后世艺术大成，被誉为写意画的鼻祖，却功名不就；王阳明的"良知学说"，在他去世后40多年才为官方认可，生前被禁为"伪学"；近代实验科学的思想先驱罗吉尔·培根的《大著作》在其去世后约500年的1773年才出版；印象派绘画大师的头衔只是在梵高去世后多年才回到他的头上。从自然科学方面的例子来看，孟德尔遗传定律被忽视30多年——1866年的论文，到1900年才被认可或称被重新发现；魏格纳的大陆漂移学说，在1919年提出，大约30多年后才被认可；达尔文的进化论也曾受到冷漠，最初在林奈学会宣读，几乎没有引起反响；20世纪80年代由朱作言全球首创的"转基因鱼"，远不如1997年出现的同属动物的"多莉"羊来得"火爆"，也不及转基因三文鱼2015年"第一位吃螃蟹"般产业化——虽然这两个动物的例子更像是技术而非科学理论。没有走到应用便中途主动放弃或遭到淘汰的理论或学说比比皆是——这些不包括"民间科学家"整出的天马行空般的"理论"。

农业易相发展理论不同于上述理论，特别是不同于自然科学理论，不仅学科背景与问题导向不同，创建与应用的时代背景也不同，因而将寻求适合自身的推广应用之路。农业易相发展理论虽在本书完整推出其之前已经得到一定范围的应用,如被论文引用或在重要讲话中被提及,但尚未被多方特别是官方认可;受限于语言,向国际学术理论界传播不足。不可回避的是,中文仍游离于国际学术界的边缘,Web of science 也显示,中国、印度和俄罗斯的研究者发表的即便是自然科学的论文,相对于美欧研究者也容易被忽略,更遑论社会科学或交叉学科的论文与理论了。由此可见,农业易相发展理论的基本框架虽已建立,但进一步完善与推广应用还任重道远。

七、总结论

生物经济正在成为继农业经济、工业经济、信息经济之后,全球经济社会发展的新浪潮——第四次浪潮,预示着一个新经济时代的来临。作为生物经济的基本特质,"绿色、健康、可持续"与化解食品、健康、环境等相关全球性问题的目标高度契合,因而可以升华成为生物经济促进经济社会及农业绿色转型的"宗旨"。

生物经济是迈向可持续未来的综合平台;生物经济时代是农业绿色转型的时代背景;新型农业体系是面向生物经济时代的农业变化与绿色转型的目标愿景;第二次绿色革命或其系列亚革命是实现未来农业目标愿景,亦即实现农业绿色转型的综合技术手段;农业易相发展理论是关于农业变化和绿色转型的系统概括和指导思想。生物经济、生物经济时代、新型农业体系、第二次绿色革命、农业易相发展理论共同构成了相对独立与开放的"五位一体"思想体系,为生物基产业发展特别是农业绿色转型以及新型农业体系的构建提供了可持续的发展框架。

第二节 生物经济对可持续发展的启示

一、生物经济是可持续发展的拓展与深化

可持续发展是指"既满足当代人需要,又不对后代人满足其需要的能力构成危害"的发展,经过国际社会多年的实践,其理念已深入人心。2015 年巴黎气候变化大会通过了全球气候变化新协定,将世界所有国家纳入保护地球生态、确保人类发展的命运共同体当中;推动各方积极向绿色可持续的增长方式转型,以避免过去严重依赖石化产品的增长模式继续对自然生态系统构成威胁。正在兴起的生物经济,为摆脱对不可再生化石资源的过分依赖以及由其造成环境恶化的压力,为环境相关产业的绿色转型乃至经济社会可持续发展,带来了新的时代机遇。

欧盟尤其是德国、芬兰等将生物经济作为新的可持续发展理念,并从战略与计划上付诸实践,以减少对不可再生的化石资源的依赖,应对气候变化,促进农业及食品、林业、健康医疗、能源、化工等产业的绿色转型,由此将转变生物质产业链并构建新的经济社会生态系统。其战略及实践表明:作为涉及经济社会及生态的大系统,生物经济不仅变革生产方式——使之可再生、更加绿色、可持续,也将深刻地改变人们的思维和生活方式,因而涉及到可持续发展范式转变(paradigm change)。

生物经济给当代可持续发展观赋予新的内涵,基于生物经济的新可持续发展观正在酝酿。从欧盟以及诸多国家对生物经济的定义和理解以及领域演进可见,生物经济具有自然、绿色、健康、可再生、可持续等基本特质。作为涉及技术、政策、基础设施等的综合平台,生物经济以其高度的前瞻性和根本性变革力量,将全方位促进农业、健康医疗、生物制造及生物能源、环保及生态服务等众多领域的绿色转型,为化解五大全球性问题提供多领域的可持续解决方案。因此,当前与生物经济相关或相似的经济形态,如农业经济、生态经济、低碳经济、健康经济、绿色经济、生物基循环经济等的主体或部分,可以整合纳入生物经济产业体系之中。

目前生物经济对联合国可持续发展目标(SDGs),包括食品安全、能源升级、人类健康等领域的贡献还远远不够,需要与联合国相关议程、《巴黎气候协定》等国际行动相结合,将发展生物经济的倡议纳入多边政策制定过程并在政府间讨论[1],以形成基于生物经济的可持续发展新共识。

---

① Beate El-Chichakli,Joachim Von Braun and Christine Lang,et al. Five cornerstones of a global bioeconomy. Nature,2016,535(7611):221-223.

二、生物经济是农业经济在更高层次上的回归

无论是从农业生产过程与生物过程的本质,还是从经济形态演进、经济时代更迭的角度看,生物经济是农业经济在"人本化"更高层次上的回归。这种回归在农业综合形态上的表现就是,由农业经济时代的"种养业",到工业经济时代的"大农业";由信息经济时代的常规农业系统,经第三次拓展,发展成为生物经济时代的新型农业体系。新型农业体系突破了经典的常规农业系统,是对传统农业乃至常规农业系统的扬弃而非颠覆,是未来"现代农业"新的范式。此谓"人本化",是指生物经济具有"绿色、健康、可持续"特质,较之农业经济更加理性地追求人的生活质量与环境的可持续。伴随着常规农业系统向新型农业体系的拓展,农业经济学也开始转变:西方主流农业经济学科将研究拓展到从生产者到消费者的整个食物供应链系统,把农业经济学演化为"食物经济与管理";部分农业经济学院(系)则把研究拓展到所有与农业资源相关的整个生产、消费以及供应链系统,演化为"生物经济学"①。

生物经济和农业经济都具有利用生物的生活机能、实现生物的物质与能量转化、原料与产品相似等共性特征,但农业经济主要针对的是动植物的外在形态,而生物经济已深入到内部机理以及改造主体——人的层次。它们均可体现一系列与自然相协调的人本化特征;区别在于:农业经济是被动协调,而生物经济是主动协调——与"改造主体"对应。由此毋庸讳言,人已开始具备农业生产对象与产品的特征,人的基因及带有人基因的生物芯片、其他生物组织、器官,可望随着生物伦理的进化而发展成为新型农业的生产对象与产品。

生物经济颠覆了"使用化石资源生产产品"的观念,正在开启新的"生物范式"——强调认同和顺应世界的自然秩序,认为理想的状态不仅是机械完美,更是和谐。在生物经济时代,农业具有"双基础"地位,即农业是可再生生物质的基础,而生物质又是可持续生物经济的基础。届时,农业可望成为生活的中心,即"三生"(生产、生活、生态)的中心。也就是说,衣、食、住(生物材料与绿色建筑)、行(生物燃料)、环境、营养、健康医疗、休闲观光等,与生物质以及作为其基础的农业具有越来越密切的关系;农业通过提高单位面积产出效率,可以间接保护珍贵的

---

① 于晓华,郭沛.农业经济学科危机及未来发展之路.中国农村经济,2015(8):89-96.

自然资源和生物多样性。

三、"五轮模型"可望发展成为农业绿色化分析工具

农业易相发展理论的"五轮模型"是一种高度概括、简明实用的模型,具有指导、解释、预见、分析等四大功能。它不仅可以解释并预见涉农企业如何适应生物经济时代绿色需求并成长壮大,而且可望进一步发展成为分析农业未来走向和绿色竞争优势的工具。

五轮模型的分析功能,揭示出生物质涉农企业经营领域在新型农业体系中的位置及其与其他生物质企业经营领域上下游之间相辅相成、循环共生的相互联系,并给出影响某一生物质涉农企业或某一区域农业的绿色比较优势与多元竞争优势的六项因素。该企业既可以是大型企业集团,其内部业务涉及新型农业体系的所有相关子系统,子系统(即领域)之间相互联系,价值链循环,共同构成开放的相对独立与完整的结构体系;也可以是一个独立企业,其经营领域涉及新型农业体系中的部分子系统,但与另一些企业的产业链关联,它们在经营领域上形成休戚与共、互补共生的价值链关系。

新型农业体系的众多关联产业,是一种以生物质产业链为纽带的产业集群。正如"集群"概念之于"钻石模型"及其产业集群理论——也是一种思维方式和发展新视角,"易相"是五轮模型以及农业易相发展理论的重要概念,是一种新的思维方式与发展理念,是农业绿色化发展的新视角。

类似于"钻石模型"中的六项因素:生产要素,需求条件,相关产业与支持性产业,企业战略、结构和同业竞争,机会,政府;影响某一生物质涉农企业或某一区域农业的变化及未来走向同样包含六项因素:①创新技术与人力资本;②资源,特别是可再生生物资源;③需求市场,特别是绿色化产品市场;④企业战略,包括绿色使命与社会责任;⑤政府,特别是其绿色产品的税收政策、认证制度与采购政策;⑥生物相关产业与支持性产业。前四项为内部因素,后两项为外部因素,各因素之间具有双向或单向的作用与影响;它们共同构成涉农企业或区域农业的绿色化、多元化以及人本化水平,进而形成该企业或区域的绿色比较优势与多元竞争优势。

由实证与归纳得出的"新型农业体系——革命性未来农业"的战略构想及相应的农业易相发展理论尚未成熟,特别是其中五轮模型的农业绿色化分析能力有

待加强。在研究方法上,结合企业或区域案例的定量研究是值得探讨且有待深入的方向。例如:针对生物质相关的某一农业企业或某一区域,如果能够对以上六项因素加以量化,并赋以科学合理的权重,可望构建企业或区域的"农业绿色化指数"——与现有的地区"绿色发展指数"相配套或互补;借此可以定量分析该企业或区域农业的绿色比较优势与多元竞争优势程度,并从时间和空间上进行纵横比较。

第三节 对策与建议

从化石基经济向生物经济转变是长期性多系列牵涉面广的系统过程,涉及现有能源结构和土地利用以及跨行业生物质产业链的调整、经济增长方式与生活方式的转变、生物制造特别是生物炼制等技术研发与综合集成、可持续政策及公众认知等。

一、中国生物经济发展面临的挑战

1. 中国发展生物经济的优势

利弊权衡,通常是先讲有利的方面,以便"先入为主",树立起应对挑战的信心。相较于生物经济发达国家,中国发展生物经济的相对优势表现在:

(1)人口与市场优势。过多的人口,既是包袱也是资源,用好人口资源并将其转化为人力资本则为优势。随着生活水平的提升,人们对于食品安全、营养、健康医疗、环境、生态等都有更高的要求,为生物经济的发展提供了巨大的市场空间。

(2)丰富多样的生物资源及其中医药资源。由于地域广阔,气候类型多样,农业与中医药历史悠久,造就了中国生物资源的独特优势。

(3)后发优势。发展阶段不同,落后对于竞争显然会产生不利的影响,但如果能够采用适当的发展战略与政策,可以吸取发达国家的经验教训,实现较快或跨越式发展。

2. 发展生物经济的劣势

仅知晓优势不够,短板往往也是发展的潜力所在。谈及中国发展生物经济的

劣势,需要话分两头,一分为二。一是共同劣势;二是独特劣势。前者即世界各国发展生物经济的共同挑战或称共有劣势,表现为:

(1)以生物学为基础的技术更为复杂,相比于化石基原料加工难度增大,导致多数生物科技产品批量不大而研发成本偏高。

(2)国际油价连同国际经济低迷,石化基产业追求短平快效益,不利于生物基产品市场培育及其产业的发展壮大。

(3)生物质原料的生长、加工与应用过程是否会对环境与民生带来一定的负面影响,如生物燃料是否导致"与粮争地"等问题,仍然存在诸多疑虑。

(4)消费者习惯与态度的适应性。以可再生可持续方式与以传统方式生产的产品之间在外形上的区别往往不大;同时前者研发与生产成本往往高于后者,如采用生物原料生产的餐具(BIO产品)对比于传统塑料餐具,从而导致消费者难以选择。

(5)伴随生物技术突破而产生的生命伦理问题。在生物经济成长阶段,如同任何新生事物一样,生物经济所受的待遇注定也会是机遇与潜在风险伴生。如用于健康医疗目的的基因编辑胚胎、用于改良性状的转基因产品等,在信息经济时代所受到的误解、漫无边际的谣言中伤以及不公正的区别性待遇。

中国发展生物经济,除需要首先认识自身优势外,还需要客观认识自身独特的劣势。此亦所谓:取长补短,因势利导;知己知彼,百战不殆。发展生物经济,既非一朝一夕,也难以做到某一地区孤立可成,而是长远性涉及经济社会多方面的系统工程。相较于优势,中国发展生物经济的劣势略显突出:

(1)研发技术水平相对落后,市场化能力不足。研发能力是衡量绿色产业或科技型企业未来发展的重要指标。以生物医药和农业为例,中国生物医药企业研发投入占销售收入的比重普遍低于5%,有的药企不到1%,与发达国家的10%以上相比差距很大;种子企业数量众多,但小而分散,研发手段大多停留在传统育种水平;转基因农产品研发接近国际先进水平,但市场化应用严重滞后。

(2)生物产业与农业经营的规模化程度不足。尤其是隐含其中的农业用地细碎化、耕地与淡水资源严重不足,成为降低生物基产品成本的先天性制约因素。

(3)资本市场和投融资平台不完善。

(4)绿色消费习惯面临较大挑战。相对而言,欧洲特别是德国和北欧国家的消费者的态度已向"健康、绿色、可再生"方向改变,他们越来越想获得以可持续方式生产的产品,也非常关注所使用的材料,甚至愿意为此多花一些钱。德国崇尚"BIO 产品"(亦即以可再生生物资源为原料生产的产品)、日本的垃圾精细化分类回收利用,堪称此类绿色消费的典范。

(5)"全生物质"模式面临管理与技术的双重挑战。生物经济以可再生生物质的深度开发与循环利用为基础,因而适于采用"全生物质"模式。"全生物质"模式的益处在于:优化利用农林主副产品及其废弃物,极少或不产生垃圾,可以实现物质与能量的循环利用,在增加经济效益的同时,减少碳排放,有利于环境和生态。相对于芬兰以林业生物质为主、原料集中程度较高的模式,中国大部分地区的秸秆乃至林业废弃物等生物质分布广泛,如果采用"全生物质"模式,那么,必然会增加收储与运输成本,而且对技术配套与熟化程度以及管理水平提出更高要求。

(6)基础设施与环境因素。包括农业专业化服务普及不足;城乡二元结构;城乡垃圾缺少分类,村落环境建设欠账多;农村地区的社会风气等"软环境"恶劣,如赌博、大操大办喜丧事、请客送礼之风盛行。这些软硬环境同样成为生物经济与农业相结合发展的障碍。

二、中国发展生物经济的战略需求

绿色发展需求与技术创新是生物经济发展的关键驱动力。德国、北欧、美国等创新与工业化发达国家的生物经济发展的实践表明,越是经济社会发达的国家或地区,对长远性绿色可持续发展的愿望和需求越强烈——这些绿色发展需求包括应对自然资源短缺与气候变化以及消费者行为变化,从而构成生物经济发展的外生动力;而且由于具有较强的技术创新能力、相对完善的基础设施和制度政策等硬软条件,因而具备生物经济发展的内生动力和政策条件。相对而言,资金和市场并不是生物经济发展的制约因素,绿色发展需求与技术创新及集成才是生物经济发展的关键。

中国经济已经发展到新常态阶段,迫切需要由数量型向质量型转变,对于产业的绿色转型,特别是环境可持续和农村经济均衡发展,提出了"高质量"要求。

当代实体经济在很大程度上仍是以有限资源尤其是化石资源的不断消耗为动力,而这些不可再生资源不断减少,有的正濒临枯竭,为此,人类不得不寻求可持续的资源作为能源及原材料的替代品,而可再生的生物质最有可能成为这样的替代品。寻找资源替代的紧迫性,因各国的创新能力、对可持续发展要求和资源禀赋不同而异。中国属于发展中国家,客观要求经济发展应具有一定的增长速度,但土地、淡水、能源等自然资源相对匮乏,水土及大气环境压力大、能源生产与消费结构不合理、城乡环境质量透支严重、欠账多,迫切需要以可再生资源特别是生物资源替代化石资源,需要通过生物技术等发展集约化农业,以实现产业与经济体系的绿色转型。无论是从资源总量还是从人均资源量来衡量,我国对发展生物经济都有迫切的战略需求。

因为上述诸多挑战与战略需求,所以工、农、健康、环保等产业特别是作为其基础的农业的增长方式需要绿色转型,经济社会包括消费习俗需要转变,农业需要变革。如何转型与变革?是本项研究的出发点,也是本书的宗旨。

三、发展生物经济的对策建议

根据战略需求,提出应对挑战的策略,是战略研究的精髓;政策研究是分析和研究相关政策问题,为决策者提供可操作性建议的活动;提供学术思想与政策建议,是现代政策研究组织的基本功能。

1. 以可持续发展为指归,建设绿色产业体系

中国经济社会跨过温饱进入中等收入阶段,并迈向高质量发展阶段,现有粗放型增长方式与发展模式不可持续,可持续发展面临新的挑战。正在兴起的生物经济与即将到来的生物经济时代为众多产业的绿色转型带来新的机遇。

生物经济涵盖农业及食品、生物制药与健康、生物制造、生物能源、生物酶、生物化学品、生物材料、环保与生态服务等领域,具有经济社会发展的联动效应,因而生物经济战略及其实施是科技与经济社会协调发展与治理的系统工程。倡导"生物范式",有利于给当代可持续发展观赋予新的内涵,以树立与生物经济时代相适应的可持续发展观,从而推动绿色产业体系建设。该绿色产业体系包括:基于农业生物技术的新型农业;基于医药生物技术的健康医疗产业;基于环境生物技术的绿色环保产业;基于工业生物技术的绿色制造业——其中包含可再生的生物能源产业。

鉴于中国生物质分布状况,建议在生物质资源丰富的地区(如吉林、云南)开展分布式生物经济模式试点示范。分布式生物经济模式,强调各地区分布式生产接近原材料产地,接近终端用户;并采取网络化智慧布局(smart grids)——前者能

够避免不必要的储运并利于循环利用,能够优化解决生物质原料的大规模收集、储藏及运输成本问题,为我国生物能源、生物材料等开发利用提供新的借鉴模式。发展分布式生物经济,需要有两个重要的配套建设:其一,从入口方面考虑,生物质分类库存网络交互地图①;其二,从出口方面考虑,生物基产品的可持续标准建设,包括与 ISO 相关标准对接、智慧电网等。

2. 迎接生物经济时代,构建新型农业体系

2015 年,中国农业部颁布《到 2020 年化肥使用量零增长行动方案》和《到 2020 年农药使用量零增长行动方案》,倡导大力应用生物农药、高效低毒低残留农药,标志着经济新常态下对农业不可持续发展模式的政策调整,是转变农业增长方式与发展模式的举措之一。但是,面对与农业相关的五大全球性问题与生物经济的时代机遇,类似的举措显然层次不足、要求不高(至少应该要求化学物质投入"负增长"),农业绿色转型需要率先从哲学层面亦即发展理念上进行反思。

正如解决农业问题不能仅仅着眼于农业内部一样,解决"三农"问题,必须先有新的"非农"发展理念与思维方式。农业发展的严峻现实,要求必须采用超前的思路,找到一些非传统和非常规的方法。农业具有生物经济的"双基础"地位,生物经济为农业发展"范式"转变提供了综合平台与时代机遇。

新型农业体系就是这种范式转变的目标模式和未来"现代农业"的愿景,是基于生物经济的未来农业发展的综合表现形态,由常规农业系统和正在拓展的新食品、营养、健康医疗、生物基资源、生态与环境等五个子系统在内的共六大子系统组成。

新型农业体系的发展范式,以及与之相应的农业易相发展理论,从认识论及哲学层面上、从农业发展问题的本质上回答了农业拓展与绿色转型的两个追问:"当今农业会不会'消失'"、"农民会不会被'终结'",因而成为农业及其他生物基产业融合与可持续的综合方案。

3. 推进生物经济平台建设,加强技术集成创新

总体而言,目前我国生物经济研发以分散、重复、跟踪的传统研发模式为主,

---

① 类似于加拿大农业与食品部(AAFC)等开发的生物质库存绘制和分析工具(BIMAT)。参见朗格韦德,桑德斯,马森编. 生物质经济:后石油时代的生物质燃料、材料和化学品. 中国石化出版社,2015:306 - 307.

没有充分认识到生物经济的可持续性及其基础研究的长期性,也就是未从战略上将生物经济作为可持续未来的综合平台。

生物经济,研发驱动。欲将生物经济打造成可持续未来的综合平台,除重视生物经济的政策平台、融资平台及服务平台外,需要加强生物经济的技术平台建设,重点在于生物技术及其与信息、纳米等技术的系统集成。之所以强调技术平台建设,是由生物经济的基础技术与新兴技术的通用性以及共同的生物质基础所决定。遗传工程、DNA测序、生物分子自动化高通量操作等基础技术,合成生物学、蛋白质组学、生物信息学、计算生物学、新一代基因编辑等新兴技术,以及目前无法想象的新技术,构成了生物经济技术系统三层次。这些生物技术与互联网、大数据、人工智能、新材料、新能源等其他领域的高新技术会集融合,才能形成生物经济的集成创新。

通过生物经济技术平台,能够为构建绿色产业体系打下厚实的技术基础,从而促进农业与经济社会的绿色转型,并推动可持续发展战略和生态文明国策的实施。①推进转基因农业、生物循环农业、创意农业等绿色化新型农业发展,创造新的就业市场和收入,为农村和农业带来新的繁荣;②实施健康医疗战略,加强以"预防模式"为主的医疗体系建设,增进人类健康和生活质量;③发展环境生物经济,净化美化环境;④变革工业生产方式,利用可再生生物资源、微生物合成生物学与生物过程,开发可持续的环境友好型生物基系列产品及生物能源,这也是缓解华夏大地从秋冬至冬春季节频繁出现的雾霾之根本性战略途径。

4. 以绿色政策为引领,为生物基产业发展保驾护航

由于生物经济的"绿色、健康、可持续"特质,以及其环境与经济的外部性,因而在生物经济产品研发与产业化之初,需要配套的优惠政策支持。这些政策被概括为"绿色政策",包括创新研发政策、绿色采购政策(green procurement policy)、绿色市场准入(如绿色产品认证)政策、税收政策、CO_2排放税或交易系统,以及与绿色消费习俗相关的"准政策"。

以生物能源为例,来说明绿色政策的必要性和系统性。分布式智慧生物能源产业的益处:一是可以减少原油进口依存度,促进能源结构优化,提高国家能源安全;二是化解粮食结构性过剩,促进生物质原料多元化深度利用与农业多功能发展,提高农民收入;三是农林生物质循环利用,直接与间接减少温室气体和废弃物的排放,改善生态环境;四是通过推进农林生物质热电联产,为工业园区和企业提

供清洁工业蒸汽,替代县域内燃煤锅炉及散煤利用,为县城及农村清洁供暖。但是,要实现上述现实与潜在效益,需要通过研发创新,促进技术进步以降低成本;需要投融资及相应的财政、税收制度参与分布式智慧能源网建设与运营;需要规范商业模式,采取企业化经营与管理。政府系统性配套政策对以上诸多环节的系统运转与良性发展,具有宏观调控和引领作用。

绿色政策的系统性还体现在:按生物基产品附加值高低的顺序进行生物质原料类型(脂类、糖类、蛋白质,淀粉、纤维素、木质素等)的统筹分配,即高附加值的产业链在生物质原料分配利用中处于优先位置,以提高生物质总体利用效率。具体方案:第一,优先将最适宜的生物质原料分配给化学品生产链,因为此类产品的附加值最高;第二,将合适的生物质用于其他功能性产品如生物材料、润滑剂;第三是用于生物燃料生产链;第四,残余的生物质用于供热和发电。

针对量大面广、司空见惯、表面上缺乏科技含量的"高碳"消费习俗(如偏爱使用一次性化石基包装材料),建议实施"改变消费习惯和态度"计划。此类计划属于非指令性计划,目的在于倡导绿色生产与消费理念,树立将来多数消费产品(如食品)、化学品及材料、能源及燃料应通过可再生的原材料来生产的观念,推行绿色消费模式与行为。例如:外卖采用降解环保餐盒——用生物基原料生产——如德国民间机构 Leaf Republic 用树叶制成绿色安全可靠且易降解的餐具;居民自觉采用"环保塑料袋"并接受监管。凡此种种,汇流成海,"小事"其实不小,意义与影响深远。

5. 从发展和进化的视角,理性认识和应对伦理问题

如果说工业经济时代所面临的最大问题是环境污染问题,当今信息经济时代面临的最大问题是信息安全和信息泛滥问题,那么,在即将到来的生物经济时代,所面临的最大问题是生物安全问题与生命伦理,其中饱受争议而又涉及巨大经济和环境效益的问题当属转基因食品相关的伦理问题,如所谓转基因食品"突破常规"、"违反自然"。信息安全自不待言。"任何过度容易的获得,都注定是烦恼的渊薮"是信息泛滥的写照。如何对待伦理问题,是生物经济发展特别是转基因产业发展不可回避的棘手问题。从以往工业经济时代和信息经济时代有关"大规模机器生产""电话""铁路""试管婴儿""克隆"等涉及所谓伦理的问题不断突破与进化的历史经验出发,预测并建言:应当从发展和进化的视角,采用"伦理与规制"合理适度平衡的态度与方式,来认识和应对生命科学与生物技术相关的伦理

问题。

　　以中国目前转基因食品发展为例：政策批准上市的转基因食品作物只有木瓜，转基因食品作物种植面积占世界比例接近于零①，即使算上由进口转基因大豆加工生产的大豆油和由转基因棉花副产品生产的棉籽油，转基因食品发展充其量也只属于"超低水平"。国内转基因食品的发展哪里达到需要"限制"的程度？尚未发展就大谈风险并严格限制发展，这到底是多么"合乎伦理"的超前，还是保守？

　　正如先哲们所言：

　　"当面对新出现的、未知的科学技术时，实验数据绝对是主观情绪的手下败将。"（风险认知模式心理学家 保罗）

　　"人对未知的东西会产生恐惧感。"（精神分析心理学家 弗洛伊德）

　　"人越多了解事物的因果由来，他就能越多地掌握事件的后果，并减少由此而来的苦楚。"（哲学家 斯宾诺莎）

　　这些经典的描述，实质上是对"不知者有畏"、恐新症（neophobia）的注解。

　　风险公式"风险大小 = 危害程度 × 危害发生概率"无声地还原了部分新兴事物的真实情况。如转基因食品，即使是"危害程度"很大，但是"危害发生概率"很小——商业化应用的事实成千上万而无有害一例，则所谓的"风险大小"为零。

四、结束语

　　纵观狩采经济、农业经济、工业经济、信息经济等综合经济形态，只有生物经济与当代经济社会面临的五大全球性问题高度契合。生命科学与生物技术是21世纪的带头学科；生物经济赋予可持续发展新的含义，为生物质相关产业及经济社会的绿色转型提供了可持续的综合平台。生物经济表明：人类社会正由"认识客体、改造客体"时代开始向"认识主体、改造主体"新的时代转变。面对生物经济这样一个崭新的时代，我们不应只做事后的理论总结，也应当大胆地去预见，去谋划经济社会发展的未来。

---

① 据国际农业生物技术应用服务组织（ISAAA）统计，2016 年中国转基因作物种植面积为 280 万公顷，从多年前的世界第 6 位下降至第 8 位——低于巴基斯坦（290 万公顷）、巴拉圭（360 万公顷）、印度（1080 万公顷）、加拿大（1160 万公顷），尚不及美国（7290 万公顷）、巴西（4910 万公顷）、阿根廷（2380 万公顷）的零头，且主要是非食品作物棉花、白杨。

为实现农业与经济社会的绿色转型及可持续发展,就应当把握时代机遇,树立基于生物经济的新可持续发展观,提升生物经济与农业发展相结合即农业与其他生物基产业融合的发展理念,不失时机地制定并实施生物经济相关战略与行动计划,构建与生物经济时代相适应的绿色产业体系,特别是作为其生物质基础的新型农业体系。

参考文献

一、中文文献

楚宗岭,曾海燕,邓心安. 国际生物经济战略透视[J]. 中国生物工程杂志,2013,33(2): 111 - 116.

邓心安,楚宗岭,程子昂. 美国生物经济政策及其比较性建议[J]. 资源科学,2013,35 (11):2188 - 2193.

邓心安,封颖,曾海燕. 试论生物经济成长(GREW)战略[J]. 中国生物工程杂志,2010, 30(10):125 - 131.

邓心安,郭源,孟高旗. 生物经济与农业绿色转型[J]. 中国人口·资源与环境,2017 (S2):25 - 28.

邓心安,刘江. 农业形态演变与绿色转型的目标模式[J]. 东北农业大学学报(社会科学版),2016,14(1):1 - 6.

邓心安,孟高旗,曾海燕. 芬兰生物经济战略与政策及其启示[J]. 全球科技经济瞭望, 2016(12):40 - 44.

邓心安,王晓鹤,高璐. 迎接第二次绿色革命 构建新型农业体系[J]. 科技促进发展, 2012(1):21 - 25.

邓心安,王世杰,曾海燕. 农业易相发展理论的缘起及其时代意蕴[J]. 自然辩证法研究,2012,28(9):88 - 93 + 99.

邓心安,张应禄. 经济时代的演进及生物经济法则初探[J]. 浙江大学学报(人文社会科学版),2010,40(2):144 - 151.

邓心安,张应禄. 生物能源发展及对未来农业的影响[J]. 中国农业科技导报,2008,10 (2):1 - 5.

邓心安,曾海燕. 农业易相发展理论的"五轮模型"及其功能[J]. 农业经济与管理,2017

(4):29 – 35.

邓心安,许冰茹,杨多贵. 生物经济对农业可持续发展的影响[J].中国科技论坛,2015(12):69 – 74.

和马町. 荷兰的生物经济——城市政策与试点项目评述[J].世界建筑,2017(4):42 – 48 +116.

石元春. 试论全生物质农业[J].科技导报,2016(13):11 – 14.

王敬华,赵清华. 德国生物经济战略及实施进展[J].全球科技经济瞭望,2015(2):1 – 5 +34.

曾海燕,邓心安. 第二次绿色革命:开启现代农业新时代[J].科学新闻,2008(17):37 – 39.

曾海燕,邓心安. 欧盟生物经济政策过程与特点及相关讨论.中国生物工程杂志,2014,34(10):108 – 113.

阿尔温·托夫勒. 第三次浪潮[M].朱志焱,潘琪,张焱译. 北京:生活·读书·新知三联书店,1983.

邓心安,王世杰,姚庆筱. 生物经济与农业未来[M].北京:商务印书馆,2006.

国家发展改革委."十三五"生物产业发展规划[R].发改高技[2016]2665 号,2016 – 12 – 20.

詹姆斯·沃森,安德鲁·贝瑞. DNA:生命的秘密[M].陈雅云译. 上海:上海世纪出版集团,2011.

朗格韦德,桑德斯,马森(编). 生物质经济:后石油时代的生物质燃料、材料和化学品[M].姚志龙,张胜红,孙培永译. 北京:中国石化出版社,2015.

理查德·奥利弗. 即将到来的生物科技时代[M].曹国维译. 北京:中国人民大学出版社,2003.

刘奇,李荣杰,孙自铎(主编). 21 世纪新经济形态:生物经济与生物质的开发利用[M].北京:经济科学出版社,2007.

刘学谦,杨多贵,周志田等. 可持续发展前沿问题研究[M].北京:科学出版社,2010.

迈克尔·波特. 国家竞争优势[M].李明轩,邱如美译. 北京:中信出版社,2012.

托马斯·库恩. 科学革命的结构[M].金吾伦,胡新和译. 北京:北京大学出版社,2003.

吴庆余(编著). 基础生命科学[M].北京:高等教育出版社,2003.

张艳玲,隆仁(主编). 世界通史(第一卷)[M].北京:中国致公出版社,2001.

二、英文文献

Alexandra L. Bioeconomy:The Challenge in the Management of Natural Resources in the 21st

Century[J]. Open Journal of Social Science,2016(4):26 –42.

Arnold Brown. The New Biology Paradigm:in the Future,the Best Will Be Better Than Perfect [J]. Futurist,2008,42(5):25 – 28.

B. El-Chichakli,J. Von Braun,C. Lang,D. Barben,J. Philp. Five Cornerstones of a Global Bio-economy[J]. Nature,2016,535(7611):221 –223.

Cormick Kes M. ,Kautto N. The Bioeconomy in Europe:An Overview[J]. Sustainability,2013, 5(6):2589 –2608.

Jimenez – Sanchez G. Genomics Innovation Transforming Healthcare,Business,and the Global Economy[J]. Genome,2015(58):511 –517.

J. Von Braun. Bioeconomy and Sustainable Development-dimensions [J]. Rural21, 2014,48 (3):6 –9.

Kishore M. G. Agriculture:The Foundation of the Bioeconomy[A]. Allan Eaglesham, Steven A. Slack & Ralph W. F. Hardy,Reshaping American Agriculture to Meet its Biofuel and Biopolymer Roles[C]. New York:the National Agricultural Biotechnology Council,2008:195 –203.

Langeveld J. W. A,Dixon J,Jaworski J. F. Development Perspectives of the Biobased Econo-my:A Review[J]. Crop Science,2010,50(March-April):S – 142 – 151.

Otto Schmid,Susanne Padel and Les Levidow. The Bio-Economy Concept and Knowledge Base in a Public Goods and Farmer Perspective[J]. Bio-based and Applied Economics,2012,1(1): 47 –63.

Stan Davis, Christopher Meyer. What will replace the Tech Economy [J]. Time, 2000, 155 (21):76 –77.

European Commission. Innovating for Sustainable Growth:A Bioeconomy for Europe[R]. Brus-sels,2012 –09 –25.

European Commission. New Perspectives on the Knowledge-Based bio-economy[R]. Brussels, 2005.

Federal Ministry of Education and Research(BMBF). National Research Strategy Bio-economy 2030:Our Route towards a Biobased Economy[R]. Bonn,Berlin,Germeny,2011.

Felicia Wu,William P. Butz. The Future of Genetically Modified Crops – Lessons from the Green Revolution[M]. RAND Corporation,2004.

Gustafsson M. Stoor R. Tsvetkova A. Sustainable Bio-economy:Potential,Challenges and Op-portunities in Finland[R]. Helsinki,Finland:Sitra,2011 –03.

Ministry of Employment and the Economy of Finland. The Finnish Bioeconomy Strategy[R]. Edita Prima Ltd,2014 –05.

Olivier Dubois, Marta Gomez San Juan. How sustainability is addressed in official bioeconomy strategies at international, national, and regional levels[R]. Rome, Italy: FAO, 2016.

OECD. Biotechnology for Sustainable Growth and Development[EB/OL]. [2004 - 01 - 29 ~ 30/2017 - 11 - 30]. http://www.oecd.org/dataoecd/43/2/33784888.PDF.

OECD. The Bioeconomy to 2030: Designing a Policy Agenda[R]. Paris: OECD Headquarters, 2006 - 3 - 6.

OECD. The Bioeconomy to 2030: Designing a Policy Agenda[M]. Paris: OECD, 2009.

Päivi Luoma, Juha Vanhanen and Paula Tommila. Distributed Bio-Based Economy-Driving Sustainable Growth[R]. Helsinki, Finland: Sitra, 2011 - 09.

The European Technology Platforms (ETPs). The European Bioeconomy in 2030: Delivering Sustainable Growth by addressing the Grand Societal Challenges[R]. [2011/2017 - 11 - 30]. http://www.epsoweb.org/file/560.

The German Bioeconomy Council. Bioeconomy Policy Part1 - Synopsis and analysis of Strategies in the G7 - A Report from Germeny[EB/OL]. [2005 - 01/2017 - 11 - 30]. http://biooekonomierat.de/fileadmin/international/Bioeconomy-Policy_Part-I.pdf.

The German Bioeconomy Council. International Bioeconomy Strategies[EB/OL]. [2017 - 9 - 2]. http://biooekonomierat.de/en/international0/.

The German Presidency of the Council of the European Union. En route to the Knowledge-Based Bio-Economy[R]. Cologne, Germany, 2007 - 05 - 30.

The White House. National Bioeconomy Blueprint[R]. Washington DC: U.S. Administration, 2012 - 4.

图表索引